LE GOÛT DE VIVRE

Né en 1952, philosophe et enseignant, André Comte-Sponville a pour ambition de mettre la philosophie à la portée de tous. Il a écrit de nombreux ouvrages, traduits en vingt-quatre langues. Il est membre du Comité consultatif national d'éthique depuis mars 2008.

Paru dans Le Livre de Poche :

L'AMOUR LA SOLITUDE

LE CAPITALISME EST-IL MORAL ?

L'ESPRIT DE L'ATHÉISME

LE MIEL ET L'ABSINTHE

PRÉSENTATIONS DE LA PHILOSOPHIE

ANDRÉ COMTE-SPONVILLE

Le Goût de vivre

et cent autres propos

ALBIN MICHEL

ISBN : 978-2-253-16659-7 – 1re publication LGF

À Monique Comte-Sponville,
en souvenir de Pierre, son mari, mon père.

Avant-propos

J'ai trop aimé, trop admiré, trop envié Alain pour n'être pas tenté, lorsqu'on me le demande, d'écrire dans les journaux. C'est ma façon de rendre hommage à l'auteur des *Propos d'un Normand*, même sans le nommer, et d'essayer à ma façon, avec mes moyens, de le suivre. Non, certes, que j'aie la même philosophie que lui ! Il s'en faut de beaucoup : quoique athée, et volontiers anticlérical (surtout dans ses jeunes années), Alain s'est toujours voulu spiritualiste, dualiste, idéaliste ; il a toujours choisi Platon contre Aristote, les stoïciens contre Épicure, Descartes contre Spinoza, Kant contre Hume, Hegel contre Marx, Comte contre Durkheim, Lagneau, enfin, contre Freud ; et j'ai fait, à chaque fois, des choix inverses. Mais s'il fallait n'admirer que ceux dont on partage les vues, quelle tristesse, quelle petitesse, quel ennui ! Les *Propos* d'Alain, même s'ils ne sont qu'une partie de son œuvre, non d'ailleurs la plus admirable (ses vrais chefs-d'œuvre sont ses livres : *Histoire de mes pensées*, *Les Dieux*, les *Entretiens au bord de la mer*...), m'ont toujours fasciné. « J'étais destiné à devenir journaliste, écrit-il dans *Histoire de mes pensées*, et à relever l'entrefilet au niveau de la métaphysique. » Il n'en est pas moins philosophe, ou plutôt il ne l'est que davantage, par cette volonté de s'adresser à tous, sans préparation, sans précaution, et dans la langue commune. Les cuistres ne le lui pardonneront jamais, et tant pis pour les cuistres.

Mais laissons Alain. Ce préambule ne visait qu'à justifier le sous-titre de ce volume – *« et cent autres propos »* –, qui peut sembler abusivement prétentieux et n'est que l'aveu d'une dette. Alain a publié (d'abord quotidiennement, dans *La Dépêche de Rouen et de Normandie*, puis irrégulièrement, dans des revues) près de cinq mille propos. Je n'ai écrit, en vingt ans, que quelques centaines d'articles, le plus souvent sur commande – y compris lorsqu'on me laissait le choix du sujet – et avec des contraintes, surtout de volume, très strictes (3 000 signes, par exemple, pour mes chroniques d'*Impact Médecin Hebdo*, guère plus pour celles de *Psychologies Magazine* ou du *Monde des religions*). Ces articles, que j'ai toujours intérieurement baptisés « Propos », j'eus le projet très tôt, puisque Alain le fit, et maintes fois, d'en publier un jour quelque recueil. Il m'a semblé que le moment était venu. Restait à faire un choix, qui fut plus difficile que je ne l'imaginais. Certains articles s'éliminaient d'eux-mêmes : parce que je les trouvais trop pauvres ou trop anecdotiques, ou parce qu'ils devenaient inintelligibles ou inintéressants hors du contexte qui les fit naître (c'est le cas souvent lorsqu'ils traitaient de l'actualité, spécialement politique). Parmi les autres, que j'avais presque tous oubliés, j'ai retenu les moins imparfaits, ou qui me semblaient tels, en essayant de varier les thèmes, les registres, les points de vue, et d'éliminer, le plus que je pouvais, les redites ou doublons. Les mêmes raisons expliquent que je me suis autorisé d'assez nombreuses corrections, le plus souvent de forme (sauf quand j'avais dû réduire l'article à la demande du journal, auquel cas je reviens bien sûr à la version initiale). Quant à l'organisation de l'ensemble, je m'en suis tenu à l'ordre chronologique, pour autant que je pouvais le reconstituer. La table des matières indique, pour chaque article et sauf impossibilité, la date et le lieu de sa première publication.

Ce n'est pas à moi de juger l'ensemble. Les *propos* sont un genre mineur, y compris chez Alain, *a fortiori* chez ses admirateurs ou continuateurs. Cela fait une partie de leur charme, pour ceux qui aiment ça. Les autres n'ont qu'à ne pas les lire. Ce ne sont pas les traités qui manquent, et j'en ai écrit au moins deux. Mais j'ai pris du plaisir aussi à écrire ces articles, puis à les rassembler ; d'autres peut-être en trouveront à les lire, ou à les relire. « En ce temps où les plaisirs sont rares, comme disait encore Alain, il m'a paru que c'était une raison suffisante pour faire un livre. »

Limites de la morale

Le difficile, avec la morale, c'est qu'on ne peut ni s'en passer ni s'en contenter.

On ne peut s'en contenter, d'abord, parce qu'elle est essentiellement négative. Ne pas mentir, ne pas tuer, ne pas faire souffrir… La morale est faite d'interdits, lesquels, même s'ils s'expriment sous une forme affirmative (« respecte la vie d'autrui »), reviennent toujours à dire *non.* La morale suppose le désir du mal, et s'y oppose. Respecter la vie d'autrui ne serait pas un devoir (ou ce devoir ne serait pas d'ordre moral) si le meurtre n'était possible et, parfois, tentant… À quoi la morale dit non, ou plutôt ce *non* est la morale même.

Or, on ne peut pas toujours dire non. Ce serait sottise ou tristesse. Il s'agit bien plutôt de dire oui, au monde et à la vie, et c'est à quoi se ramène la sagesse. « Ne pas attraper le sida, me disait un ami, ce n'est pas un but suffisant dans l'existence ! » Ne pas tuer non plus, ni ne pas mentir, ni ne pas voler, ni ne pas torturer… Aucun *« ne pas »* n'est suffisant, et c'est pourquoi la morale ne suffit pas.

Elle suffit d'autant moins qu'elle est une exigence infinie, par là toujours insatisfaite. La sainteté n'est pas de ce monde, et Kant avait bien vu, c'est l'un des postulats de la raison pratique, que toute la mort ne serait pas de trop pour nous en approcher... La morale est infinie ; la vie, finie. La morale est donc toujours trop grande pour nous, ou c'est nous qui sommes trop petits pour elle. Fonder sa vie sur la seule morale, ce serait se condamner à l'échec. Vouloir être un saint, ce serait s'interdire d'être un sage.

Enfin, la morale est incapable de nous procurer le bonheur, quand bien même il serait mérité. C'est ce que Job, dans la Bible, illustre tragiquement, et dont Kant fit à peu près la théorie. Nous ne pouvons plus, sur ce point, partager l'optimisme des anciens Grecs. La vertu ne suffit pas au bonheur, ni le bonheur à la vertu. Il ne suffit pas de se rendre digne d'être heureux pour le devenir ; c'est pourquoi, à nouveau, la morale ne suffit pas.

La morale, quoi qu'en pensent les moralistes, ne tient donc lieu ni de sagesse ni de philosophie. Parce qu'elle est négative, parce qu'elle est infinie, parce qu'elle échoue à nous rendre heureux, elle est pour nous une contrainte, toujours, et une tristesse le plus souvent. (Double blessure d'amour-propre : avoir besoin d'une morale ! être incapable de s'y soumettre jusqu'au bout !) On ne peut donc s'en contenter : quelqu'un qui ne vivrait que pour elle, à la limite ne vivrait pas. Laissons la sainteté aux morts, et que ce soit le sens, pour nous, de la Toussaint...

Mais si l'on ne peut se contenter de la morale, on ne peut pas non plus s'en passer. Pourquoi ? Parce qu'il s'agit de s'interdire le pire, dont nous sommes capables, et, à défaut de sainteté, de rester au moins humains – ou plutôt, on n'en a jamais fini, de le devenir. Rappelons la belle formule d'Alain : « La morale consiste à se savoir esprit et, à ce titre, obligé absolument ; car noblesse oblige. » Cette obligation est la morale ; cette noblesse, l'humanité (quand elle ne se contente pas d'être une espèce animale). Noblesse fragile, pour cela tout entière tendue contre son contraire, qui est la bête en l'homme et l'inhumain dans l'humanité. Combattre la barbarie hors de soi, c'est politique ; en soi, c'est morale. La morale est donc nécessaire autant qu'insuffisante : il s'agit de refuser l'ignoble, et c'est la seule noblesse en vérité. Le bonheur ne viendra, s'il vient, que par surcroît.

La morale est lucidité (sur soi) et respect (de l'autre). C'est dire assez ce qu'il faut penser des immoralistes : ce sont des niais plus souvent que des barbares.

Le maître brisé

Un jour, chez lui, il y a quelques années, devant trop de malheur qui l'accablait, trop de souffrance, trop d'angoisse et de solitude, j'essayai maladroitement une consolation : j'évoquai son œuvre, son influence, sa gloire… « Quelle gloire ? », me demande-t-il. Puis il ajoute : « En vérité, je suis comme ce personnage qu'évoque quelque part Engels, je crois, dont il dit qu'il était "connu pour sa notoriété". Cela me va comme un gant ! » Que répondre ? Althusser était d'une lucidité qui décourageait le mensonge.

De fait, ce personnage célèbre était de moins en moins lu ; et sa notoriété, avec le temps, semblait devoir davantage au fait divers qu'au travail théorique. Un étudiant de philosophie, aujourd'hui, que sait-il de cette pensée qui enflamma notre jeunesse ?

Il est trop tôt pour faire un bilan. Le maître nous a tant marqués. Surtout, l'homme est si proche, avec sa gentillesse exquise, sa douceur, sa simplicité, sa délicatesse… Et ce regard, lourd comme l'ennui ou comme la solitude, et attentif pourtant comme aucun… Puis le drame, ce qu'il désignait lui-même, moitié par pudeur moitié par dérision, comme « le non-lieu », l'assassinat de sa femme, l'hospitalisation, la solitude croissante, le travail impossible malgré la lucidité, malgré les traitements ou à cause d'eux, une angoisse effrayante, la pensée qui se cherche ou se défait, la maladie, le deuil, la vieillesse... Il eut jusqu'à la fin quelques amis admirables, qui diront, quand ils en auront le courage, ce qu'il était, et la grandeur de ce naufrage. Pour moi, qui ne l'ai accompagné que de loin en loin, il reste une admiration intacte, et plus de tendresse que jamais, pour ce maître brisé. Simplement, il ne faut pas se raconter d'histoires : Louis Althusser, toutes ces années, fut l'homme le plus malheureux qu'il me fut donné de rencontrer.

Mais je reviens aux étudiants d'aujourd'hui. Ils ne s'intéressent plus guère au marxisme, qui leur semble réfuté par l'histoire. Quant à le considérer comme une science ! Pourquoi s'intéresseraient-ils à ce philosophe d'un autre âge, qui prit cette scientificité au sérieux et qui voulut en faire une philosophie ? Il faudrait relire les textes. Il me semble qu'en effet cette partie de son œuvre, qu'il critiqua lui-même pour sa tendance théoriciste, a quelque peu vieilli. Le « flirt avec la terminologie structuraliste », comme il dira plus tard, fit sans doute beaucoup pour son succès – il y a des modes en philosophie comme en tout –, mais ne fera guère, je le crains, pour sa survie. Quant à la prétendue scientificité du marxisme, elle est par lui toujours postulée et, bien sûr, jamais établie...

L'essentiel est ailleurs, me semble-t-il. Il y avait d'abord cette lecture *philosophique* de Marx, d'une précision et d'une intelligence sans égales. Il y avait la critique de l'humanisme théorique (qui veut tout expliquer par « l'essence humaine », et privilégie, dans l'œuvre de Marx, les travaux de jeunesse) ; l'analyse de l'idéologie comme illusion nécessaire (« seule une conception idéologique du monde a pu imaginer des sociétés sans idéologie ») ; la volonté de « soumettre la dialectique au primat du matérialisme », de jouer Spinoza contre Hegel, *Le Capital* contre le jeune Marx, et Machiavel contre les bons sentiments ; enfin la résolution, toujours recommencée, à la fois douloureuse et jubilatoire, de « ne pas se raconter d'histoires », comme il disait, et telle était pour lui l'essence même du matérialisme. De là ce qu'il appelait, à propos de Lénine, « une pratique *nouvelle* de la philosophie ». Nouvelle en quoi ? En ceci, me semble-t-il, qu'elle ne se faisait pas d'illusions sur elle-même ni, en général, sur la philosophie. « La philosophie n'est pas une science », disait-il : ses catégories ne sont pas des concepts scientifiques, ses thèses ne sont pas des théorèmes, ses arguments ne sont pas des démonstrations. Non, certes, qu'on puisse y dire n'importe quoi ! Une position philosophique, comme une position politique, peut être plus ou moins juste. Mais cela n'a de sens que d'un certain point de vue, que contre certains adversaires, qu'au sein d'un rapport de force déterminé. Il s'agit toujours, en dernier ressort, de « penser son combat », et la « guerre philosophique », toutes ces expressions sont de lui, est en cela la vérité de la philosophie. Il s'en était fait un mot d'ordre, qu'on peut trouver réducteur mais auquel il tenait : « lutte de classe dans la théorie ». C'est ce qu'il pratiqua, avec cette rigueur presque exagérée qui n'appartenait qu'à lui. Cet homme si doux pensait et écrivait rudement, presque violemment. Ce que cela doit au tempérament ou à la maladie, je ne sais. Mais c'était aussi une position philosophique : « Oui, reconnaîtra-t-il en 1975, dans la *Soutenance d'Amiens*, j'ai consciemment affronté et traité le rapport entre les idées comme un rapport de force », et c'est ainsi qu'il nous apprit à philosopher. On ne pense pas pour passer le temps.

Pragmatisme ? Nullement. La vérité reste objective, à quoi l'action comme la pensée doivent se soumettre (Althusser, en bon rationaliste, est du côté de Spinoza, non de Nietzsche). Mais la vérité ne suffit pas, et c'est pourquoi il faut philosopher. À la croisée entre sciences et politique, la philosophie ne pouvait conquérir *de justesse*, selon lui, que dans ce double rapport à la vérité (des sciences) et à l'action (des hommes ou, comme il disait, « des masses »). Cela donnait à sa pensée cette urgence, cette gravité, cette tension qui nous fascinaient. « Penser aux extrêmes », disait-il. La philosophie, pour lui, n'était ni un jeu ni un art, ni une science ni un métier. C'était un combat, et quand bien même il aurait perdu le sien, ce qui se peut, il reste la leçon de cette lucidité et de cette exigence.

Fêtes

J'ai horreur de Noël, du Nouvel An, de tout ce cérémonial des Fêtes ! Ces réjouissances à date fixe ont quelque chose d'exaspérant et d'angoissant tout à la fois. Mais quoi ?

Bien sûr, il y a l'étalage du luxe, la débauche de nourritures (et les plus chères ! et les plus lourdes !), avec ce que cela suppose d'indélicatesse ou d'indifférence vis-à-vis de ceux que la misère tient éloignés du festin, les enfermant, plus cruellement sans doute que jamais, dans la frustration. Une telle injustice, si complaisamment étalée, semble donner raison aux casseurs de nos banlieues, en tout cas elle aide à les comprendre. Réclamerais-je plus de justice, on me trouverait ringard, et prisonnier décidément d'une idéologie d'un autre âge. Admettons. Mais quand bien même il serait indispensable que certains mangent du caviar et d'autres des œufs de lump (et d'autres rien : combien d'enfants morts de faim en 1990 ?), quand bien même il serait inévitable que ce soient toujours les mêmes qui s'empiffrent ou se privent, est-il indispensable aussi que l'opulence s'étale à ce point ? Si la justice est hors d'atteinte, faut-il que la pudeur le soit également ?

Un tel luxe est d'autant plus choquant qu'il constitue, d'évidence, une perversion du message de Noël. Un enfant est né, nous dit-on, il y a quelque deux mille ans, pauvre parmi les pauvres, pour célébrer, sans faste ni puissance, l'unique richesse de l'amour. Il fut un temps où l'on se demandait si le capitalisme était compatible avec cette éthique-là, celle des Évangiles, si le christianisme, en sa pureté, n'était pas une réfutation terrible de ce qui fait vivre nos sociétés. Vieilles lunes, semble-t-il. On se demande maintenant si les Évangiles ne sont pas réfutés plutôt par le capitalisme, et s'il ne serait pas temps, maintenant que la richesse est déculpabilisée, comme on dit, d'oublier ces vieilleries naïves et néfastes… Malheur aux pauvres ! Heureux les riches en actions et en obligations !

On m'objectera que Noël reste la fête des enfants. En effet. Cela fait deux mois qu'ils nous cassent les oreilles avec leur Père Noël ou leurs cadeaux, deux mois qu'ils ne sont plus qu'impatience avide, deux mois qu'ils sont dévorés par le manque, deux mois qu'ils attendent, pour être heureux, que ce soit enfin Noël ! Quelle curieuse leçon d'existence nous leur donnons, qui laisse entendre que vivre c'est attendre et recevoir, quand nous savons bien, nous, les parents, que c'est l'inverse qui est vrai ! Aucun cadeau n'est le bonheur, ni rien de ce qu'on attend ou reçoit, mais cela seulement qu'on fait ou qu'on donne, et point en cadeau, puisque l'essentiel de ce qu'on peut offrir, personne, jamais, ne pourra le posséder. Noël, l'idéologie de Noël, est devenu comme un résumé des erreurs dont il faudrait débarrasser nos enfants, dans lesquelles au contraire, comme à plaisir, le vieil homme à la hotte les enferme. Le bonheur n'est pas un cadeau, la vie n'est pas un conte, et il n'y a pas de Père Noël. Voilà à peu près ce que vivre m'a appris, et qu'il faudrait, pendant dix jours, faire mine d'oublier ! Le mensonge sur le Père Noël – le premier mensonge, souvent, que nous faisons à nos enfants – résume tous les autres. Nous ne cessons d'enjoliver la vie, du moins nous essayons, et cet optimisme mensonger est plus triste encore que ce qu'il essaie, avec un succès inégal, de nous faire oublier. Noël, ou le *divertissement* à l'usage des enfants…

On m'objectera que Dieu, pour l'athée que je suis, n'existe pas davantage que le Père Noël. Soit. Mais lui du moins ne parade pas sur nos trottoirs, lui n'essaie pas – ou plus – de fourguer ses marchandises à nos enfants. Chaque société a les mythes qu'elle mérite, et celui-là en dit long sur la nôtre : de l'enfant nu à ce vieillard postiche, du Christ au Père Noël, quel chemin ! Et de l'amour pourchassé à l'égoïsme triomphant…

Puis ce bonheur imposé ! Pendant dix jours, toute la bêtise médiatique va nous seriner son optimisme de commande, et il faudra être joyeux par force ! La mort ? « Reprends donc du champagne ! » La solitude ? « Tu n'aimes pas le foie gras ? » L'angoisse, la difficulté de vivre, l'amour qui échoue ou se meurt ? « Allez, on sort les cotillons et vive la fête ! » Pourquoi pas, en effet ? Mais pourquoi ces jours-là, pourquoi tous ensemble et à date fixe ? Quoi de plus grotesque, quand on y pense, que ces millions de réveillons simultanés, avec tous les petits mensonges qui vont avec, tous ces petits égoïsmes, comme autant de cadeaux autour du sapin ? On préférerait un bonheur plus modeste, plus discret, plus spontané, plus imprévisible… Quoi de plus triste que de lire sa joie dans le calendrier ?

Reste l'enfant nu, entre le bœuf et l'âne, celui qui finira sur une croix, celui que Dieu même, peut-être, abandonnera pour finir… Et tous les ans, depuis bientôt vingt siècles, « dans la plus longue nuit de l'année ou presque », comme disait Alain, entre bougies et guirlandes, fragile, vacillante, cette lueur pourtant au cœur des vivants : l'amour enfant, et fils de l'homme. Ce dieu-là – le plus faible des dieux, et le seul – méritait mieux qu'un réveillon ou qu'une messe.

Jeunesse et sécurité

La jeunesse a peur, et fait peur. C'est l'âge de tous les dangers. On viole surtout les jeunes filles. Et qui s'est vu détroussé par un vieillard ? La jeunesse est fragile, y compris contre elle-même. Cet excès de force, d'impatience, d'inconscience… La vieillesse protège, et se protège. La mort lui est un ennemi suffisant. Puis la fatigue lui tient lieu de sagesse… Mais la jeunesse ? La vie la menace, plus que la mort. Ou la mort seulement par la vie (c'est ce qu'on appelle un *accident*), et par trop d'ardeur plutôt que par fatigue. Cet enfant qu'on a voulu protéger contre tout – le coin d'une table, un courant d'air… –, le voilà sur une moto, parti pour Dieu sait où, et avec qui, bon sang, avec qui, et pour faire quoi ? La vie est dangereuse pour la jeunesse, ou la jeunesse est à elle-même son principal danger. Une jeunesse sage ? Ce serait un autre péril, et point le moindre peut-être. Un vieillard de vingt ans, qui en voudrait ? Toute vie est risquée, voilà tout, et la jeunesse est simplement le plus risqué des âges. Les vieux n'ont plus rien à perdre qu'eux-mêmes, leurs souvenirs, leur fatigue – leur vieillesse. Les jeunes ont tout à perdre, parce qu'ils ont tout à vivre. La jeunesse est un danger, la vie aussi, et c'est le même.

Où veux-je en venir ? Je ne sais ; peut-être nulle part. L'important n'est pas d'aller quelque part mais de savoir où l'on est, où l'on en est. J'en suis à la jeunesse, au danger de la jeunesse, et cela me fait peur, comme à chacun – j'ai trois enfants –, et j'essaie de comprendre et de surmonter comme je peux cette peur toujours recommencée des parents. Qu'il faille protéger, c'est assez clair. Mais pas trop pourtant, et chacun se débrouille comme il peut entre ces deux écueils. Au reste, c'est une idée qu'on trouve chez Freud, toute éducation échoue : les enfants ne réussissent que *contre* leurs parents. Cela devrait rendre modeste, et sage au moins par humilité. On ne peut rien empêcher, je veux dire sûrement, et c'est à tort toujours qu'on s'accuse ou qu'on s'absout. Tel à qui l'on évitera la drogue ou la prison finira à l'hôpital psychiatrique, quand tel autre, que tout menaçait, aura de ces vies pleines, qui font rêver. Sans parler de tous ces *normausés moyens*, comme me disait un ami psychiatre, qui ne sauront jamais le danger qui les tue ou dont la fuite les enferme… Les jeunes font leur vie eux-mêmes, avec nous et contre nous. Nous ne pouvons que les aider de notre mieux, point vivre à leur place ni supprimer les dangers que la vie implique et que la jeunesse – toute jeunesse – doit affronter.

Il reste que la société est coupable, souvent, davantage que les individus. Trop d'injustice et de misère nourrit la délinquance et l'insécurité. Ces viols collectifs, dans les caves de nos banlieues, et ces gamins qui *sniffent* de la colle ou bien pire… Quoi de plus atrocement misérable ? Toute jeunesse est en danger, mais point toutes également. Comment penser que la répression puisse suffire ? La politique retrouve ses droits, ici, en même temps que ses enjeux. Mais, pas plus que la répression, elle ne saurait suffire. L'une et l'autre sont nécessaires ; l'une et l'autre, et leur somme, insuffisantes. Alors quoi ? L'éducation. Non qu'il suffise d'ouvrir une école, comme croyait Hugo, pour fermer une prison. Mais en ceci que seule l'éducation rend les hommes *humains*. Le combat contre la barbarie recommence à chaque génération, et la jeunesse en est par définition le lieu et l'enjeu. Ce n'est pas trop des parents et de l'école pour éviter le pire, qui toujours menace, et rendre possible, parfois, le meilleur. Quoi ? Un homme vraiment humain, ou une femme (il me semble que c'est moins difficile, que Rilke avait raison qui jugeait la femme et la jeune fille « plus près de l'humain que l'homme »), et c'est ce que chacun souhaite, pour ses enfants, ou devrait souhaiter et s'efforcer d'obtenir.

À quoi l'école ne suffit pas, qui n'a affaire qu'au savoir. Ni l'État, qui n'a affaire qu'au pouvoir. Les parents, qui savent et font ce qu'ils peuvent, qui n'est pas rien, apportent le reste, qui est l'essentiel : l'amour, qui protège autant qu'il peut et pardonne autant qu'il doit. Sans limites ? S'il y avait des limites au pardon, à quoi servirait le pardon ? Un père n'est pas un policier ; une mère n'est pas un juge. C'est où l'amour touche à l'infini, et l'humain au divin.

Tout l'amour du monde peut échouer pourtant, et même il échoue toujours, puisque l'on meurt, puisque l'on souffre. De là aussi ces prisons, et ces mères au parloir… La société se protège comme elle peut, comme il faut qu'elle se protège, et protège ses enfants en se protégeant soi. Mais ce serait se tromper que de se protéger contre la jeunesse, comme voudraient certains, quand c'est la jeunesse qu'il faut protéger, autant que faire se doit, contre elle-même et contre tous.

La sécurité est faite pour l'homme, et non l'homme pour la sécurité. C'est ce que la jeunesse indocile ne cesse de rappeler aux adultes oublieux.

Le lac

Ce lac radioactif, au nord de l'Oural, cela donne à penser. Les eaux y sont d'un bleu très pur, à ce qu'on rapporte, et pourtant sans vie aucune. Mais ce « pourtant » est de trop : la propreté et la mort vont ensemble, et toute vie est impure. Stériliser, c'est tuer ; cela en dit long sur la vie.

J'ai passé cet été quelques jours chez un ami, dans un coin charmant et perdu des Alpes. Il me montre sa piscine, que des pluies récentes ont remplie : l'eau y est d'un vert glauque, opaque, avec d'inquiétantes suspensions… Je fais la moue, et mon ami sent bien que, malgré la chaleur, j'hésite à plonger. « Ce n'est rien, me dit-il, ce sont des algues, des micro-organismes… Attends un peu, tu vas voir ! » Et de verser dans la piscine une bonne ration d'eau de Javel… Quelques minutes plus tard, de fait, l'eau s'était éclaircie. Le lendemain, elle était comme neuve, et nous y prîmes plusieurs bains joyeux et confiants… La vie avait reculé. Cela nous parut un progrès décisif vers la propreté. Pourquoi non ? N'est-ce pas ainsi qu'on nettoie les chambres d'hôpital et, en effet, les piscines ? Mais chacun en sent bien aussi les limites, et les dangers. Cela nous ramène à notre lac radioactif. Ce qui est vrai du chlore l'est également du nucléaire, même si les effets sur l'homme ne sont pas identiques (quoique, dans les deux cas, ce soit une question de dose), même si l'un des dangers, comme on sait, est mieux maîtrisé que l'autre. Je laisse la technique aux techniciens, et me contente de cette idée générale : tout ce qui vit salit ; tout ce qui nettoie tue. Demandez un peu aux microbes ce qu'ils pensent du savon de Marseille. Et à la ménagère maniaque, ce qu'elle pense des enfants.

On ne confondra donc pas, c'est où je voulais en venir, l'écologie et l'hygiène. La défense du vivant et l'obsession de la propreté. L'équilibre et la pureté. Le sain et le stérile. Les seconds ne valent, lorsqu'ils valent, qu'au service des premiers, et dans les limites, bien strictes, que ceux-ci leur imposent. Tout ce qui vit salit, disais-je. Cela suppose que la vie sache aussi se défendre contre elle-même. De là l'hygiène, évidemment nécessaire : la saleté est insalubre. Mais l'hygiène est au service de la vie, non l'inverse ! C'est ce qui distingue l'homme propre de l'obsessionnel : l'un se lave pour vivre, quand l'autre vit pour se laver… Toute vie est impure, et l'on ne saurait, sans tomber dans une idéologie mortifère, lui préférer la pureté. Une chambre d'hôpital, ce n'est pas un modèle de société, ni même un modèle de chambre. Les maladies nosocomiales nous rappellent d'ailleurs que des germes redoutables, de plus en plus résistants, finissent par s'y glisser quand même, qui produisent alors, des milliers de malades en sont morts, d'étonnants ravages… La vie se défend mieux, quand elle est saine. C'est qu'elle résiste sans tuer. L'eau de Javel, aussi utile qu'on voudra, est un poison violent, pour qui l'absorbe, dont les fabricants conseillent légitimement d'éviter, même, tout contact avec la peau…

D'où je tirerais volontiers une conclusion politique. La santé d'un peuple n'a jamais tenu à sa pureté, qu'elle soit ethnique ou morale, mais seulement à sa capacité d'absorber les mélanges, les « impuretés », et à maintenir, entre toutes ses composantes, un équilibre instable mais vivant (vivant, donc instable), moins occupé de détruire l'autre que de l'apprivoiser, de s'acclimater à lui, enfin de gérer, dans l'à-peu-près, leurs différences ou leurs conflits… Je reprends ici le langage de l'adversaire, bien sûr inadapté (parler d'*impuretés*, en matière de peuples, n'a aucun sens), mais c'est pour le retourner contre lui. Sans donner à cette métaphore biologisante plus de valeur qu'elle n'en mérite (un peuple n'est pas un organisme, un individu n'est pas un germe), on peut du moins réfléchir à ce lac limpide et mort, aussi dangereux qu'un rêve d'ingénieur, de tyran ou de xénophobe. D'aucuns rêvent d'une France propre, stérile et pure comme un lac atomique, d'ailleurs artificielle comme lui (*pure*, la France ne l'a jamais été) et comme lui promise à la mort immaculée… Puissent-ils songer de temps en temps au petit lac de l'Oural, d'un bleu si pur et si transparent !

De quoi l'on pourrait tirer aussi bien, et peut-être mieux, une conclusion morale, qui serait de vigilance contre la morale. La voilà de retour, dit-on, et c'est tant mieux. J'ai assez bataillé contre l'immoralisme et la veulerie pour ne pas m'en plaindre. Mais la morale est comme l'hygiène : elle est au service de la vie ou ce n'est qu'une manie inutile. C'est ce qui distingue la morale du moralisme, et les braves gens des censeurs. Qu'est-ce que *l'ordre moral*, si ce n'est la volonté d'inverser cette hiérarchie, de mettre la vie au service de la morale, de *telle* morale, et d'en chasser l'impur ? Rêve fou : rêve de mort. S'il y a une pureté de l'âme, elle est à l'opposé, et c'est ce que Simone Weil avait vu : « La pureté, écrivait-elle, est le pouvoir de contempler la souillure. » Je dirais plus : de l'accepter, de l'habiter, de la sublimer. L'âme est ce qui accueille le corps, et s'y recueille. Sans honte. Sans frayeur. Sans mépris.

Ainsi, devant l'obscène du désir, la pureté de l'amour.

Fin de l'histoire ?

L'étonnante accélération de l'histoire, en Union soviétique, frappe surtout par les mythes qu'elle renverse. Le mythe communiste d'abord : Gorbatchev suspendant le Parti communiste et prônant l'économie de marché, c'est un peu comme si le pape avouait ne plus croire en Dieu. Au fait, si cela arrivait, Jean-Paul II oserait-il nous en informer ? Cette question, peut-être saugrenue (quoique : pourquoi un pape ne pourrait-il perdre la foi ?), donne pourtant une idée de ce qu'il fallut de courage à Gorbatchev, pour prendre de telles mesures, et de la liberté d'esprit, même contraint par les événements, même réticent, dont il fit preuve. Il n'avait plus la foi. Ses prédécesseurs immédiats, selon toute vraisemblance, ne l'avaient guère davantage. Mais lui a eu l'honnêteté de le reconnaître, et d'en tirer les conséquences. Présentons-lui nos félicitations, pour son audace, et nos condoléances, pour ce qu'il enterre. C'est la rançon de ces religions de l'histoire. Si le communisme était resté au ciel, comme Notre Père, personne n'aurait jamais su qu'il n'existait pas.

Cet effondrement du mythe communiste, si spectaculaire soit-il, n'est pas le plus neuf de ces événements. Le mythe avait du plomb dans l'aile, depuis belle lurette. Qui, même chez les militants, y croyait encore ? L'URSS, pour les communistes français, n'était plus qu'une espèce de boulet, j'en sais quelque chose, qu'ils traînaient comme ils pouvaient. C'était un anti-modèle : le résumé à peu près de ce qu'il fallait éviter. Et chacun sait bien que le système soviétique, sur place, devait moins à la ferveur communiste, depuis des décennies, qu'aux forces conjointes de la bureaucratie, de l'habitude et de la peur. Forces considérables, qu'on croyait invincibles. Que le système finisse pourtant par s'écrouler, cela porte un coup à un autre mythe, celui du totalitarisme. On nous avait tellement expliqué que le système totalitaire était irréversible, définitif, immuable, que nul peuple ne pouvait en sortir (sauf défaite militaire), qu'on avait fini par le croire. Les pays de l'Est, les uns après les autres, ont montré qu'il n'en était rien. L'Union soviétique semble bien partie pour faire la même démonstration. L'histoire ne se répète pas toujours, et ne s'arrête jamais. Les prophètes de malheur (le totalitarisme indestructible) se sont trompés, autant que les prophètes de bonheur (les lendemains qui chantent). Les prophètes ont toujours tort, même lorsqu'ils semblent avoir raison. L'histoire ne cessant de se contredire, elle finit tôt ou tard par détromper ceux-là même qu'elle parut d'abord conforter.

Le troisième mythe qui s'écroule, le plus récent, au moins sous sa forme actuelle, le plus niais, c'est celui de la fin de l'histoire. C'est le mythe libéral par excellence, comme une utopie pour le temps présent : les lendemains qui chantent, c'est aujourd'hui ! Souvenez-vous. L'Occident avait gagné. Plus rien dès lors ne pouvait arriver, nous disait-on, qu'une lente et paisible uniformisation : la démocratie triomphant, le capitalisme se mondialisant, le monde devait devenir de plus en plus homogène, au point – faute de différences ou de conflits – que plus rien de neuf ou d'inattendu ne pouvait advenir. C'était faire la même erreur, face au monde d'aujourd'hui, que Hegel devant Napoléon, ou Kojève devant Staline. On a les prophètes qu'on peut. Or, que voyons-nous ? Que le monde est plus imprévisible que jamais. Comment parler de fin de l'histoire, quand nul ne sait si nos enfants vivront en paix – ni même s'ils vivront ! –, ni dans quel monde, ni sous quel régime ? Il y a cinquante ans, on annonçait la fin de nos démocraties ; voilà qu'on annonce leur victoire ultime. Cela ne prouve pas plus aujourd'hui que naguère. Imaginez nos prophètes, si Hitler avait gagné la guerre… D'ailleurs, c'est aller trop vite en besogne que de conclure, de l'échec du communisme, au triomphe du capitalisme : les deux systèmes pourraient échouer finalement l'un et l'autre, et même c'est ce que le passé rend le plus vraisemblable. La défaite de Spartacus n'a pas sauvé l'Empire romain. « L'histoire n'avance que par son mauvais côté », disait Marx. Ce Marx-là, qui n'est pas le plus mauvais, mérite encore d'être lu.

Au fond, les événements récents, en Union soviétique, outre leur considérable portée historique, sont moins importants, philosophiquement, pour ce qu'ils nous apprennent que pour les erreurs dont ils nous aident à nous libérer. La principale est de prétendre savoir à l'avance ce qui va avoir lieu, et de vouloir par là juger le présent. C'est le principe de l'utopie, qu'on trouve aussi chez Marx (c'est la moins bonne partie de son œuvre, et la plus obsolète : l'avenir vieillit mal) et qui ne cesse de renaître, y compris chez ses adversaires. Certes, après coup, on trouve toujours, ici ou là, des prédictions qui se sont réalisées : comme tout a été annoncé, et le contraire de tout, il serait inconcevable qu'aucune ne se réalise jamais. Mais ce n'est qu'un hasard de plus dans le hasard du monde. Fin de l'histoire ? Le thème, chez Hegel, est indissociable d'une conception finaliste de l'histoire : c'est parce que l'histoire a depuis toujours une fin (une finalité) qu'elle est susceptible de l'atteindre. S'il n'y a que des causes efficientes, comme dit Spinoza et comme je le crois, si l'histoire est un devenir « sans sujet ni fin », comme disait Althusser, alors il faut renoncer, dans le même mouvement, et au finalisme et à la fin de l'histoire. Adieu Hegel ! Adieu Kojève ! Adieu Fukuyama ! L'histoire n'aura d'autre fin que son terme (la disparition de l'humanité), qui arrivera inévitablement, mais nous ne serons plus là pour en parler. Ce n'est plus finalité mais finitude. Plus fin de l'histoire mais fin du monde. Nous n'en sommes pas là. Ce à quoi nous sommes confrontés, aujourd'hui, c'est plutôt la fin de l'Histoire, avec un grand H, je veux dire la fin de la conception religieuse (« l'Histoire est notre théodicée », disait Hegel) qu'on s'en faisait depuis deux siècles. Ce n'est pas l'histoire qui s'achève, ce sont certaines des illusions que nous nous faisions sur elle qui s'écroulent. C'est tant mieux. L'Histoire est morte, vive l'histoire !

L'avenir n'existe pas, jamais. Il n'y a que le présent, qui ne se heurte qu'à lui-même : il avance à tâtons, comme un aveugle, et cette marche cahotante – l'histoire en train de se faire –, c'est ce qu'on appelle la politique.

Il faut donc avancer, prudemment et à tous risques. L'action, non les prophètes, est notre canne blanche.

Crépuscule

C'est le soir. Le soleil, sans être couché encore, a disparu derrière les maisons. Plus de lumière directe. La pénombre envahit tout, comme si l'ombre portée du monde avait englouti jusqu'au monde même… C'est la caverne de Platon, mais sans issue. Le réel, mais sans mythe, sans remède, sans espoir. Il ne fait plus jour, dirait-on, que par erreur ou par habitude. On se demande pourquoi vivre, et l'âme s'angoisse, et le corps est plein d'une fatigue morne…

Qui ne connaît de ces moments ? *Spleen*, mélancolie, cafard, déprime… Peu importent les mots. Chacun reconnaîtra les siens.

J'écris pour m'en sortir, et cette chronique me fait un prétexte commode. Heureux journalistes, à qui le métier même est un divertissement ! Le soupçon naît : et si c'était vrai aussi de la philosophie ? C'est bien plus qu'un soupçon. Qui est au-dessus de l'angoisse ? Qui peut se passer du divertissement ? Le sage ? Soit. Mais il se passe aussi de philosophie, et c'est à quoi peut-être il se reconnaît. J'en suis loin, et le soir tombe, et je ne sais quelle tristesse monte et me submerge, comme une mer ancienne et toujours recommencée…

Que faire dans ces moments-là ?

Écrire ? C'est ce que je fais. Mais tout le monde n'écrit pas, et l'écriture serait indigne qui ne servirait qu'à oublier l'angoisse ou le néant.

Il ne sert pas trop non plus de considérer plus malheureux que soi. On en trouve toujours, et d'innombrables. Mais cela n'a jamais consolé personne, et au fond c'est tant mieux. Les 200 000 morts du Bangladesh ne sont pas là pour apaiser nos petites misères, pour compenser, par un contraste bien atroce, l'angoissante et confortable médiocrité de nos existences. Passe encore qu'on ne fasse rien pour eux, ou guère, que chacun se préfère soi, comme d'habitude, et laisse l'eau ou le temps emporter leurs cadavres ! Mais les utiliser, non. L'horreur n'est pas une consolation plausible, ni même acceptable.

Sans compter que songer au pire, c'est penser aussi qu'il est possible, toujours et partout possible. Les parents savent de quoi je parle. On n'aime que des mortels ou des morts, voilà, que d'actuels ou futurs cadavres, et c'est en quoi tout amour est deuil ou frayeur. Joie aussi, je sais bien, joie d'abord et surtout : aimer, c'est se réjouir de ce qui est. Mais « la joie va toujours avec la frayeur », dit le poète, et au fond c'est l'amour même. Qui peut aimer sans trembler ?

Pourtant nous ne tremblons pas toujours, ni si souvent. Faute d'amour ? Pas seulement. La vie nous emporte. Le monde est là, qui résiste, qui impose l'effort ou le travail. Puis tant de soucis, de problèmes, de charges, de fatigues… Exister, même confortablement, reste difficile. Chacun a suffisamment de monstres à combattre, de déceptions à surmonter, d'obstacles à franchir, enfin mille petites tâches, urgentes ou non, qui l'appellent. Tant mieux. L'oisiveté n'est bonne à rien, nous l'avons tous éprouvé, et vérifié mille fois la grande parole de Pascal : « Rien n'est si insupportable à l'homme que d'être dans un plein repos, sans passions, sans affaires, sans divertissement, sans application. Il sent alors son néant, son abandon, son insuffisance, sa dépendance, son impuissance, son vide… » Non pourtant que le travail puisse suffire à tout, ni n'importe quel travail. J'ai passé toute cette journée à corriger des copies, et me voilà plus pascalien que jamais ! Qui voudrait travailler pour oublier simplement qu'il va mourir ? Qui s'interdirait le repos pour éviter l'angoisse ? L'oisiveté n'est bonne à rien ; le travail ou le divertissement, guère davantage.

Alors quoi ?

Je reviens à Pascal : « Travaillons donc à bien penser ; c'est le principe de la morale. » C'est celui aussi de la philosophie. L'important n'est pas d'abord ce qui s'y gagne de bonheur ou de paix. Quand bien même l'angoisse serait au bout, ce chemin est le nôtre, le seul qui ne soit point indigne. Mieux vaut une vraie tristesse qu'une fausse joie. Plutôt l'angoisse lucide que l'illusion sereine. Oui : c'est la philosophie même. Mais l'angoisse est-elle lucide ? La tristesse est-elle lucide ? Si elles l'étaient, elles craindraient ou pleureraient telle souffrance effective, tel danger réel. Ce seraient peur ou chagrin justifiés, comme toute vie en connaît et en surmonte. Les stoïciens me font rire parfois, par trop d'héroïsme prétendu ou requis. « Ta maison brûle, tes enfants meurent… Que t'importe, si tu as la vertu ? » La belle affaire ! Comme Montaigne, je crains ces lieux hautains et inaccessibles. J'aime mieux penser que les maisons ne brûlent pas toujours, que les enfants ne meurent pas tous, ou pas tout de suite, et qu'on peut se passer, même, de la vertu et du bonheur… Quand l'horreur est là, qui peut encore philosopher ?

Puis il y a tous les autres jours : exempts d'horreurs et de souffrances, mais point pourtant, nous y revoilà, d'angoisses ou de tristesses… Lucides ? Au contraire : ce sont maladies de l'imagination, sans objets réels, peuplées de rêves vagues, d'horreurs seulement possibles (ce qui explique qu'elles le soient toutes simultanément, y compris les plus incompatibles, comme l'extrême vieillesse et la mort prématurée), d'impalpables et déchirantes nostalgies… Contre le réel, on peut agir. Mais contre l'imagination ? Contre des fantômes ? Contre le néant ? Les philosophes répondent, car là-dessus ils sont tous d'accord : connaître, penser précisément ce qui est, distinguer ce qui dépend de nous et ce qui n'en dépend pas, ce qui peut être changé et ce qui ne le peut, le réel et l'imaginaire, la vérité et l'illusion… La lucidité est un premier pas vers la sagesse, donc aussi vers le bonheur. C'est une expérience que chacun peut faire. Quoi de plus fatal au moral que ces émissions de télévision qui puent l'optimisme et le mensonge ? Quoi de plus tonique au contraire, pour qui parvient à la supporter, qu'une vérité bien rude ou bien amère ? J'allais citer Lucrèce, mais allons au plus proche. J'ai en mémoire une bande dessinée de Claire Bretécher, parue il y a quelques années dans *Le Nouvel Observateur.* Agrippine, c'est une adolescente d'aujourd'hui, pleure dans sa chambre, sur son lit. Sa mère essaie de la consoler : « Voyons, tu es jeune, tu es mignonne, tu vas rencontrer des tas de gens, travailler, t'amuser, tu vas faire des voyages, tu vas avoir des amants… » Mais chaque nouvelle consolation, c'est ce que montraient les dessins, redouble les larmes de notre adolescente, l'enfonce dans son cafard ou sa détresse. Alors la mère, à bout d'arguments ou de patience, change de ton : « Bon ! Vivre est horrible. On ne cesse de s'ennuyer que pour avoir peur. Tout effort est voué à l'échec. On vit seul, on meurt seul. Le monde est vide. L'amour est un leurre ; les enfants, des boulets. L'avenir est le fossoyeur de la jeunesse, et les fesses ne se remusclent jamais. » Et de dessin en dessin, pendant cette tirade désespérante, ou qui devrait l'être, on voit qu'Agrippine progressivement s'apaise : les larmes diminuent peu à peu, puis disparaissent ; une espèce de calme ou de sérénité finit par s'installer. À la fin, presque souriante, l'adolescente dit à sa mère : « Ça me fait un bien, ce que tu dis ! »

Ce dessin m'a fait rire. J'y ai retrouvé quelque chose que je connais bien, qui m'a fait aimer aussi la philosophie, et les philosophes de préférence les plus lucides, les plus sombres ou, disons, les moins portés à l'optimisme et aux consolations faciles. Lucrèce, Montaigne, Pascal, Spinoza, Schopenhauer, Nietzsche… Freud aussi, à sa façon, et c'est par quoi il touche à la philosophie. Il y a là une alchimie mystérieuse, que je ne peux expliquer tout à fait, du moins pas en quelques lignes. Mais je crois que l'on peut dire à peu près ceci : la vérité sur l'angoisse n'est pas angoissante (ou moins angoissante que les illusions); la vérité sur la tristesse n'est pas triste (ou moins triste que le mensonge); la vérité sur le malheur... Mais laissons. Il y a une joie à connaître, tous les savants le savent, et connaître sa faiblesse est une force.

Bref, la lucidité vaut mieux, toujours; c'est pourquoi il n'y a rien à faire, dans ces moments que je dis, que les accepter comme ils sont. Ne pas mentir, ne pas nier, ne pas fuir, ne pas faire semblant... Telle est peut-être la première leçon de la philosophie, et son premier effet. Heureux les philosophes, à qui le métier même... Mais je m'exprime mal. La lucidité n'est pas un métier, ni d'ailleurs la philosophie (les philosophes de métier, on sait ce qu'ils valent et ce que vaut leur lucidité). Penser n'est pas un métier : c'est une fonction, la seule peut-être qui porte en soi son risque et son remède. Son risque ? L'angoisse. Son remède ? Celui-là même à quoi se réduit, selon Freud, la psychanalyse : « La vérité, et encore la vérité. » Les philosophes ne disent pas autre chose, ni les artistes dignes de ce nom. L'important est d'être vrai, non de faire joli (la joliesse est une beauté superficielle parce que sans vérité : comparez Boucher et Chardin). Ce sont les musiciens, paradoxalement, qui l'illustrent le mieux, ou qui m'ont le mieux aidé à le comprendre. La vérité ? Elle n'est point pour eux dans la représentation, ni même toujours dans l'expression, mais dans le cheminement, dans l'affirmation, dans le courage, dans ce que Nietzsche appelait « le grand style », celui qui « commande, qui veut, qui devient logique, simple, clair », celui qui « maîtrise le chaos que l'on est, qui le contraint à devenir forme », celui qui « n'est pas seulement art mais réalité, vérité, vie », celui qui advient « lorsque le beau triomphe du monstrueux », et le vrai, ajouterais-je, du mensonge. Beauté et vérité, en art, vont ensemble – sans quoi ce n'est plus beauté mais joliesse ou enflure, plus vérité mais crudité ou platitude. C'est en quoi l'art est une leçon, qui va bien au-delà de l'esthétique. Faire de sa vie une œuvre d'art ? Ce ne serait qu'un mensonge de plus. Mais vivre en vérité, et tant pis pour nous si cela fait mal. Il ne s'agit pas d'enjoliver la vie, ni de la magnifier, ni de l'exagérer (Wagner). Il s'agit encore moins de se perdre dans l'angoisse ou la douleur (il y a de cela chez Schumann, et je n'aime pas Schumann), mais de les traverser : de passer de l'autre côté du désespoir (comme fait merveilleusement Mozart, et Beethoven, et Schubert…), de l'autre côté du crépuscule, là où il n'y a plus que tout, là où le soleil se couche sans trembler, et c'est le monde, là où le courage revient, et c'est le monde encore, et nous dedans, perdus et sauvés sous les étoiles…

Père

C'est ce qui peut arriver de plus fort à un homme, ce pourquoi au fond il est fait, s'il est fait pour quelque chose, et ce quelque chose est quelqu'un : mon enfant, mon amour ! La vie commence là, ou plutôt recommence, et c'est ainsi, de génération en génération, qu'elle continue. Elle ne peut continuer qu'en recommençant, puisque l'on meurt. Les parents paient à l'espèce, si l'on peut dire, le tribut qu'ils lui doivent. Donner ce que l'on a reçu : engendrer, et non pas créer ; transmettre, et non pas faire. On ne fait pas les enfants : on fait l'amour, puis les enfants se font tout seuls. Comme ils peuvent. Comme ils vivent. Depuis le début, cette solitude. Jusqu'à la fin, cette solitude. Mortel, né de mortel. Tout recommence pour que tout continue. Tout continue, puisque tout recommence.

Tout recommence, mais rien ne se répète. Il n'est pas moi, je ne suis pas lui : mon enfant, mon amour, toi le plus proche des prochains, toi le plus intime des intimes, et pourtant le tout autre, dès le commencement, l'étranger de mon cœur, qui s'y installe comme en pays conquis – terre brûlée : mon âme –, et le monde soudain qui vacille pour un sourire !

La mère l'avait porté avant de le connaître, nourri avant de le nourrir, aimé avant de l'aimer. Puis le voici : notre fils, notre fille. L'amour engendre l'amour. Cela fait comme un miracle qui serait vrai. Ce petit amour humain – un homme, une femme : un couple – débouche sur cet amour plus grand que l'amour, cet amour surhumain, et pourtant le plus humain de tous, le plus fort, le plus répandu, le plus banal, le plus bouleversant. Notre enfant : notre amour.

Ne pas se raconter d'histoires. La vie serait plus facile sans. Plus simple. Plus confortable. Il y aurait tellement moins de soucis, tellement moins d'angoisses, tellement moins de fatigue !

On ne fait pas des enfants pour être heureux. On fait des enfants pour l'amour, par l'amour. Le bonheur ne viendra, s'il vient, ne durera, s'il dure, que par surcroît. Mais le bonheur est trop fragile, trop exposé, trop incertain. Que peut notre joie contre un enfant qui souffre ? Le bonheur doit trop à la chance, ou plutôt (car la chance n'a jamais suffi pour être heureux) le destin peut trop contre le bonheur. L'amour ne doit qu'à soi. Il ne doit donc qu'à nous, ou nous ne devons qu'à l'amour.

Un de mes amis s'étonne qu'avec la philosophie qui est la mienne, comme il dit, je fasse encore des enfants. Je ne sais ce qu'il a compris de ma philosophie, et peu m'importe. Ce que je sais, c'est que mes enfants sont le plus grand amour que j'aie jamais vécu, et que je mets l'amour plus haut que tout, comme tout un chacun. Cela suffit pour faire des enfants, et pour les aimer…

Pourquoi vivrait-on, si l'on n'aimait la vie ? Et pourquoi l'aimerait-on, si l'on n'aimait l'amour ? Pauvres nihilistes, qui se croient plus lucides que les autres, quand ils ne sont que moins capables d'aimer ! Faire un enfant, c'est leur donner tort. C'est ainsi que la vie continue, malgré la mort, malgré la fatigue, malgré la douleur, malgré l'angoisse, et que l'amour triomphe – même quand le couple échoue – dans l'amour des enfants.

Freud y voyait une ruse du narcissisme. Pourquoi non ? On n'aime jamais que soi peut-être, et ses enfants seulement parce qu'ils sont *siens.* Un de mes amis a adopté une petite fille. « On te met un bébé dans les bras, me raconte-t-il, tu ne le connais pas, tu ne sais rien de lui, et aussitôt c'est l'être le plus important du monde ! » Mon fils, ma fille… Pourquoi aime-t-on tellement ses enfants, et si peu ceux des autres ? C'est qu'on s'aime à travers eux. Dont acte. Mais enfin on les aime, et ils sont autres, et ils nous échappent… Ainsi apprend-on à aimer hors de soi, c'est-à-dire à aimer véritablement. L'amour commence là : non dans l'amour de l'enfant pour ses parents (le nouveau-né n'aime pas : il a faim, il a peur, il a froid…), mais dans l'amour des parents pour l'enfant, cet amour premier, gratuit, inconditionnel, grâce auquel l'enfant apprend à aimer, à son tour, et se prépare à aimer ses enfants… Que d'amour il a fallu, et pendant combien de millénaires, pour que l'humanité devienne simplement ce qu'elle est ! Que d'amour il faudra, pour qu'elle demeure !

Sur cet amour, les mères, me semble-t-il, en savent d'abord davantage que nous, du moins le plus souvent, qui s'installent tranquillement dans ce face-à-face sublime. Chair de sa chair : son bébé, son amour. L'homme aime de plus loin, presque toujours, ou ne s'approche que gauchement, maladroitement. Tant de fragilité l'intimide : il a peur d'abîmer, de casser, de blesser, et ne sait trop que faire de ce petit corps hurlant, si peu et si mal adapté au sien…

On parle beaucoup des nouveaux pères. Ce n'est pas seulement une invention de journaliste. Les hommes de ma génération se sont occupés de leurs enfants comme aucun de nos pères, à ma connaissance, ne l'avait jamais fait. Nous les avons lavés, changés, nourris, promenés, bercés, consolés, rassurés, amusés, accompagnés, éduqués… Quelque chose s'est conquis là, de beau et de fort : davantage d'égalité, entre hommes et femmes, et davantage d'intimité, entre père et enfant.

Mais un père reste un père : il ne faudrait pas que la juste répartition des tâches escamote par trop la différence des fonctions et des personnalités. C'était un étrange paradoxe des années 1970 que le féminisme en vint si souvent à refuser la féminité ; c'en fut un autre des années 1980, que les hommes, devant ces femmes plus libres, et c'est heureux, aient parfois eu peur d'assumer leur virilité. Je ne pense pas tant à la vie sexuelle – chacun s'y débrouille comme il peut, ce n'est pas si grave – qu'à la vie de famille. Un père n'est pas une mère, il n'a pas à l'être, il ne peut pas l'être. Françoise Dolto, avec son bon sens coutumier, l'a bien souvent rappelé, et c'est aussi de stricte orthodoxie freudienne : la différence sexuelle, qui est une vraie différence (même si elle est indissolublement biologique et culturelle : la culture fait partie du réel), traverse la famille, et la structure. Le petit garçon comme la petite fille ont besoin d'avoir devant eux un homme et une femme véritables – véritablement homme, véritablement femme –, dont la complémentarité est au fond plus importante (encore plus importante !) que l'harmonie.

Dans ce couple différencié, c'est-à-dire dans ce couple, la mère serait traditionnellement (mais les psychanalystes en restent d'accord) du côté de l'amour inconditionnel, de la douceur, de la tendresse, du corps qui console et protège, quand le père serait plutôt du côté de l'autorité, de la force, du pouvoir qui impose et commande. Ce sont des archétypes, dira-t-on. Bien sûr. Mais qui ne sont pas nés par hasard, et qui parlent assez à notre cœur et à notre expérience pour que nous puissions y reconnaître quelque chose d'important. Le symbolique n'est pas un fantasme ; il est ce par quoi les fantasmes s'organisent et prennent sens. Puis les parents sont sexués. Ils n'ont ni le même corps, ni le même désir, ni la même fonction… Nature et culture s'épousent ici, dans cette différence acceptée et redoublée. L'enfant s'y retrouve vite, ou plutôt s'y trouve, s'y construit, bâtissant sa propre différence, sa propre sexualité, sa propre personnalité, dans le champ toujours polarisé (et d'abord bipolarisé) de la famille. L'amour de la mère, la loi du père… Cela ne veut évidemment pas dire que les femmes ne puissent pas commander, ni que les hommes soient incapables d'amour.

Mais ceci, peut-être : que l'amour et la loi sont deux choses différentes, et nécessaires toutes deux. Cela se lit dans la Bible, Ancien et Nouveau Testament, et la psychanalyse n'y contredit pas, ni la sociologie, ni l'ethnologie, ni notre expérience – toujours difficile, souvent douloureuse – de la famille.

Par quoi l'enfant découvre – et il faut qu'il le découvre – qu'il y a quelque chose de plus haut que lui : la loi.

Et quelque chose de plus haut que la loi : l'amour.

Montaigne

Montaigne s'est éteint le 13 septembre 1592. C'est donc le quatrième centenaire de sa mort que l'on va célébrer cette année, et il ne semble pas que cela doive faire grand bruit. Ce n'est pas faute pourtant d'aimer les anniversaires ! On se souvient avec quels fastes la France a fêté le bicentenaire de sa Révolution, quel éclat elle a donné à l'année Mozart ou, en 1985, au centenaire de la mort de Victor Hugo. Mais Montaigne ? Qui se soucie encore de cet écrivain universel et singulier, le plus universel et le plus singulier sans doute que la France ait porté, mais trop libre d'esprit pour qu'aucune chapelle puisse s'y reconnaître ou le défendre, et trop occupé à se peindre, croit-on, pour éclairer encore nos problèmes ou parler à nos angoisses ? D'ailleurs, qui le lit ? Sa langue, bien sûr admirable, la plus savoureuse peut-être qui ait jamais été écrite, est souvent difficile, pour nos contemporains, et suffit à en décourager beaucoup. Le temps a passé : son français n'est plus le nôtre, et si cela rehausse encore sa saveur, c'est au prix d'un effort dont bien peu de lecteurs, je le crains, sont aujourd'hui capables.

Pourtant le jeu en vaut la chandelle, et c'est ce que cet article voudrait suggérer.

Se peindre ? C'est ce que fait Montaigne, à longueur de pages, surtout dans le livre III des *Essais*, le plus beau, le plus personnel, le plus étonnant (et celui, entre nous soit dit, par lequel il vaut mieux commencer sa lecture). « Je n'enseigne pas, disait-il, je raconte. » Que faire d'autre, quand on ne croit plus à l'absolu, quand on se sait incapable en tout cas de l'atteindre ? Enseigner suppose un savoir, et c'est à quoi Montaigne n'a jamais prétendu. Parce qu'il était sceptique ? Sans doute, mais qu'on ne l'entende pas comme la négation de toute vérité. Si rien n'était vrai, il ne serait pas vrai que rien ne soit vrai, et c'est en quoi la sophistique se détruit elle-même. D'ailleurs, quel livre plus vrai que les *Essais* ? Qu'il y ait une différence entre la vérité et l'erreur, entre la véracité et le mensonge, Montaigne ne l'a jamais nié. Il n'était pas comme nos rhéteurs, qui faute de savoir aimer le vrai, faute de s'y soumettre, ne savent plus aimer qu'eux-mêmes, leurs petits mensonges ou leurs petites lâchetés. « Tout est faux, tout est permis », répètent-ils après Nietzsche. C'est ce que Montaigne a toujours refusé. Comme l'a bien vu Merleau-Ponty, son scepticisme est au contraire « mouvement vers la vérité », et ce mouvement est celui-là même qui anime son écriture, sa pensée, sa vie. Pourquoi alors parler de scepticisme ? Parce que c'est un mouvement infini, sans repos, sans but qu'on puisse atteindre, enfin sans autre garantie que sa propre quête, qui n'en est pas une. Montaigne ne renonce pas à chercher le vrai ; il renonce à la certitude de le connaître. Il est trop lucide pour se fier à nos preuves, trop raisonnable pour croire absolument à la raison. C'est par quoi d'abord il est moderne. L'absolu, pour lui comme pour nos savants, n'est jamais donné. Le réel est voilé (comme dit aujourd'hui Bernard d'Espagnat à propos de la mécanique quantique), puisque nous ne pouvons jamais connaître que les apparences qu'il nous offre ou que nous sommes en état de percevoir. Voilé donc, non par autre chose (pas d'arrière-monde chez Montaigne), mais dans le mouvement même par lequel il se montre. « Nous n'avons aucune communication à l'être. » Cette formule (« la plus forte peut-être qu'on puisse lire dans toute la philosophie », note Lévi-Strauss dans *Histoire de Lynx*) résume l'essentiel : non que l'être soit ailleurs, mais en ceci que nous, qui sommes en lui, n'y avons accès qu'indirectement, par nos sens et notre raison, sans jamais pouvoir prouver – puisque toute preuve les suppose – leur véracité. « Les yeux humains ne peuvent apercevoir les choses que par les formes de leur connaissance », écrit-il ; cela suffit pour interdire de confondre cette connaissance avec la vérité qu'elle vise, certes, mais qu'elle ne saurait (puisque sa visée même l'en sépare) atteindre absolument. Toute connaissance est donc relative, approximative, provisoire – et toute vérité, éternelle et absolue. Montaigne est moderne parce qu'il introduit, entre connaissance et vérité, une faille irréductible, où tous les dogmatismes, si nous savions le lire, viendraient s'effondrer. Il n'y a pas de savoir absolu, ni de raison pure : aucune connaissance n'est la vérité.

Parce que nous ne savons rien ? Non pas. Mais parce qu'il n'y a de connaissance qu'humaine, et de vérité que divine. L'humanisme montanien est le contraire d'une religion ; sa religion, le contraire d'un dogmatisme. L'homme n'est pas Dieu ; il ne saurait, sans ridicule, s'approprier l'absolu.

Cela vaut tout autant pour les Églises, qui ne sont qu'humaines. Toute croyance est de fait, donc aussi de hasard. « Nous sommes chrétiens, écrit Montaigne, au même titre que nous sommes ou périgourdins ou allemands. » Athéisme ? Ce serait aller trop vite en besogne. Dès lors que Montaigne est incontestablement périgourdin, remarque Marcel Conche, il est tout aussi incontestablement chrétien. Oui. Mais c'est un christianisme de fait, qui non seulement n'enveloppe pas mais exclut le sentiment de sa propre certitude. Être chrétien comme on est périgourdin, c'est se savoir chrétien par hasard, non par révélation ou grâce : c'est être sceptiquement chrétien, et telle est bien la position qui ressort des *Essais*. Même la religion, chez notre sceptique, se retourne contre les dogmes ! Nul ne saurait sans abus parler au nom de Dieu. La religion de Montaigne, puisqu'il n'y a pas lieu de douter de ses professions de foi, était une arme encore contre le fanatisme. Croire en Dieu, pour lui, c'était s'interdire de parler en son nom. Comme on aimerait que nos papes ou nos mollahs le lisent plus souvent !

Il y a autre chose. De même qu'il apprend à aimer le vrai sans prétendre se l'approprier, Montaigne apprend à juger par soi-même, et pour soi-même, sans prétendre imposer aux autres les valeurs qu'on respecte ou le bien qu'on poursuit. Son scepticisme, dans l'ordre théorique, protège à la fois contre la sophistique (qui renonce à tout effort vers la vérité) et contre le dogmatisme (qui prétend la connaître avec certitude). Mais le même combat vaut aussi dans l'ordre pratique, s'agissant non plus de la vérité mais de nos valeurs : son relativisme protège contre l'intolérance autant que contre le nihilisme ! Car Montaigne est relativiste, et d'un relativisme radical : pas de valeurs absolues, pas d'universel qu'on puisse imposer à quiconque. Qu'il y ait un droit à la différence, il fut le premier peut-être à l'avoir perçu si nettement – mais sans oublier pour autant l'humanité commune, dont chacun porte en soi « la forme entière », disait-il, par quoi la différence est autre chose qu'une pure et simple juxtaposition. Aussi protesta-t-il, et bien fort, et presque seul, contre le sort fait aux Indiens d'Amérique (laquelle avait été découverte, c'est un autre anniversaire, cent ans avant sa mort). « Chacun appelle barbarie ce qui n'est pas de son usage », observait-il. C'est à ce titre que l'Occident imposa, on sait comment, dans l'horreur et le sang, la supériorité prétendue de sa civilisation et de sa foi. Pour Montaigne, au contraire, il n'y a de valeurs que subjectives : de quel droit pourrais-je prétendre imposer les miennes ?

Est-ce à dire que tout se vaut, et ne vaut rien ? Au contraire ! Le relativisme n'est pas un nihilisme : qu'une valeur soit relative, cela ne l'empêche pas de valoir. Pourquoi n'y aurait-il que l'absolu qui vaille ? Nos plaisirs, nos joies, nos souffrances nous apprennent bien vivement le contraire. Le nihilisme n'est qu'un fanatisme inversé : incapable de faire son deuil de l'absolu, il engloutit tout – valeurs, croyances, règles – dans le vide qui le ronge. C'est un fanatisme du néant. Montaigne aime trop la vie pour y succomber. Aimer ? C'est bien en effet de quoi il est question. Car ce qui vaut, c'est ce que nous aimons, rien d'autre. Et qui renoncerait à aimer sous prétexte que tout amour est subjectif ? L'amour objectif ? C'est une contradiction dans les termes. L'amour absolu ? Ce n'est qu'un leurre. Quel amour sans relation ? Quelle relation sans relativité ? « Parce que c'était lui, parce que c'était moi... » Cela, que Montaigne dit de son amitié avec La Boétie, va plus loin qu'il ne paraît. Tout amour est de rencontre ; tout amour est de fait. Sa subjectivité, sa relativité, loin de l'invalider, sont ce qui lui permet d'exister. Mais la même raison interdit d'imposer quelque amour que ce soit à autrui. Comment pourrais-je décider à sa place de ce qu'il *devrait* aimer ? L'amour ne se décrète pas, ni ne se démontre, ni ne se commande, et c'est pourquoi nul n'a titre à dire ce qui vaut absolument. Chacun doit donc en juger pour son propre compte, sans pouvoir imposer aux autres ses jugements ni se décharger sur eux de sa propre responsabilité. C'est ce que Montaigne appelle la conscience, et c'est bien en effet le nom qui convient. Il n'est de valeurs qu'humaines ; c'est pourquoi l'humanité a besoin de valeurs, et de soi. Nous ne sommes pas Dieu. Cela ne nous dispense pas d'être humains, autrement dit de respecter, en nous comme en autrui, la liberté de l'esprit, laquelle ne saurait elle-même être absolue (car alors nous serions Dieu) mais qui est l'esprit même.

Double leçon de Montaigne : il n'est pas nécessaire de croire posséder la vérité pour la chercher, ni de connaître le bien pour s'interdire le pire. Morale humaine, simplement humaine. *Trop* humaine ? On ne l'est jamais trop, et c'est encore une leçon de Montaigne. Il ne s'agit que de « faire bien l'homme, et dûment ». L'humanisme de Montaigne n'est pas une religion ; c'est une morale. Croire en l'homme ? Croire en la sagesse ? Ce ne sont que deux illusions, qui vont souvent ensemble, comme on voit dans le stoïcisme, et dont il importe de se libérer. « Tant sage qu'il voudra, mais enfin c'est un homme : qu'est-il plus caduc, plus misérable et plus de néant ? » Il ne s'agit pas de croire en l'homme, ce qui ne ferait qu'une religion de plus, qu'une illusion de plus, mais de vivre et d'agir humainement. Humanisme pratique : humanisme désillusionné, et qui n'en est que plus humain. « La sagesse ne force pas nos conditions naturelles. » Elle non plus n'est pas une religion. On n'a une chance de l'atteindre qu'à la condition de cesser d'y croire. Sagesse laïque : sagesse pour notre temps.

Jalousie

Il faudrait distinguer d'abord la jalousie de l'envie, ce qui n'est guère facile, ni peut-être possible absolument. Les deux mots sont souvent interchangeables : des succès d'un collègue, on peut être envieux ou jaloux, et bien malin qui fera la différence. Mais du mari passionné ou méfiant, on ne dira pas qu'il est *envieux* de sa femme. Pourquoi ? Parce qu'on ne peut envier ce dont on jouit. C'est une première différence, qui m'éclaire : l'envie porte sur ce qu'on n'a pas ; la jalousie, aussi bien ou de préférence sur ce qu'on a ou qu'on partage. L'envie exprime un manque ; la jalousie, la peur de perdre ou d'avoir moins. N'importe quelle midinette peut envier telle vedette de cinéma ; seules les actrices, sans doute, peuvent en être jalouses. On peut être envié par n'importe qui ; mais jalousé, me semble-t-il, que par ses pairs. J'en sais quelque chose. Les collègues vous pardonnent vos échecs, c'est humain, plus facilement que vos succès. La jalousie est cela même : c'est le refus ou la souffrance de partager avec d'autres ce dont on jouit, peu ou prou, mais dont on jouirait mieux, croit-on, sans ce partage. C'est ce que confirme la passion amoureuse : le *pair*, en amour, qu'est-ce d'autre qu'un rival ?

Cela justifie ce qu'il y a de positif dans la jalousie, qui est l'attachement à ce qu'on a. Quel amoureux qui ne soit jaloux ? L'envie, au contraire, est un sentiment presque exclusivement négatif : l'envieux ne sait aimer que ce qui lui manque, et s'ennuie dès qu'il le possède. Le jaloux, non. Il aime trop ce qu'il a pour s'en lasser, et même, assez souvent, pour désirer autre chose. Je sais bien que tous les jaloux ne sont pas fidèles, tant s'en faut. Mais qui ne se méfierait davantage, dans un couple, de celui que la jalousie n'effleure pas ? « Quand une femme n'est plus jalouse de son mari, disait Balzac, c'est qu'elle ne l'aime plus. » De là à en aimer un autre... Cela vaut tout autant pour les hommes. La jalousie accompagne si ordinairement l'amour qu'elle est volontiers confondue avec lui, ou prise pour sa marque obligée. C'est pourquoi elle rassure : « Il m'aime, puisqu'il est jaloux... » Et sans doute ce n'est pas si simple, ni pourtant tout à fait faux. La jalousie est un amour possessif, égoïste, indiscret. Mais l'amour sans jalousie, serait-ce encore l'amour ? Ce ne serait plus la passion, en tout cas, et c'est à quoi, tant qu'on est amoureux, on n'aime guère renoncer. Le jaloux aime trop pour vouloir partager. Mais celui qui y consent, aime-t-il encore assez ?

Ne faisons pas la part trop belle, toutefois, aux jaloux. À l'extrême de sa force, la jalousie peut tuer (c'est ce qu'on appelle, dans nos journaux, un « crime passionnel »), et cela en dit long sur sa nature. Étrange amour, qui préfère le deuil à l'affront ! Qu'aimait-il ?

Sa femme, ou la jouissance exclusive qu'il en avait ? Sa femme, ou le fait qu'elle soit *sienne* ? Sa femme, donc, ou lui-même ?

Dans les formes plus douces ou plus quotidiennes, le même égoïsme se fait jour. Voyez ce jaloux banal : vous, moi, n'importe qui... Il aime sa femme ? Soit. Mais qu'est-ce à dire ? Qu'il veut en être aimé, et lui seul ! Ou pire : qu'il préfère la savoir malheureuse avec lui plutôt qu'heureuse avec un autre... Que ce soit de l'amour, j'y consens. Mais est-ce sa forme la plus haute ?

Saint Thomas distinguait l'amour de bienveillance (qui aime l'autre pour son bien à lui) de l'amour de concupiscence, qui n'aime l'autre, disait-il, que pour son bien à soi. La jalousie relève évidemment du second, et c'est ce qui interdit d'en faire une vertu. Ce serait *éros*, en grec, plutôt que *philia* (l'amitié) ou *agapè* (la charité). C'est amour de soi, en un mot, plutôt qu'amour de l'autre, par quoi la jalousie est le plus humain peut-être des sentiments, le plus facile, le plus violent. J'observe d'ailleurs que le mot « jalousie », en français, n'a pas de contraire. Cela en dit long sur l'universalité de la chose... Quant au *Dieu jaloux* de la Bible, c'est évidemment de l'anthropomorphisme, qui nous en apprend davantage sur l'homme que sur le Dieu.

J'évoquais l'impossibilité de faire de la jalousie une vertu. C'est pourtant à quoi pousserait l'étymologie : dans *jalousie* il y a *zèle*, même si cela s'entend peu, et c'est un des sens encore, quoique vieilli, du mot. Être jaloux de sa réputation ou de son indépendance, c'est être zélé à les défendre. Très bien. Mais faire du zèle pour son propre compte, est-ce vraiment être zélé ? Non pas, et c'est ce qu'on appelle la jalousie.

Est-ce à dire que la jalousie soit une faute ? Non plus. Les sentiments sont ce qu'ils peuvent ; la morale ne s'occupe que des actes. Reste que ce sentiment-là relève de la possessivité davantage que de l'amour, de l'avoir plutôt que de l'être, de la prise plus que du don. Le jaloux craint de perdre, parce qu'il veut posséder. De là cette souffrance, toujours, et ces mille tortures de l'imagination…

La jalousie est un zèle égoïste et malheureux.

Stoïcisme

Les stoïciens apprenaient à distinguer ce qui dépend de nous et ce qui n'en dépend pas. On en retient surtout une pédagogie de l'acceptation : « *Ducunt volentem fata, nolentem trahunt* », disait par exemple Sénèque (« le destin conduit qui y consent, entraîne qui résiste »). Mais ce n'était qu'une partie de leur sagesse. L'autre est un art de vouloir, et c'est le plus précieux de leur message.

Ce qui ne dépend pas de nous, quand le désir s'en mêle, est objet d'espérance. Ainsi espérons-nous la paix, la santé, le succès, le pouvoir… Non qu'on ne puisse rien faire pour les obtenir; mais quoi qu'on fasse, la réussite dépend aussi d'autrui ou du hasard. Il ne suffit pas de ne pas fumer pour échapper au cancer. Ni d'être pacifiste pour éviter la guerre. Ni d'être habile, pour la gagner. La réussite, en tout, appartient au destin, qui est l'ensemble des choses qui ne dépendent pas de nous. C'est un autre nom pour le réel, en tant qu'il n'obéit pas à la volonté. Il est ce qui s'impose à nous, ce qu'il faut accepter, de gré ou de force, enfin ce qu'on ne peut changer que dans les limites qu'il nous fixe. Tous les hommes d'action le savent ; c'est ce qui les rend modestes. Quelle réussite sans lucidité ? Quelle réussite sans la chance ? Il n'y a que les rêveurs pour croire que la volonté est toute-puissante. Le volontarisme ? Ce n'est qu'une niaiserie de plus. Fais plutôt ce qui dépend de toi. Cela seul est volontaire ; cela seul est libre. Succès ? Échec ? Tu verras bien. Le réel commande, et c'est ce qu'on appelle le destin.

Une sagesse s'élève là, qui est le contraire de nos rêves. Car chacun se voudrait tout-puissant, et roi à sa façon, roi du monde. Chacun voudrait être Dieu ; c'est la folie des hommes ou leur façon de rester enfants. Descartes, qui est stoïcien à sa manière, et le plus grand sans doute des temps modernes, l'explique joliment : « Nous avons tant de fois éprouvé, dès notre enfance, qu'en pleurant ou commandant, nous nous sommes fait obéir par nos nourrices et avons obtenu les choses que nous désirions, que nous nous sommes insensiblement persuadés que le monde n'était fait que pour nous, et que toutes choses nous étaient dues… » Mais le monde n'est pas une nourrice, et nous pleurons en vain.

De là le malheur des hommes, qui n'est qu'espérance toujours déçue et toujours renaissante. Madame Bovary, c'est nous. Contre quoi il n'est qu'une seule sagesse, chez Descartes comme chez quiconque, et qui est stoïcienne au moins en son commencement : distinguer ce qui dépend de nous de ce qui n'en dépend pas, pour n'attacher nos désirs qu'à cela seul qui en dépend. Soit, et comme disait encore Descartes : « tâcher toujours plutôt de me vaincre que la fortune, et changer mes désirs plutôt que l'ordre du monde... » Attention au contresens habituel, qui ne voit là qu'une apologie de la résignation ! C'est bien mal connaître Descartes et le stoïcisme. Pas question de renoncer à agir, donc à transformer le réel ! Mais on ne le pourra qu'en l'acceptant d'abord tel qu'il est, et à nouveau c'est ce que savent les hommes d'action : le réalisme est plus nécessaire à l'action que l'enthousiasme, et lui permet seul de réussir. On peut rêver d'un monde sans guerres ; cela n'a jamais suffi à les éviter. Ou nier qu'on soit malade ; cela n'a jamais suffi à guérir. Descartes est le contraire d'un béni-oui-oui. Marc Aurèle, le contraire d'un lâche. Le stoïcisme, contrairement à ce qu'on croit trop souvent, n'a rien à voir avec la passivité. C'est une sagesse de l'action, non de la soumission. De la volonté, non de la paresse. Du courage, non de la veulerie.

La leçon, qui s'adresse d'abord aux individus, vaut aussi pour les peuples. La politique n'est pas l'art de faire rêver mais l'art d'agir, et de faire agir. Elle porte donc sur ce qui dépend de nous : elle est affaire non d'espérance, mais de volonté. À quoi bon autrement la démocratie ? « La souveraineté, disait Rousseau, n'est que l'exercice de la volonté générale. » Encore faut-il qu'il y ait une volonté, c'est ce qu'exprime le suffrage universel, et pas seulement des désirs ou des opinions, que des sondages mesureraient aussi bien. Or, on peut désirer n'importe quoi, c'est ce qu'il y a de confortable dans nos fantasmes, mais non *vouloir* n'importe quoi : on ne peut vouloir que le possible, et dans la mesure seulement où il dépend de nous.

C'est où le stoïcisme éternel rejoint l'actualité. Méfions-nous des prophètes ou des démagogues, qui ne savent insuffler que des rêves. Apprenons plutôt à vouloir.

La question juive

La recrudescence de l'antisémitisme, en France comme en Allemagne ou en Italie, est un phénomène, pour quelqu'un de ma génération, aussi étonnant qu'inquiétant. Dans les années 1960 ou 1970, on pouvait croire ce danger-là, au moins, éliminé. Il n'y avait plus que les vieux cons pour être antisémites, et encore l'étaient-ils en cachette, presque honteusement. De toute ma jeunesse, je n'ai pas le souvenir d'avoir rencontré un seul antisémite, ni d'avoir entendu mes amis juifs, à quelques très rares exceptions près, se plaindre d'en avoir eux-mêmes été victimes. L'antisémitisme semblait ne concerner que leurs parents, ou les nôtres. Pour les jeunes, ce n'était qu'un objet historique, qu'il importait certes de ne pas oublier, mais dont on n'envisageait guère qu'il puisse renaître et se développer. Il y avait plus urgent à combattre, plus faible à défendre. Les vraies victimes du racisme, toutes ces années, et encore aujourd'hui, c'étaient d'abord les immigrés, surtout maghrébins ou africains. Les pogroms n'étaient plus un danger ; les ratonnades, si.

Il va de soi que la montée de l'antisémitisme, dans la dernière période, n'entraîne aucun recul, tant s'en faut, des autres formes de racisme. La haine nourrit la haine, et les bêtises s'additionnent. L'antisémitisme, dans ce concert atroce, reste pourtant singulier et mystérieux. Pourquoi haïr à ce point des gens qui nous ressemblent tellement ? L'étranger fait toujours peur, et d'autant plus qu'il est plus différent. Comment peut-on être Persan ou Malien ? Mais ce que montre l'antisémitisme, c'est que cette peur de la différence n'explique pas tout. Les Juifs français, dans leur très grande majorité, sont intégrés depuis des générations, autant qu'on peut l'être. Physiquement, socialement, ils ressemblent à n'importe lequel de nos concitoyens. Ils parlent la même langue, ils vivent la même vie, ils ont les mêmes métiers, les mêmes loisirs, les mêmes soucis, souvent la même irréligion… Il n'y a plus guère qu'eux et les antisémites pour savoir qu'ils sont juifs, ou pour s'en préoccuper. De là d'ailleurs la tentation d'expliquer ceci (leur être-juif) par cela (l'antisémitisme). C'était, on s'en souvient, la position de Sartre, dans ses *Réflexions sur la question juive* : « Le Juif est un homme que les autres hommes tiennent pour Juif. » Ce n'est pas parce qu'il y a des Juifs qu'il y a des antisémites, affirmait Sartre, c'est au contraire parce qu'il y a des antisémites qu'il y a des Juifs, ou qu'ils se considèrent comme tels : « C'est l'antisémite qui *fait* le Juif. »

Je ne m'arrête pas sur ce qu'il y avait là de proprement paradoxal. C'était faire naître l'antisémitisme du néant (si c'est l'antisémite qui fait le Juif, qu'est-ce qui fait l'antisémite ?), et si Sartre est coutumier du fait (c'est à quoi se ramène aussi sa théorie de la liberté) cela ne rend pas l'explication plus satisfaisante… Je m'arrête davantage sur un point plus délicat. Sartre reprend, certes pour les combattre, certains des préjugés traditionnels de l'antisémitisme, dont il semble accepter la vérité au moins factuelle et provisoire. C'est ainsi qu'il disserte assez longuement sur « le goût du Juif pour l'argent », qu'il explique, avec son talent habituel, par une réaction de défense contre l'antisémitisme. Mais le fait est-il avéré ? Pour ma part, je n'ai jamais rien remarqué de tel : ni une cupidité propre aux Juifs, ni (encore moins !) un désintéressement propre aux non-Juifs. Mais passons. L'essentiel, me semble-t-il, est ailleurs. Ce qu'il y a de plus dangereux, dans la position de Sartre, et quelque généreuse qu'en ait été l'inspiration, c'est qu'à force d'expliquer la judéité par l'antisémitisme, on aboutit intellectuellement, et avec les meilleures intentions du monde, au but même que vise l'antisémitisme : à la négation de la judéité ! Si « c'est l'antisémite qui fait le Juif », il n'y a plus de Juifs, ou il n'y en aura plus dès lors que l'antisémitisme aura disparu. L'antisémitisme ne peut donc au bout du compte que l'emporter : qu'il vainque ou qu'il perde, la judéité, elle, est appelée à disparaître, soit physiquement (« solution finale », si l'antisémitisme l'emporte), soit spirituellement (ce qu'on pourrait appeler la « dissolution finale », si l'antisémitisme disparaît et avec lui la judéité). Mais alors, combattre l'antisémitisme, et quand bien même on en est soi-même exempt, n'est-ce pas une façon encore de lui donner raison ?

En vérité, c'est le principe même de l'analyse sartrienne qui me paraît discutable. Je ne crois pas du tout que ce soit l'antisémitisme qui fasse le Juif. Je crois tout le contraire : que le peuple juif, de son propre fait, a introduit dans l'histoire humaine, ou en tout cas occidentale, une discontinuité radicale, ce que Nietzsche, pour le lui reprocher, avait bien vu, et dont nous devons au contraire, me semble-t-il, lui être infiniment reconnaissants. C'est avec les Juifs, explique Nietzsche, que « commence le soulèvement des esclaves dans la morale » et, par là, « la dénaturation de toutes les valeurs naturelles ». Le peuple juif ne se soumet plus à « son instinct vital », comme les autres peuples, mais à « une chose abstraite, contraire à la vie – la morale », non plus à la Nature, comme les Grecs, mais à la Loi. Si l'on ajoute à cela que, pour des raisons historiques, les Juifs, pendant des siècles, vivront étrangers en tous pays (peuple sans terre, peuple sans État, peuple sans autre patrie que de fidélité et d'espérance), et soumis en effet, même quand ils voudront s'intégrer ou rêveront de se dissoudre, à la menace toujours renaissante de l'antisémitisme, on comprend ce que les nationalistes de tous poils peuvent leur reprocher : d'être inassimilables, même parfaitement intégrés, même parfaitement ressemblants, tant qu'ils resteront fidèles, fût-ce de loin, fût-ce sans la pratiquer, à cette Loi qui se prétend absurdement au-dessus des peuples, au-dessus des nations, et même, Nietzsche a raison sur ce point, au-dessus de la vie. Car enfin la vie n'est pas morale (la vie dévore, la vie tue), et c'est pourquoi la morale, en effet, n'est pas naturelle.

Nietzsche reproche aux Juifs d'avoir introduit, dans l'histoire humaine, le poison de la mauvaise conscience. Mais c'est la conscience même, et le seul poison qui interdise de tuer.

La vie serait plus facile, penseront certains, sans les Juifs. Peut-être : parce qu'elle serait moins humaine, et que l'humanité toujours est difficile. C'est à cette difficulté-là que les antisémites s'en prennent. L'antisémitisme est une solution de facilité et de barbarie.

En ce sens, et y compris pour ceux comme moi qui ne sont pas juifs ni n'envisagent de le devenir, la question juive est bien une *question*, en effet, ou plusieurs, mais qui n'en font qu'une : à quoi es-tu fidèle ? À la nature ou à la culture ? À la force ou à l'esprit ? À la nation ou à l'universel ? À l'instinct, comme dit Nietzsche, ou à la Loi ?

À ces questions, chacun répondra comme il l'entend. Le judaïsme n'est qu'une réponse parmi d'autres, qui n'est pas la mienne. Mais les antisémites voudraient supprimer la question.

Vendredi saint

Que notre société soit en train de se déchristianiser, dans ses profondeurs, j'en veux pour preuve que Pâques a cessé d'y faire événement. On parle davantage du Ramadan, pour l'exotisme, pour escamoter une haine possible (l'islamophobie) ou masquer une peur. On célèbre Noël ? Oui, pour les enfants et les cadeaux. Mais que le Christ soit ressuscité, voilà qui n'intéresse plus grand monde, semble-t-il, pas même, peut-être bien, chez ceux qui y croient.

C'était pourtant la fête la plus spécifiquement chrétienne, celle au fond qui faisait la différence. La naissance du Christ ou sa mort sur la croix, pour invérifiables qu'elles soient historiquement, ne font guère problème : beaucoup d'athées les jugent vraisemblables. Mais sa résurrection ? Seuls les chrétiens y croient, et c'est ce qui les fait tels. Noël peut faire l'objet d'un consensus, et point seulement pour les cadeaux. Quoi de plus émouvant qu'un nouveau-né ? Quoi de plus faible ? Quoi de plus sacré ? Et quelle meilleure image, en effet, du divin en l'homme ? La force n'est pas tout, la richesse n'est pas tout. Le premier enfant venu vaut mieux. C'est ce que signifient la crèche et les Rois mages. Qui ne voudrait s'agenouiller devant l'enfant nu et menacé ? Devant le fils de l'homme ? C'est le culte humain par excellence. C'est l'humanité même.

Mais devant le tombeau vide ? Devant cette montée au ciel ? Qui ne sent la fable ? le mythe ? l'allégorie ? Pâques est la fête spécifiquement chrétienne, dans le monde, et la fête spécifiquement religieuse, dans le christianisme. Que nous y croyions de moins en moins en dit long sur le monde, sur le christianisme, sur nous tous. Jean-Paul II aura beau faire. Cette espérance-là nous a quittés, en tout cas elle est devenue sans portée sociale : ce n'est plus qu'une foi privée, dans un monde privé de foi. L'athée que je suis ne s'en plaint pas trop. Qu'importe un tombeau vide ?

Je regretterai davantage le Vendredi saint, dont on parle encore moins. Les plus jeunes savent-ils seulement ce que c'est ? Il fallait que le Christ mourût, avant de ressusciter, et c'est ce qu'on célèbre ce vendredi. C'est le vrai prolongement de Noël : celui qui est né doit mourir. Et le contraire d'une espérance. La force, au bout du compte, l'emporte toujours. La mort l'emporte toujours. « Mon Dieu, mon Dieu, pourquoi m'as-tu abandonné ? » C'était déjà dans les Psaumes, et c'est de tous les temps. C'est le cri de l'homme. Sa protestation. Sa révolte. La négation à peu près de toutes les religions : comme une vérité enfin dite, enfin reconnue. Comme quand on arrête de mentir, de faire semblant. C'est la vérité du Calvaire, tellement plus émouvante, tellement plus humaine, tellement plus éclairante que ces histoires d'anges, d'ascension et de jugement dernier ! Ce dieu-là est le plus faible de tous les dieux, et pour cela le plus humain, et pour cela le plus divin. La mort l'emporte toujours, mais que prouve-t-elle contre la vie ? La force l'emporte toujours, mais que prouve-t-elle contre l'amour ? Dieu est faible ; c'est dire assez que la force n'est pas Dieu. Dieu est mortel ; c'est dire assez que la vie n'est pas Dieu. Alors quoi ? Alors le fils de l'homme, et l'amour supplicié.

Relisez les Évangiles, et demandez-vous ce qu'il en reste, quand on renonce à Pâques. Ce qui demeure vrai dans cette lumière ultime du Vendredi saint, celle du mont des Oliviers, celle que le Greco a su peindre. Mon idée est qu'il reste l'essentiel : l'amour, la douceur, la compassion, la miséricorde… Qu'a-t-on besoin d'un Dieu pour aimer ? pour protéger ? pour pardonner ? Qu'a-t-on besoin d'un Dieu pour être humain ?

« Ton Jésus, me dit un ami, c'est un Bouddha. » Peut-être. Mais qui met l'amour plus haut que la compassion, plus haut que la sagesse, c'est ce que signifie la « folie de la croix », plus haut même que le salut, et c'est ce que signifie le Vendredi saint. C'est la leçon du Calvaire. L'amour, même vaincu, vaut mieux qu'une victoire qui serait sans amour.

Changer la vie ?

Quelque chose s'est terminé, ces 21 et 28 mars, qui avait commencé vingt-cinq ans plus tôt, en 1968 : l'aventure d'une génération, d'une idée, d'un parti, d'un homme. Ils se sont croisés, venant d'horizons différents, puis ont cheminé de concert, durant un quart de siècle. Leurs routes s'arrêtent ou divergent aujourd'hui. Pour aller où ? Peut-être nulle part, et c'est ce qui fait la force de ce moment. Une époque s'achève, qui ne reviendra pas.

La génération, c'est celle des soixante-huitards, qui sont nos quadragénaires d'aujourd'hui. Certains font mine d'avoir leur avenir devant eux. C'est à quoi l'on reconnaît les vrais politiciens : ils ne vieillissent jamais, tant qu'un bout de maroquin leur paraît possible. Les autres, ceux qui avaient rêvé d'autre chose, savent qu'on est vieux, ou adulte, quand on renonce à ses rêves, et s'installent comme ils peuvent dans le monde réel. Il faut bien que jeunesse se passe. Ils avaient commencé dans l'enthousiasme, comme une immense fête, entre révolution et chahut, entre modernité et archaïsme. Souvenez-vous : « Soyez réalistes : demandez l'impossible ! » Ou bien : « Cours, camarade, le vieux monde est derrière toi ! » Et ils ont couru, couru, mais pour découvrir que le vieux monde les avait déjà rattrapés, que dis-je, qu'il était encore et toujours devant eux. C'est le monde même, puisqu'il n'y en a qu'un. Ils ont demandé l'impossible, et le réel s'est vengé. 1981 (« On a gagné ! ») fut leur première victoire, et la seule ; 1983 (la rigueur), leur vraie défaite. Ils voulaient faire la révolution ; ils découvrirent la gestion, le carcan des grands équilibres, le poids des corporatismes, le sordide des intérêts ou des affaires… Ils avaient rêvé Guevara ; ils eurent Fabius. Ils avaient applaudi (pour les plus réalistes d'entre eux) Mendès France à Charlety ; ils eurent Bérégovoy à Bercy puis à Matignon. Il y a dans tout cela une grande logique, mais la logique, décidément, est le contraire des rêves. Ils avaient espéré le grand soir ; les voilà au petit matin. Il est temps pour eux de se mettre au travail, ou plutôt – car ils y sont depuis longtemps – d'accepter que ce travail ne soit pas le préalable d'éternelles vacances, qui seraient celles de l'humanité, mais au contraire une tâche infinie, en tout cas interminable, sans autre terme que la mort, sans autres vacances que les congés payés, qu'ils avaient tellement moqués dans leur jeunesse, tellement méprisés, et qu'ils préparent maintenant, comme faisaient leurs parents, en attendant la retraite… La vie continue, mais la jeunesse non. Ou plutôt la jeunesse qui continue n'est plus la leur, et c'est ce qui s'appelle vieillir. J'en sais quelque chose : cette génération est la mienne.

L'idée, c'était celle d'une révolution démocratique, d'une révolution antitotalitaire, d'une révolution heureuse, à la fois permanente et douce, comme une fête toujours recommencée, comme un amour, comme une libération indéfinie. « Vivre sans temps morts, jouir sans entraves... » Ce fut la génération du désir et de l'utopie, la principale utopie étant de prendre son désir pour la réalité. Ils en firent un slogan, presque une philosophie... S'ils avaient lu Freud de plus près, ils auraient vu bien vite qu'il n'y avait là que rêves ou qu'illusions, dont la vie – la vie réelle – supposait au contraire qu'ils se débarrassent... Mais ils préféraient Reich, qui les avait si bien compris, à l'avance, ou Lacan, peut-être parce qu'ils ne le comprenaient guère... La chance qu'ils eurent, c'est d'avoir raté leur révolution. Leur utopie ne fut jamais au pouvoir, du moins en personne. C'est ce qui explique qu'elle n'ait pour ainsi dire pas de sang sur les mains. Ils ont raté le meilleur, et cela nous a évité le pire.

Ils n'accédèrent au pouvoir qu'indirectement, par l'intermédiaire d'un parti que tous, tant s'en faut, n'avaient pas rejoint, mais qui sut capitaliser jusqu'à leurs illusions. C'était le parti de leur époque et, finalement, de leur génération. Il avait réussi, au moins en paroles, ce que le Parti communiste n'a jamais su faire : marier la démocratie et la révolution, l'antitotalitarisme et l'utopie, la rose et le poing... « Changer la vie », disaient-ils. Leur coup de maître fut d'y croire, et d'y faire croire. Ils en payent aujourd'hui la vanité, et rejoignent les communistes dans l'échec. Dure saison pour les utopistes ! Qui peut changer la vie ? Et qui croit encore que ce soit là le but de la politique ? Nos soixante-huitards y crurent pourtant, c'est peut-être ce qu'il y avait de plus sympathique dans les folles journées de mai 1968. Ils avaient érigé l'utopie en morale, en philosophie, en sagesse. Le bonheur était une idée neuve. Le malheur et le capitalisme n'avaient qu'à bien se tenir : on allait voir ce qu'on allait voir !

On a vu. Le capitalisme triomphant, le malheur inentamé, l'utopie dissoute dans l'affairisme ou les luttes de tendance, enfin la vie désespérément semblable, pour l'essentiel, à ce qu'elle était dix ans plus tôt : difficile, aléatoire, injuste, parfois merveilleuse, parfois atroce, mais guère susceptible d'un bouleversement global… La politique peut certes combattre le malheur, dans sa dimension sociale, et elle le doit. Mais pour le bonheur, elle est sans pouvoir comme sans légitimité. La vie n'appartient qu'aux individus. Eux seuls ont le droit – s'ils le peuvent, s'ils le veulent – de la changer. La vie est une aventure ; elle peut l'être, elle doit l'être. Mais c'est une aventure existentielle, intellectuelle, affective, bien plus que politique. Que pèse une élection face à la mort ? face à la maladie ? face à l'amour ? face au tragique de l'existence ? La politique peut changer les *conditions de vie* ; mais c'est se tromper sur l'humanité que de croire qu'en changeant les conditions de vie, on change la vie elle-même… Comment n'auraient-ils pas été déçus ? On ne change pas la vie ; on change la société, quand on peut ; on se change soi, quand on en est capable, et pas en jetant un bulletin dans une urne…

S'ils purent y croire, c'est grâce à un homme sans doute qui n'y croyait pas. C'est le plus étonnant peut-être, dans cette histoire, que le mariage de cette génération naïve et volontiers extrémiste avec cet homme lucide et modéré, avec cet homme sans illusions, pour ne pas dire sans idéal, en tout cas sans rêves (autres que personnels), sans utopie, sans enthousiasme. Leurs différences mêmes les rendaient complémentaires. Sans cette génération, il ne pouvait rien. Sans lui, elle ne pouvait guère… Mariage de raison d'abord, puis d'amour : 1981 fut comme un coup de foudre différé, entre deux amants depuis toujours promis l'un à l'autre, comme un mariage arrangé, malgré leurs différences (d'âge, de culture, d'idées), et voilà que les époux y prennent soudain du plaisir, qu'ils se mettent à y croire ! Mais la passion résiste mal à la vie de couple ; le rêve résiste mal à la réalité. L'habitude vint, les mille petites déceptions de la vie quotidienne, l'impuissance à modifier le cours des choses, à tenir ses folles promesses : le chômage qui s'accroît, l'injustice sociale qui demeure, quelques gros mensonges, quelques petites trahisons… Le résultat, c'est le « divorce » qu'évoquait la presse, aux lendemains du premier tour, et que le second n'a fait qu'entériner. Pour François Mitterrand, c'est la dernière étape. Mais pour le parti socialiste ? Mais pour cette génération ?

Plusieurs, je le crains, rêvent à nouveau d'utopie, qui préparent ainsi les déceptions à venir. C'est se tromper d'époque, de remède, de jeunesse. Les jeunes d'aujourd'hui ont désappris à rêver, et qui oserait le leur reprocher ? La politique est devenue modeste, c'est ce qui frappait au soir du deuxième tour, même chez les vainqueurs, et c'est tant mieux. La politique n'est pas là pour changer la vie. Elle est là pour maintenir ou améliorer ce qui la rend possible. La politique n'est pas là pour nous rendre heureux ; elle est là pour combattre ce qui nous empêche de le devenir ou de le rester : la misère, l'oppression, l'injustice, le chômage, l'insécurité… La gauche a cru qu'un idéal généreux suffisait à convaincre. Mais à quoi bon l'idéal, si la réalité ne suit pas ? À quoi bon rêver le meilleur, si l'on n'est pas capable de combattre le pire ? Le malheur est une idée neuve en Europe. Adieu l'utopie, bonjour la solidarité.

C'est où la gauche a raté son virage, et où la droite (la solidarité n'est pas son penchant naturel) devra prendre le sien. Le résultat des élections ne doit pas tromper. Les temps sont durs aussi pour les conservateurs (la droite le sait bien, qui a été élue *pour changer*). C'est peut-être ce qui a perdu le parti socialiste, qui n'était plus que le conservateur de ses rêves et de ses intérêts.

Il ne s'agit pas de changer la vie ; il s'agit de changer la société, c'est la seule façon de la maintenir, et pour cela de changer aussi la politique.

Qui peut croire que Chirac, Giscard ou Balladur y suffisent ? Et qui ne voit que la gauche, pour y contribuer, devra d'abord se changer elle-même ?

Immigration

L'objectif « immigration zéro », tel que Charles Pasqua l'a formulé, est évidemment irréalisable. Quoi qu'on fasse, des milliers d'immigrés continueront de s'installer en France, dans les années qui viennent, et c'est bien ainsi. Notre économie, dès qu'elle repartira, en aura besoin. Notre morale le requiert. On ne peut empêcher les mariages d'amour ou d'intérêt (dont tous, tant s'en faut, ne sont pas de complaisance), ni supprimer purement et simplement toute possibilité de regroupement familial. L'expression du ministre est d'autant plus malheureuse, en l'occurrence, qu'elle est équivoque. Certains comprendront qu'elle signifie non pas zéro immigrants, ce qui serait déjà impraticable, mais zéro immigrés, ce qui serait scandaleux : car il faudrait chasser ceux que l'on a fait venir le plus légalement du monde, qui sont souvent installés chez nous depuis des décennies, qui y ont fondé une famille, et c'est ce qu'on ne saurait humainement ni politiquement accepter.

Faut-il pour autant faire de Charles Pasqua un fasciste, un raciste, un dangereux sous-marin de Le Pen ? Sans doute pas. Quoi qu'on pense du personnage (ancien résistant mais aussi l'un des fondateurs du SAC : une partie des ambiguïtés du gaullisme se résume là), rien, dans ses propos récents et quelques maladresses mises à part, ne menace la République ni la démocratie. Il a d'ailleurs rectifié le tir, parlant quelques jours plus tard de « zéro immigré clandestin », ce qu'on ne saurait pour le coup lui reprocher. Un ministre de l'Intérieur est là pour faire respecter la loi, laquelle s'applique, sur le sol national, aux étrangers aussi bien qu'aux Français. La République est à ce prix. La liberté est à ce prix.

Il se pourrait pourtant que l'essentiel soit ailleurs : dans le constat, formulé lui aussi par Charles Pasqua, que la France ne veut plus être un pays d'immigration massive. Ce constat-là, au moins, semble incontestable. Les dernières élections l'ont indiqué assez clairement : aucun parti n'a fait campagne pour l'ouverture des frontières, et les électeurs ont accordé une très forte majorité à ceux, à droite ou à l'extrême droite, qui avaient fait du contrôle de l'immigration un de leurs chevaux de bataille. C'est un des rares points où la droite tienne ses promesses, et il est difficile de le lui reprocher. D'ailleurs les sondages confirment la très grande popularité du ministre de l'Intérieur, dont on ne saurait pas davantage contester la représentativité populaire que la légitimité républicaine.

Cela n'oblige évidemment pas à approuver tout ce qu'il propose (pourquoi la majorité aurait-elle raison ?), et mon but n'est d'ailleurs pas d'en examiner le détail. Je m'interroge sur le fond du problème : dans quelle mesure un peuple a-t-il le droit de défendre son identité, sa sécurité ou son confort contre ce qu'il perçoit – à tort ou à raison, peut-être à tort *et* à raison – comme une menace de l'étranger ou de la misère ?

Moralement, le problème est d'une simplicité cruelle. Sans qu'il soit condamnable d'aimer le confort ou de s'aimer soi, la morale voudrait que l'on s'occupe d'abord des autres, et spécialement des plus pauvres, des plus malheureux, des plus démunis : la morale voudrait que l'on s'occupe d'abord des immigrés, et qu'ils jouissent non seulement des mêmes droits que les Français, mais aussi, sur eux, d'une espèce de priorité, qui est celle de la détresse. L'Église est dans son rôle lorsqu'elle rappelle chacun à ses devoirs ; et Le Pen est dans le sien, quand il les bafoue. « J'ai eu faim et vous m'avez donné à manger, j'ai eu soif et vous m'avez donné à boire, j'étais un étranger et vous m'avez accueilli… » Ces paroles de l'Évangile disent assez ce qu'il faudrait faire, et de quel côté se trouvent l'amour ou la morale.

Oui. Mais ni l'un ni l'autre ne font une politique. Si les hommes s'aimaient les uns les autres, s'ils étaient vertueux, généreux, compatissants, ils n'auraient besoin ni de frontières ni de polices, et les États mêmes seraient inutiles : la charité suffirait, l'humanité suffirait. Nous en sommes loin, et c'est ce que signifie la politique. « Ne pouvant faire que ce qui est juste fût fort, on a fait que ce qui est fort fût juste. » La formule, qui est de Pascal, dit assez que la politique n'est pas une morale appliquée, mais le prix à payer, pour les peuples, de l'immoralité de chacun et de tous. Si l'amour régnait, à quoi bon la force ? Si la morale régnait, à quoi bon la politique ? Ce serait de l'angélisme que d'imaginer que ces deux ordres puissent se confondre. Même la démocratie n'y trouverait pas son compte. Les saints ne font pas une majorité, ni la majorité une vertu. L'Église est dans son rôle lorsqu'elle parle de morale ; mais la morale n'est pas un parti, ni l'Église une démocratie.

Au reste, on imagine trop bien où mènerait l'angélisme, dans ces domaines : on ouvrirait les frontières, on accueillerait tous les affamés, tous les opprimés, et la France bientôt se dissoudrait ou imploserait dans le chômage, la misère et l'exacerbation des tensions ethniques, religieuses ou culturelles.

C'est où il faut distinguer ce que Max Weber appelait l'éthique de conviction et l'éthique de responsabilité. La première ne s'occupe que des principes, sans se soucier des conséquences pratiques de leur application. La seconde au contraire, sans renoncer aux principes, est avant tout soucieuse de la portée concrète des actes qu'ils inspirent : à quoi bon une action vertueuse, si elle aboutit à une catastrophe ? L'éthique de conviction, s'agissant des étrangers, supposerait qu'on les traite comme des frères, non pas seulement aussi bien que des Français, répétons-le, mais mieux qu'eux : entre deux frères, il est légitime de favoriser le plus faible ou le plus exposé. L'éthique de responsabilité ne dit pas le contraire (les deux éthiques, précisait Max Weber, sont moins opposées que complémentaires), mais elle exige qu'on mesure les conséquences à long terme de telle ou telle mesure, même généreuse, et qu'on n'aille pas risquer le pire par amour du bien.

En l'occurrence : qu'on ne détruise pas l'équilibre fragile qui fait un peuple au nom de valeurs qui, sans cet équilibre, seraient sans force ou sans vraisemblance.

« Tout être s'efforce de persévérer dans son être », disait Spinoza. Cela vaut aussi pour les peuples. Or comment pourraient-ils persévérer dans leur être, s'ils ne défendaient leur identité ? Combattre le racisme est une chose, évidemment nécessaire. C'en est une autre, fort dangereuse, que de prétendre condamner par là tout attachement à une culture ou à des traditions nationales. Les peuples comme les individus ne se posent qu'en s'opposant, du moins qu'en se distinguant : « On ne peut à la fois, écrivait Lévi-Strauss en 1971, se fondre dans la jouissance de l'autre, s'identifier à lui, et se maintenir différent » (« Race et culture », *Le Regard éloigné*, Plon, 1983, p. 47). Ce n'est pas être raciste ou nationaliste que de considérer – toujours avec Lévi-Strauss – qu'il est normal que « des cultures attachées chacune à un style de vie, à un système de valeurs, veillent sur leurs particularismes », et que « cette disposition est saine, nullement – comme on voudrait nous le faire croire – pathologique » (*De près et de loin*, Odile Jacob, 1988, p. 207). Un peuple qui se replie sur soi est un peuple qui meurt ; mais un peuple qui s'oublie, qui s'ouvre indéfiniment aux influences et aux brassages, meurt aussi : la dissolution est une menace, non moins que la sclérose. Et c'est précisément parce que la francité n'est pas une race, parce qu'elle ne se transmet ni dans les gènes ni dans le sang, que nous devons être attentifs à son seul support réel, aussi précieux, aussi irremplaçable qu'il est fragile : cet ensemble de coutumes, de valeurs, de traditions, de comportements, de rêves que les ethnologues appellent une culture et qui n'est autre, pour chaque peuple, que son identité ou son âme.

Un peuple n'est pas une réalité biologique ; c'est une réalité culturelle. Il n'existe pas par le sang ; il existe par la mémoire et par la volonté. Harlem Désir est aussi évidemment français qu'Oskar Lafontaine est allemand, et à nouveau c'est très bien ainsi : cela confirme que les hommes ne sont prisonniers ni de leurs ancêtres ni de la couleur de leur peau, que la nature n'est pas un destin, que la civilisation n'est pas héréditaire, enfin qu'il n'est de patrie véritable que spirituelle ou culturelle. Les peuples comme les individus ne sont que ce qu'ils font, et c'est ce qu'on appelle leur histoire.

Cela ne signifie pas que tout soit possible. Qu'un peuple puisse accueillir et assimiler des étrangers, c'est bien sûr souhaitable, et le gage de sa vitalité. Mais qui peut croire qu'il le puisse indéfiniment et sans contrôle ? Lévi-Strauss, là encore, l'a rappelé : « Chaque culture se développe grâce à ses échanges avec d'autres cultures. Mais il faut que chacune y mette une certaine résistance, sinon, très vite, elle n'aurait plus rien qui lui appartienne en propre à échanger. L'absence et l'excès de communication ont l'un et l'autre leur danger » (*De près et de loin*, p. 207). Cette vérité de toujours prend aujourd'hui une acuité plus grande : quand la France compte trois millions de chômeurs, quand elle donne au Front national près d'un cinquième de ses voix, personne – et surtout pas les étrangers légalement installés chez nous – ne peut raisonnablement souhaiter qu'elle ouvre totalement ses frontières, ou même qu'elle fasse preuve, vis-à-vis de l'immigration clandestine, de mansuétude ou de mollesse. L'immigration zéro n'est ni possible ni souhaitable. L'immigration absolument libre ne l'est pas davantage. Michel Rocard avait évidemment raison de rappeler, il y a quelques années, que la France ne pouvait accueillir toute la misère du monde, ce qui serait pourtant moralement justifié, mais qui est politiquement, économiquement et socialement impraticable. Cela n'est pas moins vrai aujourd'hui, et sans doute, récession oblige, cela l'est davantage. Le contrôle des flux migratoires, comme disent nos énarques, autrement dit la limitation de l'immigration (et spécialement la lutte contre l'immigration clandestine), est malheureusement nécessaire. C'est sur quoi s'accordent tous les partis politiques responsables, à droite comme à gauche. Il est trop facile, et bien vain, de diaboliser perpétuellement ceux qui, parce qu'ils sont au pouvoir, ont la charge d'y veiller.

Il n'est pas non plus justifié, cela va de soi, de leur faire une confiance aveugle. La vigilance reste plus que jamais nécessaire. Le risque de « délit de faciès » existe bien, on ne le sait que trop, de même que celui, en général, d'une dérive xénophobe de la police ou de nos concitoyens. La démocratie n'est pas une garantie. Elle ne saurait pas davantage tenir lieu de morale que la morale ne saurait tenir lieu de politique. Il faut donc les deux, comme toujours, et la tension entre les deux. C'est le moment de rappeler fermement que les étrangers, même clandestins, doivent bénéficier des droits de l'homme, de *tous* les droits de l'homme. Et non moins fermement : que la défense de l'identité nationale fait partie du droit des peuples et des citoyens.

Que cette identité ne dépende pas seulement ni surtout de l'immigration, c'est une évidence. Le nihilisme, l'inculture, la violence, la sottise (notamment télévisuelle et *made in America*) menacent davantage. Il n'en reste pas moins que tout apport extérieur modifie, par définition, ce qui l'accueille. Les peuples ne font pas exception ; les ethnologues, là encore, sont bien placés pour le savoir. Le contrôle de l'immigration, de ce point de vue, n'est ni une honte ni une tare : il fait partie, pour quelque peuple que ce soit, de la maîtrise de son propre destin. Ce serait faire le jeu de Le Pen que de se contenter, dans ces domaines, de bons sentiments. La gauche peut bien sûr critiquer telle ou telle mesure, et même c'est son devoir si elle y voit un danger pour les droits de l'homme ou pour les libertés. Mais elle aurait tort de reprocher à ceux qui nous gouvernent de défendre une identité nationale pour la sauvegarde de laquelle ils ont été élus et dont la gauche ne saurait, sans se perdre, se désintéresser. Aucun pays n'est éternel ; aucune culture n'est éternelle. C'est peut-être ce que nous rappelle le patriotisme, qui n'est pas fait de haines et d'exclusions, comme le nationalisme, mais de mémoire et de fidélité. Veut-on en faire la propriété exclusive de la droite la plus réactionnaire ?

La morale, qui n'a pas de patrie, ne saurait tenir lieu de souveraineté. La réciproque est vraie aussi. Vivre en France ne fait pas partie des droits de l'homme. Ni être raciste, des droits du citoyen.

Humanité

« Qu'est-ce qu'un homme ? », me demande un médecin. Question grave, pour un métier singulier. Si l'on ne sait répondre, comment distinguer le médecin du vétérinaire ? Il n'y a pas de sot métier ; cela ne veut pas dire qu'ils soient tous identiques. Qui ne voit que la différence ici touche moins à la science qu'à l'éthique ? On ne soigne pas un homme comme un chien, fût-ce un chien bien soigné. Les droits de l'homme supposent, pour s'appliquer, une définition de l'homme. Donc qu'on réponde à notre question : qu'est-ce qu'un homme, ou plutôt (puisque l'humanité est sexuée) qu'est-ce qu'un être humain ?

Ce ne sont pas les réponses qui manquent ! L'homme est-il « un animal à deux pieds sans plumes », comme disait drôlement Platon ? Est-il un animal politique, comme le voulait Aristote ? Un animal qui parle, comme il disait aussi ? Est-il un animal raisonnable, comme on le lit chez les stoïciens puis chez les scolastiques ? Un être qui rit (Rabelais), qui pense (Descartes), qui juge (Kant), qui travaille (Marx), qui crée (Bergson), qui se révolte (Vercors) ?

Aucune de ces réponses, ni leur somme, ne saurait nous satisfaire, étant à la fois, quant à son extension, possiblement trop large et certainement trop restreinte. Une bonne définition doit valoir pour tout le défini, et pour lui seul. Ce n'est pas le cas de celles-ci. Imaginons qu'on prouve l'existence, chez les dauphins ou chez tel ou tel extraterrestre, d'un langage, d'une pensée, d'une organisation politique, d'une morale, d'un travail, etc. Cela ne ferait pas du dauphin ou du martien un homme, pas plus que cela ne transformerait l'homme en cétacé ou en extraterrestre. Puis que dire des anges, et de leur rire possible ?

Définition trop large, donc, en extension. Mais aussi trop restreinte : le débile profond ne parle pas, ne raisonne pas, ne rit pas, ne travaille pas... Et ne vit pas plus en société, et peut-être moins, que tel ou tel de nos animaux domestiques. Qui consentirait pour autant à le traiter comme une bête – fût-ce, répétons-le, comme une bête bien traitée ? On me dira qu'il l'est parfois plus mal, ce que chacun sait. Mais qui jugera cela normal ou acceptable ?

Si l'extraterrestre, même intelligent, n'est pas un homme, et si le débile profond en est un (c'est surtout, on l'a compris, ce second point qui m'importe), il faut en conclure que nos définitions fonctionnelles ne sont pas bonnes : un homme reste un homme même quand il a cessé de *fonctionner* normalement. Où l'on retrouve la médecine et sa singularité. Que nous soyons aussi des animaux, c'est entendu. Mais le plus bête d'entre nous n'est pas une bête. C'est ce que les médecins savent bien, et que les vétérinaires n'ignorent pas.

Alors ? Alors je me suis forgé pour mon propre compte une autre définition, non plus fonctionnelle mais générique : *Est un être humain tout être né de deux êtres humains.* Biologisme strict, et de sauvegarde. Qu'il parle ou pas, qu'il pense ou pas, qu'il soit ou pas capable de travail ou de socialisation, tout être entrant dans cette définition a les mêmes droits que nous (même s'il ne peut, en fait, les exercer), ou plutôt, mais cela revient au même, nous avons les mêmes devoirs vis-à-vis de lui.

L'humanité est un fait avant d'être une vertu, et ne peut devenir une vertu (le contraire de l'inhumanité) que par fidélité d'abord à ce fait. Engendrés, et non pas créés. Tous nés d'une femme. Tous différents. Tous égaux en droits et en dignité, quelle que soit bien sûr leur inégalité de fait ou de performance. L'humanité n'est pas une essence mais une filiation : homme, parce que fils de l'homme.

Humanité (2)

Qu'est-ce qu'un être humain ? Tout être né, disais-je, de deux êtres humains. C'était définir l'humanité par la filiation, plutôt que par son essence, et par nos devoirs vis-à-vis d'elle plutôt que par ses fonctions ou performances.

« Fort bien, me répond mon médecin philosophe, mais votre définition, pour excellente qu'elle me paraisse, bute pourtant sur un problème de limites. Faut-il dire “tout être *né*”, ou bien “tout être *conçu* de deux êtres humains” ? Dans le premier cas, le fœtus, même viable, serait exclu de l'humanité ; dans le second, tout avortement, même thérapeutique, serait un homicide… Bref, votre définition pose un problème en amont : quand commence l'humanité ? Elle en pose un aussi en aval : quand finit-elle ? Un cadavre ou un patient en coma dépassé, sont-ce encore des hommes strictement ? Si oui, a-t-on le droit de prélever sur eux des organes ? Sinon, pourquoi n'en pas faire un élevage, une espèce d'*homiculture*, comme un réservoir de pièces détachées ? »

Ce sont là de vraies questions, et je répondis comme je pus. Que le fœtus ou l'embryon soient des êtres humains, c'est ce qu'on ne peut guère nier, me semble-t-il. Ce pourquoi l'avortement est différent, par essence, de la contraception : aussi sûrement l'embryon est un être humain, aussi sûrement l'ovule ou le spermatozoïde n'en sont pas. L'Église se trompe, qui ne fait pas cette différence ; et les croyants ont raison, qui la font. Faut-il alors condamner tout avortement ? Moralement, c'est à chacun d'en décider. Juridiquement, c'est à quoi la loi Veil a renoncé, à mon avis légitimement. D'abord, comme chacun sait, pour empêcher les horreurs qu'entraînaient les avortements clandestins. Ensuite, par respect de la liberté des femmes, auxquelles on ne saurait imposer une grossesse non désirée. Enfin, c'est où l'on retrouve ma définition, parce que la gestation, étant un processus, peut reconnaître des différences de degré : un embryon, même humain dès la conception, l'est toutefois moins qu'un fœtus de six mois. Si l'humanité n'est pas une essence mais une filiation, elle s'inscrit, nécessairement, dans la durée. « Engendré, et non pas créé… » Cela ne se fait pas en un instant, ni en sept jours.

Quant à la mort ou au coma dépassé, je dirais volontiers des choses comparables. Que la mort cérébrale change quelque chose, et quelque chose de tragiquement décisif, c'est bien clair. Faut-il alors corriger ainsi ma définition : « Est un être humain tout être *vivant* né ou conçu de deux êtres humains » ? J'y consentirais volontiers. Ce sont les vivants qu'il faut protéger d'abord, respecter d'abord.

J'observe pourtant que l'humanité n'a cessé de respecter aussi ses morts, et que nul n'accepterait sans malaise de les instrumentaliser tout à fait. Question de degré, là encore : ce sont les vivants qu'il faut secourir, mais cela n'autorise pas à saccager les morts. On ne prélève pas un cœur ou un rein comme on démonte une pompe ou un filtre. L'esprit, c'est la mémoire : l'humanité ne devient vraiment humaine, c'est ce que suggèrent les tombes du paléolithique, que par ce respect en elle, non pour les seuls vivants, mais pour ceux aussi qui l'ont quittée, et qui l'ont faite.

Ce n'est pas une trop mauvaise définition, peut-être, que celle qui permet de poser ces problèmes.

Humanité (3)

Définissant l'humanité par la filiation, je voyais bien que je m'exposais au reproche de cercle. Qu'un être humain soit un être né ou conçu de deux êtres humains, cela permet de s'y retrouver, certes, mais à condition de présupposer, au moins comme espèce, cela même que l'on veut définir, qui est l'humanité. Il n'est pas de pensée sans reproche, et c'est tant mieux ; cela interdit de s'endormir dans une idée ou un système. Puis ce cercle ne m'inquiétait pas trop : n'est-ce pas le cercle de la vie, de la reproduction, de l'espèce ? Comment pourrions-nous lui échapper ? « L'humain engendre l'humain », disait Aristote ; il n'y aurait pas d'humanité autrement, ni de définition.

Oui. Mais il se trouve qu'un lecteur, tout en applaudissant à ma définition, me demande si elle n'achoppe pas « aux portes de la phylogenèse », autrement dit de l'évolution. « Pour reprendre un jargon médical, m'écrit-il, votre définition ne réalise-t-elle pas une coupe, irréprochable mais limitée au plan transversal, de l'humanité ? » Bref, il me pose la question de la poule et de l'œuf, ou, pour parler plus justement, de l'hominisation. À quel moment, non plus de la vie individuelle mais de l'évolution de l'espèce, peut-on parler d'humanité ?

Il y a des objecteurs généreux, et notre lecteur en fait partie. À l'objection qu'il me fait, il me suggère lui-même cette réponse : « Je définis l'humanité par la filiation ; si l'homme a évolué de génération en génération, le contenu de ma définition a évolué, sans que j'aie besoin pour cela de la modifier. » Je ne saurais mieux dire, et pourtant je vois bien que ce n'est pas sortir du cercle qu'une bonne définition devrait essayer d'éviter.

Peut-être alors pourrait-on ajouter ceci : quant à la phylogenèse, les caractéristiques bien connues de l'espèce humaine peuvent retrouver leur fonction discriminante. La bipédie, le pouce opposable, le développement du cerveau, la fabrication d'outils ou l'aptitude au langage articulé sont bien, ensemble, des signes distinctifs de l'humanité, qui peuvent permettre de préciser – mais c'est aux spécialistes d'en décider – la date et les conditions de son apparition. Cela pourtant n'infirme pas ma définition ontogénique, ni ses exigences : quand bien même telle et telle de ces caractéristiques lui feraient défaut, un être vivant né d'un homme et d'une femme n'en demeure pas moins un être humain, et nous avons, vis-à-vis de lui, les devoirs que nous avons vis-à-vis de tout homme.

Pour le reste, l'*hominisation* (qui est un fait biologique) m'importe moins que l'*humanisation* (qui est un fait culturel). Par la première, nous sommes ce que la nature a fait de nous. Par la seconde, ce que l'humanité en a fait. L'hominisation nous distingue des autres animaux. L'humanisation, de la barbarie ou de l'inhumanité – y compris de celles que tout homme porte en soi, et qui le portent.

L'humanité est un fait, disais-je, avant d'être une vertu. Mais que ce fait soit *devenu* une vertu en dit long sur l'humanité, comme espèce. La culture fait partie de la nature, et la prolonge. La morale fait partie de la vie, et la juge.

Humain, jamais trop humain : il s'agit de n'être pas indigne de ce que l'humanité a fait de soi, et de nous.

La Liseuse de Vermeer

C'est un moment comme ils sont tous : éternel et fugitif, à jamais unique et parfait… Comme elle est belle ! Comme elle est fragile ! Comme elle est douce et forte ! Seule devant sa fenêtre ouverte, seule dans la lumière et le silence (seule mais pas triste, seule dans sa paix et son amour), les yeux baissés sur une lettre, elle lit. Quelle lettre ? On ne sait. Ce n'est pas forcément d'un amoureux. Elle est jeune encore, très jeune, mais quelque chose en elle est d'une vraie femme déjà, qui connaît l'attente et la douleur, la vie et le plaisir, la simplicité ordinaire de tout. Elle est dans le réel, voilà, non dans le rêve. Ce pourrait aussi bien être un mari qui lui écrit – un mari aimé, cela arrive –, ou un père, ou un frère soldat peut-être, retenu au loin par quelque campagne… Il y a un rien d'inquiétude, me semble-t-il, dans son regard. Qui peut savoir ? Tant de choses peuvent inquiéter l'amour, et le doivent. Les hommes sont tellement faibles devant le désir et la mort, tellement violents, tellement obstinés, tellement inconstants… Comme elle est solide, au contraire, dans sa grâce et sa jeunesse ! Comme elle est naturelle, comme elle pèse sur le sol, à la fois légère et pleine, merveilleusement corporelle, comme dirait Montaigne, merveilleusement désirable et sereine ! Solidité de femme : infiniment vivante, infiniment présente, infiniment aimante… L'âge ne peut rien contre elle, qui va la défigurer, ni le temps, qui va l'emporter. Elle ne résiste pas : elle accepte, elle accueille, elle accompagne… Rien de rigide en elle, rien de cassant. Elle est souple et mobile, toujours disponible, toujours insaisissable… Elle suit le courant, simplement, elle se laisse porter, emporter, elle est ce courant qui l'entraîne, cette continuation indéfinie de l'existence, comme dirait Spinoza, cette lenteur des jours et des saisons, elle habite tranquillement cette fugacité de vivre, ce toujours présent du présent, cette irrésistible avancée vers rien, vers tout, vers elle-même… Le temps, la durée : le perpétuel aujourd'hui du monde ou de Dieu. C'est un moment éphémère et indestructible à force de simplicité, à force de bonheur (oui, c'est cela : elle est inquiète et heureuse, un peu inquiète et profondément heureuse), c'est une parcelle d'éternité, comme un diamant très pur dans l'écrin du quotidien. Ce présent est éternel, ici et maintenant éternel, et c'est ce qu'on appelle le présent.

Nul bruit, sauf peut-être le murmure du dehors, nulle agitation, sauf peut-être le battement du dedans, cette palpitation dans le ventre ou la poitrine… Je ne connais aucun peintre qui ait suggéré aussi bien le silence, jusqu'à le rendre palpable et lumineux. Cela ressemble au bonheur ; cela ressemble à la vérité. C'est le contraire du bavardage, du mensonge, de tout ce brouhaha des hommes et des colères. Cela ressemble à la paix, et c'en est une. Cela ressemble à la vie, et c'est la vraie.

Il y a une coupe de fruits sur la table, à demi renversée du fait d'un curieux amoncellement du tapis qui sert de nappe. Comme souvent chez Vermeer, nous sommes séparés du sujet par une série d'obstacles visuels – ici la table, le rideau, la nature morte... –, qui nous maintiennent en dehors du tableau, exclus de cette intimité qui se dévoile sans s'offrir, ou qui ne s'offre qu'au regard tenu à distance et en respect : regard de la contemplation, non du voyeurisme, de la jouissance désintéressée, de la vénération heureuse... Tout se passe entre elle et elle, ou plutôt (car elle ne se regarde pas : son reflet dans la vitre est pour nous, point pour elle) entre elle et le monde, par la fenêtre ouverte, entre elle et son amour, par la lettre, ou mieux encore, puisque cela ne fait qu'un seul monde, qu'une seule éternité, entre le réel et le réel : pur plan d'immanence, comme diraient les philosophes, et c'est le seul Dieu, disait Spinoza à la même époque, presque au même endroit, et c'est le monde, et la lumière du monde.

C'est un tableau de jeunesse, semble-t-il (1657 ? Vermeer avait vingt-cinq ans...), et l'un des premiers à être vraiment *vermeerien* : ce sens absolu du cadrage, cette luminosité, cette rigueur qui n'est jamais raide, ni froide, avec cette matière hallucinante de beauté, de richesse, un rien précieuse peut-être, un rien maniérée même parfois (il m'arrive de trouver que Chardin est plus sobre, plus vrai, plus libre), mais tellement voluptueuse, tellement savoureuse, tellement juste, avec ce rendu merveilleux des textures, des consistances, ce *grain* tellement caractéristique – grains de couleur, grains de lumière, mais qui seraient comme le grain même du réel, son aspect extérieur et intime à la fois, sa substance, telle que nous la sentirions si nous pouvions la toucher ou la voir avec assez d'attention, avec assez d'amour, si nous savions regarder et caresser le réel…

Vermeer a quelque chose d'un petit maître (par ses sujets, ses formats, sa manière), et c'est l'un des plus grands peintres de tous les temps. Le sait-il ? Il ne se pose pas la question. Il est sûr de sa main, de son œil, de son métier. Cela suffit à son bonheur, en tout cas professionnel, à son art, à son génie. Grandeur des humbles ! Il peint le monde et les humains comme des natures mortes, ou plutôt – car c'est la vie même – comme ce que les Allemands appellent, l'expression est bien meilleure, des *vies silencieuses (Stilleben)* ; et il peint ses natures mortes comme il ferait un portrait ou un paysage. Tout est beau, tout est vrai, tout est éternel, tout mérite pareillement d'être peint. « Par réalité et par perfection, disait Spinoza, j'entends la même chose. » C'est ce que Vermeer, son compatriote et son exact contemporain (ils sont nés la même année, en 1632), nous montre, nous dévoile, nous offre : l'éternité de tout, malgré le temps et le devenir, ou plutôt grâce à eux, en eux, la perfection de tout, malgré la mort et la souffrance, « la puissance d'exister », comme dit encore Spinoza, mais apaisée, mais purifiée, comme rendue à son essence singulière et universelle, l'infinie et très simple complexité du réel…

C'est une jeune femme lisant une lettre, dans la lumière et le silence, dans la grande douceur de son corps, dans la grande paix de son amour. Presque rien : un moment infime, quelque part en Hollande, dans l'immensité du devenir. Un peu de temps à l'état pur, et rien ne ressemble davantage à l'éternité. Un peu de paix à l'état pur, et rien ne ressemble davantage au bonheur, même fragile, même inquiet, et c'est le seul qui ne mente pas.

Qu'y a-t-il dans cette lettre ? On ne sait. Cela n'a pas d'importance – ou n'en a, pour mieux dire, que par celle que notre liseuse lui donne. C'est toujours comme ça, et c'est aussi une leçon de ce tableau : rien ne vaut que par l'amour ou l'attention qu'on lui porte.

C'est par quoi l'art est utile, qui nous aide à le comprendre ; et par quoi Vermeer est irremplaçable, qui nous le montre.

Barbarie enfantine

Les enfants sont des victimes idéales : plus faibles que nous, plus naïfs, et hors d'état, le plus souvent, de se défendre. Il faut donc les protéger, contre la violence, la bêtise ou l'obscénité des adultes, contre les parents bourreaux ou inconscients, contre les pédophiles, les sadiques, les pervers… Si la souffrance des enfants est le plus grand mal, comme le montre Marcel Conche, les protéger est le premier devoir, et le plus urgent. Horreur absolue : devoir absolu.

Les protéger, donc, contre les adultes. La police est là pour ça, et la morale aussi peut-être. Mais les protéger, également, contre eux-mêmes, et les uns des autres. Les deux crimes de Liverpool et de Vitry, si différents qu'ils soient, ont en commun de nous rappeler cette évidence. Les enfants font partie de l'humanité, pour le meilleur, certes, mais aussi pour le pire. Ni anges ni bêtes, mais plus proches pourtant de la bête, et d'autant plus qu'ils sont plus jeunes. C'est ce que notre époque, à force d'aimer les enfants, a tendance à oublier. « Cet âge est sans pitié », disait La

Fontaine. Mais qui lit encore La Fontaine ? « J'étais enfant, écrit Hugo, j'étais petit, j'étais cruel… » Mais qui lit encore Hugo ?

J'ai vu le père d'une des petites victimes, à la télévision, effondré, avouer sa surprise que l'assassin soit si jeune – dix ans ! –, et reconnaître que cela court-circuite en quelque sorte sa haine. Comment haïr tout à fait un enfant ? Ce sentiment est beau. Le premier mouvement, contre les assassins, est de colère, de détestation, de vengeance. Mais à l'égard des enfants, de pardon. Les deux mouvements se heurtent ici, et se tempèrent. Comment haïr un enfant ? Comment ne pas haïr l'assassin de son fils ? Et l'homme pleurait sur sa vie brisée, sur son enfant perdu, sur l'impossibilité de haïr ou de pardonner vraiment… Nous étions quelques millions, derrière nos téléviseurs, un peu gênés d'être là, tant la scène était à la fois intime et atroce, et pourtant fascinés par le malheur, comme on est presque toujours, oscillant entre l'angoisse (si cela m'arrivait ?) et la compassion… L'humanité communie dans la douleur, plus facilement que dans le bonheur. On préférerait l'inverse. Cela vaut mieux pourtant que de ne communier en rien. Qui n'envie les chanceux ? Qui ne plaint les malheureux ?

Mais revenons sur la surprise de cet homme, concernant l'âge du meurtrier. Un assassin adulte lui eût paru plus normal ou moins incompréhensible. Des adultes, nous avons appris à nous méfier. Mais des enfants ? Reste à savoir ce qui les éloigne le plus communément du pire. Leur douceur, ou leur faiblesse ? Leur bienveillance, ou notre vigilance ? Essayez, pour voir, de distribuer des poignards dans une classe de maternelle…

Ou regardez ces gosses américains qui s'entre-tuent, depuis des années, dans leurs banlieues de misère… Les enfants ne sont pas meilleurs que nous, ni moins égoïstes, ni moins violents. Ils sont simplement moins forts, moins armés, moins dangereux. Pessimisme ? Je n'en crois rien. Le pessimisme, ce serait au contraire de penser que l'enfant vaut toujours mieux que l'adulte, ce qui nous vouerait tous, inévitablement, à je ne sais quelle dégradation ou perversion progressives… C'est plutôt l'inverse qui me paraît vrai. Le nouveau-né est un petit animal, sans autre loi que l'égoïsme. C'est pourquoi on lui pardonne tout. Et c'est pourquoi on l'éduque. « Tu ne tueras pas. » Cela n'est inscrit dans aucun gène ; cela est écrit dans un livre, ou dans plusieurs. Les livres sont de meilleurs maîtres que les chromosomes.

S'il faut protéger les enfants, et bien sûr il le faut, ce n'est donc pas, comme on le croit trop souvent, parce qu'ils seraient meilleurs que nous, plus purs, plus doux, plus généreux… Rompons avec ces niaiseries à l'eau de rose. Ce ne sont que dangereuses illusions. Si les enfants étaient meilleurs que les adultes, pourquoi prendrions-nous la peine de les élever, de leurs transmettre ces valeurs qu'ils ignorent, à la naissance, qui sont celles du monde adulte, du monde humain, et les seuls remparts qui nous protègent – et les protègent – du pire ?

Regardez la mère. Regardez l'enfant. Et dites-moi de quel côté l'humanité, moralement, est la plus belle, la plus émouvante, la plus admirable. Quoi de plus dévoué, sauf exception, qu'une mère ? Quoi de plus aimant ? Quoi de plus patient ? Quoi de plus doux ?

Quoi de plus attentionné ? Et quoi de plus égoïste, à l'inverse, qu'un très jeune enfant ? Quoi de plus impatient ? Quoi de plus colérique ? Quoi de plus violent (surtout les garçons ?), s'il le pouvait ? Ce n'est pas sa faute. Ce n'est pas la nôtre. Que reprocher à un petit animal ? Et que sommes-nous d'autre, à la naissance ?

Que cet animal appartienne à l'espèce humaine, c'est une donnée de fait, à quoi les gènes suffisent. Mais comment suffiraient-ils à l'humanité ? Ce petit *Homo sapiens* ne deviendra véritablement humain, au sens normatif du terme, que par l'éducation. L'hérédité n'est pas tout, ni l'essentiel. Les parents adoptifs le savent bien. Les enseignants le savent bien. L'humanité n'est pas seulement un fait biologique. C'est aussi une valeur, c'est aussi une vertu, qu'on n'acquiert que peu à peu. L'*hominisation*, qui est transmise par l'hérédité et par quoi nous appartenons à l'espèce, n'y suffit pas ; il y faut encore l'*humanisation*, qui est transmise par la famille, par l'école, par la société, et par quoi nous appartenons à la civilisation. Nature sans culture, c'est sauvagerie toujours. L'humanité, comme valeur, est le résultat d'un processus : on ne naît pas humain ; on le devient.

L'enfant n'est donc d'abord qu'un petit sauvage, comme disait Diderot, et nous serions aussi sots de le lui reprocher que de l'oublier. Souvenons-nous du *Neveu de Rameau* : « Si le petit sauvage était abandonné à lui-même, qu'il conservât toute son imbécillité, et qu'il réunît au peu de raison de l'enfant au berceau la violence des passions de l'homme de trente ans, il tordrait le cou à son père et coucherait avec sa mère… » On pense à Freud, et l'on a raison.

Celui-là ne se faisait pas davantage d'illusions sur les enfants. « Pervers polymorphes », disait-il, ce qui n'était pas une condamnation mais un constat. L'amour s'apprend, le respect s'apprend, la douceur s'apprend – même la normalité (pour l'homme, qui a davantage de pulsions que d'instincts) s'apprend. Il s'agit de devenir humain. Ce devenir, c'est l'enfance, le plus beau miracle de l'esprit peut-être, et la condition de tous les autres.

La violence des enfants n'est pas une aberration, une monstruosité, une exception. Elle est la règle de la nature, de la vie, de la pulsion, dont on ne sort que par une autre règle, qui est de douceur et de respect. Mais celle-ci n'est jamais donnée à la naissance. C'est culture contre nature : civilisation contre barbarie.

Encore faut-il que la famille, l'école et la société soient en état de transmettre à l'enfant ce désir d'humanité, qui seul le fera grandir véritablement.

Sans quoi il n'y a que la bête humaine, qui est la pire de toutes. Et de malheureuses brutes de dix ans, qui s'acharnent sur leur victime et, sans le savoir, pauvres gosses, sur eux-mêmes.

Qu'est-ce qu'un salaud ?

Les méchants n'existent pas ; les salauds sont innombrables. Voilà ce qu'il faut essayer de comprendre.

Qu'est-ce qu'un méchant ? On considère ordinairement que c'est quelqu'un qui fait le mal. Mais qu'est-ce à dire ? Le dentiste qui fait souffrir son patient ne fait pas le mal : il lui fait mal, certes, mais c'est pour son bien. Il n'est pas méchant ; il est tout au plus maladroit. Quant à l'individu qui cambriole une banque ou qui poignarde son rival, on peut accorder qu'il agit mal, qu'il fait le mal, même, mais est-il pour autant forcément méchant ? Je n'en crois rien. Il suit sa pente, il est emporté par son histoire, par la violence des temps ou de l'amour, par sa passion, par son désir, par sa colère, par sa souffrance peut-être… Il aurait préféré être riche sans avoir besoin de voler. Il aurait préféré être aimé, plutôt que de tuer parce qu'il ne l'est pas ou plus… Les prisons sont pleines de braves gens qui ont mal tourné, qui ne sont pas devenus méchants pour autant. Combien de pauvres types derrière les barreaux ? Et combien de salauds en liberté ?

Si l'on peut faire le mal sans être méchant, c'est que la méchanceté tient moins au contenu de l'acte qu'à l'orientation de la volonté. C'est l'intention qui juge nos actions, disait Montaigne avant Kant, et ils ont raison tous les deux. Être méchant, ce n'est pas seulement faire le mal ; c'est le vouloir. Et ce n'est pas seulement le vouloir (puisqu'on peut le vouloir dans une bonne intention, comme le malheureux qui vole pour nourrir sa famille ou le terroriste qui tue pour une cause qu'il croit juste) ; c'est le vouloir en toute connaissance de cause, « en tant que mal », comme dit Kant, non comme moyen mais comme fin, donc dans une intention elle-même mauvaise. Être méchant, c'est vouloir le mal pour le mal.

C'est pourquoi la méchanceté n'existe pas. Aucun voleur ne vole parce qu'il est mal de voler. Il vole parce qu'il est bon d'être riche. Aucun jaloux ne tue parce qu'il est mal de tuer. Il tue parce qu'il est bon de se venger ou d'éliminer un rival. Bref, on ne fait le mal que pour un bien, ou qu'on croit tel. Le mal, pour les humains, n'est qu'un moyen, jamais un but.

On m'objectera Hitler, qui semble le diable en personne. Mais la grandeur du *Reich*, la « solution finale » ou son propre pouvoir, pour lui, étaient des biens.

On m'objectera le sadique, qui prend plaisir à la souffrance d'autrui. Cela me serait plutôt une confirmation. S'il torture sa victime, ce n'est pas parce que la torture est un mal ; c'est parce que la souffrance de l'autre le fait jouir, et que son plaisir est son bien.

Cela donne la formule du salaud : non pas celui qui fait le mal pour le mal, comme serait le méchant, mais celui qui fait du mal à autrui pour son bien à soi. Les hommes ne sont pas méchants, explique Kant (faire le mal pour le mal serait *diabolique*, et les hommes ne sont pas des démons) ; mais ils sont *mauvais* ou, comme je préférerais dire, *médiocres*. En quoi ? En ceci qu'ils mettent l'amour de soi plus haut que la loi morale. Au lieu de ne tendre au bonheur, comme c'est légitime, que pour autant qu'ils le peuvent sans manquer à leur devoir, ils ne font leur devoir, au contraire, que pour autant que ce n'est pas incompatible avec leur propre bonheur. C'est ce que Kant appelle « le renversement des motifs », qui institue comme « un mal radical inné dans la nature humaine ». Les hommes sont mauvais parce qu'ils soumettent leur devoir à leur bonheur, quand c'est l'inverse qu'il faudrait faire. Ou pour le dire autrement, dans un langage plutôt évangélique que kantien : ils soumettent l'amour du prochain à l'amour qu'ils ont pour eux-mêmes ; ils ne tiennent compte d'autrui que dans la mesure où leur propre confort n'en est pas compromis. « Que le cœur humain est creux et plein d'ordures ! », disait Pascal. C'est qu'il n'est rempli que de soi.

Le salaud, ce serait donc l'égoïste ? Point tout à fait ni seulement, car alors nous le serions tous. Tout salaud est égoïste (même si cet égoïsme se masque derrière le dévouement à une cause ou à un Dieu), mais tout égoïste n'est pas un salaud. Le salaud, c'est l'égoïste sans frein, sans scrupules, sans compassion.

La saloperie n'est donc pas une question de nature, mais de degré. Égoïstes, nous le sommes tous, mais inégalement. Les salauds sont ceux qui le sont davantage que la moyenne, ou davantage que ce qui est considéré comme acceptable. Cela laisse une place à l'interprétation, aux différences de mesure, de point de vue ou d'évaluation. Tel sera un salaud pour l'un, qui ne sera aux yeux d'un autre qu'un égoïste ordinaire – voire un héros, peut-être, aux yeux d'un troisième. Voyez Napoléon ou Pétain, Savonarole ou Lénine. Voyez ce petit caïd de banlieue, ou ce notable du centre-ville. Il n'y a pas de salaud absolu, ni pour soi. Ce serait le diable, et il n'existe pas.

Tous les hommes sont égoïstes, tous les hommes sont *mauvais*, comme dit Kant. C'est ce que le mythe du péché originel, par ailleurs si choquant, contient de vérité humaine. Mais tous ne sont pas des salauds. C'est peut-être ce que signifient la grâce ou le salut.

Entre l'égoïste et le salaud, disais-je, la différence n'est pas de nature mais de degré. Essayons pourtant de la préciser. L'égoïste, c'est celui qui ne fait pas, pour autrui, tout le bien qu'il devrait. Le salaud, c'est celui qui lui fait plus de mal qu'il ne pourrait. On est égoïste par défaut, et salaud par excès. Excès de quoi ? Excès d'égoïsme, de violence, d'agressivité, de cruauté parfois… L'égoïste manque d'amour (il ne sait aimer que soi). Le salaud déborde de haine. C'est égoïsme encore, mais démultiplié. L'égoïste ne consent à rendre service à autrui que dans la mesure où cela ne compromet pas son propre bien-être. Le salaud va plus loin : il est prêt à tout, pour son propre bien, même au pire. C'est comme un égoïste extrême, quand l'égoïste serait plutôt un salaud minimal ou ordinaire. Qui ne ferait un peu de mal à autrui, si cela doit aboutir à un grand bien pour soi ? Qui ne s'autoriserait un petit mensonge, si c'est pour faire fortune ? Qui ne volerait, pour sauver sa peau ? Égoïsme, mais tolérable. Le salaud va plus loin : il fait subir un grand mal à autrui, pour obtenir un petit bien pour soi. Égoïsme toujours, mais intolérable. Par exemple celui qui tuerait pour une satisfaction d'amour-propre, qui violerait pour un orgasme, qui torturerait pour une idée ou un billet.

Être un salaud n'est pas à la portée de n'importe qui. Il y faut beaucoup d'insensibilité à la souffrance d'autrui, beaucoup de haine ou de violence, beaucoup de bonne conscience ou d'inconscience. Personne, disais-je, ne fait le mal pour le mal. Cela n'empêche pas de le faire, hélas, pour un bien qu'on en attend. C'est ce qui distingue à nouveau le salaud du méchant. Le méchant serait celui qui choisirait le mal comme but : celui qui serait nazi, par exemple, en pensant que le nazisme est une horreur. Mais celui-là ne serait pas nazi, et n'aurait aucune raison de le devenir. Les nazis étaient persuadés que le nazisme était un bien, au moins pour l'Allemagne, au moins pour eux, et que cela justifiait tout ; c'est ce qu'on appelle un nazi et c'est ce qu'on appelle un salaud.

Le salaud, c'est celui qui est prêt à sacrifier autrui à soi, à son propre intérêt, à ses propres désirs, à ses opinions ou à ses rêves.

Cela rejoint la pensée de Sartre, qui, le premier, fit du salaud une catégorie philosophique. Le salaud, au sens sartrien du terme, c'est celui qui se croit, qui se prend au sérieux, celui qui oublie sa propre contingence, sa propre responsabilité, sa propre liberté, celui qui est persuadé de son bon droit, de sa bonne foi, et c'est la définition même, pour Sartre, de la mauvaise. Le salaud, au fond, c'est celui qui se prend pour

Dieu (l'amour en moins), ou qui est persuadé que Dieu (ou l'Histoire, ou la Vérité...) est dans son camp et couvre, comme on dit à l'armée, ou autorise, ou justifie, tout ce qu'il se croit tenu d'accomplir. Saloperie des inquisiteurs. Saloperie des croisés. Saloperie du « socialisme scientifique » ou du « *Reich* de mille ans ». Saloperie, aussi bien, du bon bourgeois tranquille, qui vit la richesse comme son essence et le capitalisme comme un destin. Saloperie de la droite, disait Sartre (« de droite, pour moi, ça veut dire salaud »), ce qui illustre assez bien une certaine saloperie de gauche. Le salaud, c'est celui qui a bonne conscience. C'est « l'ayant-droit », comme dit François George dans ses *Deux études sur Sartre*, autrement dit celui qui est convaincu de sa propre nécessité, de sa propre légitimité, de sa propre innocence. C'est pourquoi aucun salaud ne se croit tel : tous les salauds sont de mauvaise foi, qui ne cessent de se trouver des justifications ou des excuses. Aussi le contraire du salaud n'est-il pas d'abord le saint, ni le sage, ni le héros, mais l'homme lucide et authentique, comme dirait Sartre, celui qui assume sa propre liberté, sa propre solitude, sa propre gratuité. Le salaud, dit un jour l'auteur de *La Nausée*, c'est « le gros plein d'être ». Et le contraire de cette saloperie du moi, c'est la conscience, qui est néant, qui est impossible coïncidence de soi à soi, qui est exigence, arrachement, liberté, responsabilité, culpabilité... Mauvaise conscience ? C'est la conscience même, dont la bonne n'est que la dénégation.

Qu'est-ce qu'un salaud ? C'est un égoïste qui a bonne conscience, qui est persuadé d'être un type bien, et que le salaud, en conséquence, c'est l'autre.

C'est pourquoi il s'autorise le pire, au nom du meilleur ou de soi – d'autant plus salaud qu'il se croit justifié à l'être, et pense donc ne l'être pas.

Les hommes ne sont pas méchants ; ils sont mauvais et se croient bons. Saloperie : égoïsme de bonne conscience et de mauvaise foi. Les salauds sont innombrables, et convaincus de leur innocence.

Mieux vaudrait un égoïste lucide et se sachant responsable de ce qu'il est ou fait, qu'un égoïste satisfait de soi et convaincu de son bon droit. En langage sartrien : mieux vaut un égoïste authentique qu'un vrai salaud.

Mais le seul égoïste authentique, le seul égoïste insatisfait, c'est celui qui ne se résigne pas à l'être. C'est ce qu'on appelle la conscience morale, et le contraire de la saloperie.

Trois raisons de ne pas croire

« Mais enfin, me demande un intervenant, lors d'un débat, vous qui êtes si proche de la tradition chrétienne, si manifestement marqué par les Évangiles, pourquoi ne croyez-vous pas en Dieu ? » Mes raisons sont innombrables ; mais trois, ce soir-là, m'ont paru suffisantes.

La première, la plus banale, la plus forte, c'est l'immensité du mal. Trop d'horreurs, trop de souffrances, trop d'atrocités sans nombre. La faute des hommes ? Souvent, oui, mais point toujours. La nature est sans pitié. Le monde est sans pitié. Comment imaginer qu'un Dieu ait voulu les tremblements de terre, les maladies, la souffrance des enfants, la décrépitude des vieillards ? Ou Dieu n'est pas bon, ou il n'est pas tout-puissant. Mais s'il manque de puissance ou de bonté, il est donc imparfait : est-ce encore un Dieu ?

Ma deuxième raison, ce serait plutôt les hommes eux-mêmes, tels qu'ils sont, et plutôt dérisoires que méchants. Je me connais trop, et je m'estime trop peu, pour me figurer qu'un Dieu ait pu me créer. Faut-il une si grande cause, pour un si petit effet ? Tant de grandeur, pour tant de médiocrité ? On dira que de cette médiocrité, c'est moi qui suis responsable, que c'est donc à moi qu'il faut m'en prendre, point à Dieu. Peut-être. Mais qui m'a fait ce que je suis ? Et les autres valent-ils tellement mieux ? Je ne suis pas humble au point de le croire, ni ne vois, étant ce que je suis, comment j'aurais pu faire beaucoup mieux que ce que j'ai fait. J'essaie d'être un homme convenable, et assurément je ne suis pas le pire. Mais un homme convenable, que c'est peu, que c'est vain, que c'est piètre ! Comment imaginer qu'un Dieu ait voulu *cela* ?

La troisième raison, quand je l'énonce, surprend parfois davantage. Ce qui m'empêche de croire en Dieu, c'est que je préférerais qu'il existe. Qui non ? Qui n'aimerait mieux qu'un Dieu tout-puissant règle le cours des choses, récompense les bons, soutienne les faibles, punisse peut-être les méchants ? Qui n'aimerait être aimé ? Qui ne voudrait que l'amour, comme dit le Cantique des cantiques, soit aussi fort que la mort, voire plus fort qu'elle ? Qui ne souhaiterait le triomphe ultime de la paix, de la justice, de la vie, de l'amour ? Et comment, sans un Dieu ? La religion correspond exactement à nos désirs les plus forts, qui sont de ne pas mourir, ou pas définitivement, et d'être aimés. C'est une raison de s'en défier. Une croyance qui correspond si bien à nos désirs, il y a tout lieu de penser qu'elle a été inventée pour cela, pour nous rassurer, pour nous consoler, pour nous satisfaire au moins par anticipation. C'est la définition de l'illusion : « une croyance dérivée des désirs humains », disait Freud, ce qui me paraît comme à lui correspondre merveilleusement à la religion. Être dans l'illusion, c'est prendre ses désirs pour la réalité. Or rien, par définition, n'est plus *désirable* que Dieu. Rien, donc, n'est davantage suspect d'illusion que la foi en son existence. Que je désire Dieu, comme tout le monde, est ainsi une raison supplémentaire de n'y pas croire. Dieu est trop beau pour être vrai.

Bref, j'ai trois raisons de ne pas croire en Dieu, et ce sont trois vertus : la compassion, l'humilité, la lucidité. Non, certes, que j'en fasse toujours preuve, dans la vie quotidienne, ni que toute foi soit fautive. Mais c'est assez, pour un athée, que de pouvoir l'être pour de bonnes raisons.

Savoir ou croire ?

J'ai reçu beaucoup de lettres, après mon article du mois de janvier, davantage, me dit-on au journal, qu'aucune chronique n'en avait jamais suscité… Cela doit surtout au sujet : Dieu est le plus intéressant, du moins pour ceux qui y croient. Ce sont eux qui m'ont écrit, presque exclusivement. On écrit plus volontiers quand on n'est pas d'accord, et cet article de non-foi m'a valu quelques protestations indignées, argumentées ou touchantes. Merci à tous, et pardon à ceux que j'ai blessés. Qu'ils m'accordent au moins l'excuse de la brièveté. Je n'avais droit, comme toujours, qu'à une petite page, ce qui est peu pour parler de Dieu, même quand on n'y croit pas… Mais pourquoi faudrait-il, parce qu'on a peu de place, ne parler que de petites choses ? Raison de plus, au contraire, pour aller droit à l'essentiel !

C'est où philosophie et journalisme se rejoignent. La vie commande, qu'il faut penser comme on vit. Dans l'urgence. Dans l'ignorance. Dans l'incertitude et la fugacité de tout. Trop bref ? Trop rapide ? Vous devriez plutôt me savoir gré, sur un tel sujet, de n'avoir pas écrit un gros livre ennuyeux, qui eût été tout aussi discutable que ce petit article d'un moment ! La vie est brève aussi, et nous mourrons, amis lecteurs, avant d'avoir compris. Faut-il pour cela renoncer à penser ?

Je ne veux pas revenir sur le fond, mais sur le statut plutôt des trois arguments que j'avançais. « Trois raisons de ne pas croire », disais-je. Certains ont voulu y voir trois preuves de l'inexistence de Dieu, et m'ont alors objecté, bien sûr à juste titre, qu'elles ne prouvaient rien. Mais qui a parlé de preuves ? Si l'on pouvait prouver, la question serait réglée : Dieu s'enseignerait dans les écoles, ou bien l'athéisme ; et nul n'aurait plus, sur le sujet, à s'interroger, à douter, à penser. C'est au contraire parce que nous ne savons pas si Dieu existe, parce que nous n'avons pas de preuve, parce que nous n'en aurons jamais, que la question continue de se poser, et que chacun, comme il peut, essaie d'y répondre. L'athéisme est une croyance comme une autre : être athée, ce n'est pas *savoir* que Dieu n'existe pas (si vous rencontrez quelqu'un qui prétend détenir ce savoir, ce n'est pas un athée, c'est un imbécile) ; c'est *croire* qu'il n'existe pas. Sans preuves ? Certes. Sans raisons ? Certes pas. C'est la philosophie même : philosopher, c'est penser sans preuve, mais du mieux qu'on peut. Chacun s'y essaie selon ses forces et son courage.

La philosophie n'est pas une science. Tant mieux. C'est pourquoi chacun doit avoir la sienne ; c'est pourquoi personne ne peut philosopher à votre place, mais seulement, parfois, vous inciter à le faire. Je n'ai pas d'autre ambition dans ces petites chroniques, dont je dirais volontiers, sans prétendre l'égaler, ce que Montaigne disait de ses *Essais* : « Ce sont ici mes humeurs et opinions ; je les donne pour ce qui est en ma créance, non pour ce qui est à croire. »

Pourquoi chercherais-je des disciples, quand j'ai la chance d'avoir des lecteurs ?

La photographie

Si tout le monde écrivait, demandait Paul Valéry, qu'en serait-il des valeurs littéraires ? Son idée était qu'il n'en resterait à peu près rien : plus personne ne pouvant se retrouver dans ces milliards de livres publiés chaque année, les grands écrivains disparaîtraient dans la masse, les vedettes dans l'anonymat, il n'y aurait plus ni best-sellers ni gloires, et la littérature elle-même s'effondrerait sous son propre poids, comme dévorée de l'intérieur par ce cancer d'écrire et de publier… Point de valeur sans rareté : l'art n'est possible, peut-être, qu'autant que tout le monde n'est pas artiste. Cela n'est guère démocratique ? En effet. Mais la démocratie n'est pas non plus une œuvre d'art.

On devine où je veux en venir. Tout le monde fait des photos, bien ou mal. Qu'en est-il des valeurs photographiques ?

L'intéressant, qui donne peut-être tort à Valéry, ou qui relativise son propos, c'est qu'il n'en reste pas rien. La photographie a ses hiérarchies, ses célébrités, ses écoles – ses valeurs. Dans certaines limites pourtant, qui me paraissent strictes. Nul n'est porté à admirer beaucoup ce qu'il sait faire à peu près, et qu'il ferait encore mieux avec un peu plus d'études, de technique, d'outillage, de métier. Il m'est arrivé de voir travailler des photographes professionnels. Sur ces centaines de clichés qu'ils prennent chaque jour, comment n'en réussiraient-ils pas quelques-uns de forts, de rares, de précieux ? Il arrive à n'importe qui, sur trente-six vues, d'en réussir à peu près deux ou trois, parfois par hasard, parfois par sensibilité ou calcul. Qui s'est cru artiste pour autant ?

Les beaux-arts sont les arts du génie, disait Kant. Or, du génie, je n'ai jamais imaginé qu'un photographe pût en avoir. Du talent, du métier, du goût, de la sensibilité, oui, bien sûr, comme n'importe quel créateur. Mais quel photographe oserait se comparer à Rembrandt ou à Beethoven, à Shakespeare ou à Michel-Ange ? Les quelques photographes que j'ai écoutés ou lus, parmi les plus célèbres, m'ont toujours paru, au contraire, d'une grande humilité, qui d'ailleurs disait quelque chose d'essentiel sur leur art, et sur leur talent. C'est le cas en particulier d'Henri Cartier-Bresson. Je me souviens d'une longue conversation avec lui : la peinture seule, m'expliquait-il, l'intéressait vraiment ; et nous étions d'accord, lui et moi, pour mettre Degas à une hauteur qu'aucun photographe jamais ne pourrait atteindre.

La photographie est-elle une image pauvre ? Oui, bien sûr, comparée à la peinture, du moins quand le peintre a du génie. Quelle nature morte, en photo, peut se comparer à Chardin ? Quel portrait, à Champaigne ou Titien ? Quel paysage, à Ruysdael ou Corot ? Ce n'est pas la faute des photographes, ni donc d'abord une question de génie. C'est la faute de la photo. C'est d'abord une question de technique. Comment une machine, entre l'œil et le monde, pourrait-elle remplacer la main, le geste, le travail ? Ses performances même la desservent. Comment pourrait-on créer la même richesse en un centième de seconde qu'en dix jours, vingt jours, cent jours d'un labeur acharné ou paisible ? En un clic, qu'en des milliers de coups de pinceau ? Le temps ne fait rien à l'affaire ? Disons qu'il ne suffit pas, puisque rien ne suffit, puisque l'art n'existe que par cette insuffisance même. Mais que le temps ne suffise pas, cela ne veut pas dire qu'il ne joue aucun rôle. S'agissant de la peinture, puisque c'est évidemment à elle que l'on songe lorsqu'on pense à la photographie et à son éventuelle pauvreté, s'agissant de la peinture, donc, j'ai toujours pensé que quelque chose d'essentiel se jouait dans la confrontation entre le long temps laborieux de la création et l'instant fasciné du regard. Une éternité naît, dans ce contraste, comme saisie entre deux durées, comme un présent distendu, qui n'en finirait pas. L'éternité de la photographie, car elle a aussi la sienne, est plutôt dans la rencontre de deux instants : c'est le plus petit présent possible, comme attrapé au vol, comme fixé sur place, comme le minimum d'éternité disponible. Un *instantané*, dit-on, et toute photographie, même posée, en est un. La pauvreté est son lot, comme il est le nôtre. La grandeur de la photographie est là, qui peut-être a tué la peinture. Le réel est plus important que l'art. Le vrai, plus précieux que le beau. Tant pis pour les peintres qui l'ont oublié. Tant mieux pour les photographes, s'ils s'en souviennent. La photo donne tort aux esthètes ; c'est par quoi elle touche à l'art.

La pauvreté de la photo est sa grandeur, son humilité, sa vertu propre. C'est parce qu'elle est un art mineur qu'elle est un art. Pauvre comme la vérité. Pauvre comme notre vie. Pauvre comme les pauvres, qui n'ont qu'elle souvent pour se voir ou être vus. Et dans cette pauvreté pourtant, l'infinie richesse du réel, l'infinie solitude d'exister, l'infinie douleur ou douceur du monde…

La beauté vient par surcroît, quand elle vient. Les grands photographes sont ceux qui la font venir, qui la font voir, au creux du quotidien ou de l'horreur, parmi l'encombrement des images et des discours, et cela fait comme un silence soudain, comme une pauvreté soudain, comme une vérité soudain, dans le brouhaha mensonger du monde, cela nous réconcilie un peu avec le réel, cela nous rend l'éternité de l'éphémère à nouveau sensible et bouleversante…

Par les temps qui courent, c'est précieux. La plus pauvre des photographies le sera toujours moins que la plupart des toiles qu'on voyait à Beaubourg, lors de la dernière exposition d'art contemporain… Mieux vaut une pauvreté vraie qu'un pauvre mensonge.

Sécurité

L'actualité est dominée, depuis plusieurs semaines, par les bombes : celles, artisanales, des terroristes, et celles, sophistiquées, effroyablement performantes et pour l'instant pacifiques, des essais nucléaires de Mururoa. Ce n'est pas une raison pour renvoyer militaires et terroristes dos à dos. Ceux-ci nous agressent; ceux-là nous protègent. C'est une occasion, en revanche, pour réfléchir sur notre sécurité, que le terrorisme menace et que la force de frappe a pour mission de garantir.

Est-ce la même sécurité dans les deux cas ? Pas tout à fait. Le terrorisme menace surtout la sécurité intérieure; la force de frappe ne protège guère, et jamais totalement, que contre les attaques venant du dehors. Ces deux sécurités, l'une intérieure l'autre extérieure, sont pourtant liées : le terrorisme peut avoir une origine étrangère, comme c'est sans doute le cas aujourd'hui; et une guerre, surtout si nous la perdions, aurait forcément des répercussions à l'intérieur de nos frontières… La sécurité ne se divise pas : ce sont les mêmes individus qui sont menacés, le même peuple, et cela fonde l'unité du concept. Le même État se doit donc, c'est une de ses fonctions majeures, d'assurer cette sécurité contre tout ennemi, aussi bien intérieur qu'extérieur, qui la menace. Le président de la République eut raison, lors d'un récent entretien à la télévision, de réaffirmer, presque dans les mêmes termes, cette double responsabilité. Contre le terrorisme : « Je suis en charge de la sécurité de la France », disait-il. Et à propos de la bombe atomique : « C'est sur cette arme que repose la sécurité de notre pays. »

Mais alors, qu'est-ce que la sécurité ? Et comment la penser ?

Le mot de « sécurité » peut s'entendre objectivement ou subjectivement. Objectivement, c'est l'absence de danger. Subjectivement, c'est le sentiment, justifié ou non, de cette absence. Absence de danger, donc, ou absence de crainte.

Il est clair qu'il ne saurait exister de sécurité absolue. Ni subjectivement, parce qu'un sentiment est par nature mobile, fluctuant, relatif. Ni objectivement, parce que toute vie est dangereuse, aléatoire, fragile – mortelle. C'est ce qui fait de la sécurité un combat infini, toujours à poursuivre, toujours à recommencer. Ce n'est pas un but qu'on puisse atteindre ; c'est un moyen, ou un ensemble de moyens, qu'on essaie de se donner, puis de conserver, puis de développer… « La vie, disait Bichat, est l'ensemble des fonctions qui résistent à la mort. » J'en dirais volontiers autant de la sécurité, pour les peuples : c'est l'ensemble des fonctions qui résistent à la violence, intérieure ou extérieure, et donc, en effet, à la mort. Car les sociétés sont mortelles aussi; leur sécurité n'est jamais absolue et toujours nécessaire.

Telle est la première justification de l'État, sa première responsabilité : assurer, dans toute la mesure du possible, la sécurité de la nation et de ses membres. La liberté ? La prospérité ? La paix ? Cela vient après. Quelle liberté dans la mort ou la terreur ? Quelle prospérité ? Quelle paix, quand on ne sait se défendre ?

L'état de nature, expliquait Hobbes, autrement dit l'état sans État, est dominé par la « guerre de chacun contre chacun », donc par la peur : « la vie de l'homme est alors solitaire, besogneuse, pénible, quasi animale, et brève ».

Que la sécurité ne fasse pas le bonheur, c'est ce que chacun sait, puisque rien ne le fait. Mais que l'insécurité soit synonyme de malheur, c'est ce que l'histoire, de loin en loin, se charge de nous rappeler.

Spinoza avait donc raison, qui voyait dans la sécurité la fonction principale « de toute société et de tout État ». C'est ce que la gauche a souvent sous-estimé, me semble-t-il, par quoi elle fit le jeu de la droite, voire de l'extrême droite. À trop opposer la sécurité à la liberté, à toujours soupçonner de dérive autoritaire (ou « sécuritaire », comme ils disent) ceux qui font de la sécurité la priorité qu'elle est, à toujours opposer les droits de l'homme aux exigences de la sûreté publique (comme si celle-ci n'était pas la seule garantie de ceux-là !), ils se sont coupés, à force de bons sentiments, de ceux qui vivent en effet dans l'insécurité : les plus pauvres, les plus faibles, les plus démunis. Et de leur donner des leçons de morale, parce qu'ils votent pour Le Pen… À qui la faute ? La vie est plus dangereuse à

La Courneuve qu'à Neuilly. Plus dangereuse pour les pauvres – français ou immigrés – que pour les riches. La sécurité est le plus grand luxe ; l'insécurité, la plus grande injustice.

Les bavures policières ? C'est une atteinte d'abord à la sécurité des individus. Les droits de l'homme ? Le premier est de vivre ; c'est pourquoi la sécurité en est un. La justice ? La sécurité ne saurait certes en tenir lieu. Mais aucune justice ne saurait exister valablement, là où la sécurité fait défaut. Même chose pour la liberté : la sécurité ne suffit pas à la garantir ; son absence suffit à l'empêcher.

L'erreur de nos belles âmes a peut-être été de confondre l'ordre des valeurs avec celui des priorités. Que la liberté soit une valeur plus haute, c'est une évidence ; comme c'en est une que la sécurité est un état plus nécessaire (y compris pour être libre), donc aussi plus urgent. La liberté est une fin ; la sécurité, un moyen. L'une et l'autre sont donc liées, et c'est ce que Spinoza, là encore, n'a cessé de rappeler : l'État est fait « pour libérer l'individu de la crainte, pour qu'il vive autant que possible en sécurité, c'est-à-dire conserve, aussi bien qu'il se pourra et sans dommage pour autrui, son droit naturel d'exister et d'agir. (...) La fin de l'État est donc en réalité la liberté ». Mais la sécurité n'est pas un moyen parmi d'autres, pour cette fin. C'est le plus important, et la condition de tous les autres.

Cela ne dit rien sur ce que doit faire la police, contre les terroristes, ni sur l'opportunité des essais nucléaires. Aux spécialistes ici de nous éclairer. Mais cela aide à penser notre propre sécurité, et à en débattre, puisqu'il le faut, de façon plus lucide et plus responsable.

La sécurité de chacun est à la charge de l'État. Mais la sécurité de l'État, dans une République, est à la charge de tous.

Toussaint

Les arbres jaunissent ou perdent leurs feuilles ; la nuit tombe plus vite ; quelque chose dans l'air ou en nous s'obscurcit… On dirait que la nature prend le deuil, ou s'y prépare : voici venir le temps de la Toussaint. C'est le moment de penser à nos morts.

Ce que nous leur devons ? Tout, puisque sans eux nous ne serions pas. Et comment pourrions-nous payer notre dette, puisqu'ils ne sont plus ? Me voilà débiteur à vie, définitivement insolvable, et c'est ce qu'on appelle un humain. Sujet de droit ? Pour l'État et pour les autres, oui. Mais pour moi-même, sujet d'abord de ce que je dois : sujet moral plutôt que juridique. Car ce qu'on doit, c'est la dette ; et puis c'est le devoir. Qui ne voit que celle-là précède celui-ci, et l'engendre ? On ne doit que parce qu'on a reçu. Toute morale vient du passé, comme Freud l'avait vu, et c'est ce qui agace les jobards. Une morale de l'avenir, ce serait tellement plus commode, tellement plus moderne, tellement plus progressiste ! L'avenir nous obéit, puisqu'il n'existe pas. Mais comment en ferait-on une morale ? La morale n'obéit pas ; la morale commande et recommande.

Que nous ayons aussi des devoirs vis-à-vis des générations futures, j'en suis convaincu ; mais cela même nous vient du passé, qui nous a faits ce que nous sommes, qui nous a légué le présent, qui nous a confié la garde, si l'on peut dire, de l'avenir. Il s'agit de faire que les morts, pour autant que cela dépend de nous, n'aient pas vécu en vain. Il s'agit de continuer une histoire qui nous précède, qui nous dépasse, qui nous traverse. Il s'agit de transmettre ce que nous avons reçu, et un peu plus si nous pouvons, ou un peu mieux. Cela ne vaut pas que pour les richesses. Cela vaut aussi et davantage pour la nature (c'est ce que signifie l'écologie), pour la vie (c'est ce que signifie la famille), pour la culture (c'est ce que signifie l'école), enfin pour l'humanité, et c'est l'humanité même. C'est le vrai progressisme, ou plutôt c'est le seul. Du passé, ne faisons pas table rase !

Se souvenir des morts, c'est se souvenir de ce qu'on leur doit (notre dette), et – grâce à eux – de ce qu'on doit aux vivants (nos devoirs). Morale de la Toussaint : morale de la fidélité. Il s'agit de n'être pas indigne de ce que l'humanité a fait de soi, et de nous. On dira qu'il y a des morts auxquels on ne doit rien, d'autres auxquels on a de bonnes raisons d'en vouloir, d'autres qu'on préférerait oublier, que tous les morts, enfin, ne sont pas des saints… Certes. D'ailleurs l'Église dissocie la fête de tous les saints, le 1er novembre, de la fête des trépassés, qu'elle célèbre le lendemain. Mais cette distinction reste méconnue ou formelle : c'est le premier novembre, le plus souvent, qu'on fleurit les cimetières. C'est sans doute que nos morts nous importent davantage que les saints de l'Église – ou que l'amour, peut-être, est la seule Église qui vaille. Quant à ceux qui nous ont fait du tort, on ne peut les détester qu'autant qu'on les imagine vivants. Lequel d'entre nous irait violenter leur cadavre ? Le respect des morts fait partie des valeurs les plus anciennes et les plus fortes de l'humanité. Souvenons-nous de ces tombes profanées, à Carpentras, et de l'émotion que cela suscita… Un ami mort est encore un ami ; un ennemi mort n'est plus tout à fait un ennemi. Les défunts sont trop faibles pour qu'on les attaque, et même pour qu'on les haïsse. C'est pourquoi « le soin des morts nous est en recommandation », comme dit Montaigne : « Ils ne s'aident plus, ils en requièrent d'autant plus mon aide. » Fidélité pour les morts aimés, donc, et miséricorde pour les autres.

C'est pourquoi les cimetières sont lieu de paix. Mais ce sont lieu aussi de tristesse – à cause des êtres chers qu'on a perdus, à cause de ceux qu'on craint de perdre, à cause de la certitude où l'on est soi-même de mourir… « Tout contentement des mortels est mortel », écrit superbement Montaigne, et c'est ce que nous rappelle la Toussaint. Certains préféreront penser à autre chose, s'étourdir dans le travail ou le divertissement, avaler peut-être quelques cachets, faire semblant, en un mot, de ne pas mourir… Libre à eux. Mais enfin ils n'en mourront pas moins. Ils en vivront plus heureux ? Je ne sais. Peut-être vivraient-ils plus intensément, s'ils se savaient davantage mortels. Et mieux, s'ils savaient l'accepter. Craindre la mort ? C'est lui faire trop d'honneur, si elle n'est rien. Montaigne se souvient de la grande formule d'Épicure, qu'il traduit joliment : « La mort ne vous concerne ni mort ni vif : vif, parce que vous êtes ; mort, parce que vous n'êtes plus. » On dira que c'est précisément cela – ce néant – qui nous effraie. C'est avoir peur de rien, et c'est ce qui définit l'angoisse. Il faut donc en sortir, si l'on peut, ou l'accepter, si l'on ne peut pas. Philosopher, c'est apprendre à vivre, non à mourir. Mais comment saurions-nous vivre, et vivre heureux, sans accepter la mort ? « Le but de notre carrière, continue Montaigne, c'est la mort, c'est l'objet nécessaire de notre visée ; si elle nous effraie, comment est-il possible d'aller un pas en avant sans fièvre ? Le remède du vulgaire, c'est de n'y penser pas. » Le remède de Montaigne, c'est d'y penser toujours, d'apprivoiser la mort, comme il dit, jusqu'au point de parvenir à l'accepter. C'est ce que Freud appellera le travail du deuil : il s'agit de s'accepter mortel, et nul ne saurait autrement aimer la vie comme elle est. Montaigne encore : « Tu ne meurs pas de ce que tu es malade ; tu meurs de ce que tu es vivant. » Ce n'est pas la vie qui est le contraire de la mort ; c'est la naissance, et tout nouveau-né mourra. La vie n'en continue pas moins, ou plutôt, de génération en génération, n'en continue que mieux. C'est une image qu'on trouvait déjà chez Homère : « Les générations des hommes, comme les feuilles des arbres… » Philosophie de la Toussaint ; philosophie de l'automne. Chaque feuille qui tombe est une leçon de sagesse.

L'important n'est pas d'aller ou non dans les cimetières. L'important c'est d'avoir une pensée pour les morts, et pour les mortels.

Leçons de la Toussaint : leçons de deuil, de miséricorde et de fidélité. On préférerait le plaisir et la joie ? C'est en effet le but. Mais comment serait-ce toujours le chemin ? Quel bonheur sans deuil ? Quelle paix sans miséricorde ? Quel amour sans fidélité ? Quelles Pâques, sans la Toussaint ?

De Gaulle

C'était une belle matinée d'avril, en 1969. Nous avions dix-sept ans. Nous étions au lycée, dans une salle de classe, en train de suivre je ne sais quel cours. Que nous importait ? Nous étions plusieurs à ne pas quitter nos montres des yeux. Il allait bientôt être midi. Une allégresse flottait dans l'air. L'approche de la sortie ? Point du tout. À midi pile, une élève, du fond de la classe, imite une cloche qui carillonne. Le professeur s'interrompt : « Qu'est-ce qui vous prend ? » Et notre amie de répondre : « Il est midi. De Gaulle n'est plus président de la République ! » De fait, sa démission, annoncée la veille, après la victoire du *Non* au référendum, devenait effective en cet instant précis. La perturbatrice fut mise à la porte, jusqu'à la fin du cours. C'était peu cher payé, pour un plaisir si vif.

Oui, cette défaite du général de Gaulle puis sa démission font partie des souvenirs heureux de ma vie, comme la mort de Franco, comme la révolution des Œillets au Portugal. Cela donne la mesure de notre injustice. De Gaulle n'est ni Franco ni Salazar, tant s'en faut. Mais il était général, comme le premier, et nous le jugions presque aussi autoritaire et réactionnaire que le second… À tort ? Assurément. Mais cette erreur ressemble à notre jeunesse. Faut-il, parce que cette dernière nous a quittés, tomber dans une erreur inverse, et faire du général de Gaulle, comme le voudraient aujourd'hui certains intellectuels, un homme de gauche ou le héros de l'esprit ? Je n'ai pas vieilli à ce point.

Ce qui me gêne le plus, chez de Gaulle ? Il y a le 13 mai 1958, bien sûr, ce coup d'État qui n'ose pas dire son nom. Mais il y a aussi une certaine politique, et certains hommes. La France était riche, ces années-là. Et que firent-ils de tant d'argent ? Ils en firent la France que nous connaissons, celle de notre jeunesse, celle, plutôt, que notre jeunesse refusa. Que de béton partout ! Que d'injustices partout ! Que de suffisance partout ! Je n'ai jamais pu supporter Pompidou, ni le pardonner à de Gaulle. Quand a-t-on davantage défiguré Paris que dans les années 1960 ? Quand a-t-on davantage massacré les côtes de France ? (Voyez ce que Guichard, baron du gaullisme, a fait à La Baule !) Quand le pouvoir a-t-il été à ce point opaque, incontrôlable, intouchable ? Souvenez-vous du SAC, de Papon, de Foccart, de Marcellin, des cadavres d'Algériens flottant sur la Seine (après la manifestation, si violemment réprimée, du 17 octobre 1961), souvenez-vous de l'ORTF, des Godillots, de Charonne, de l'affaire Ben Barka…

Je sais bien qu'il y eut aussi l'homme du 18 juin, celui de la paix en Algérie, celui qui sut mener une politique internationale visionnaire et courageuse…

Dont acte. Mais cela ne le rend pas plus admirable, humainement, moralement, que ces milliers de combattants anonymes qui moururent sur les plages de Normandie ou dans les geôles de l'occupant. Tant de héros morts au combat ou sous la torture ! Pourquoi faudrait-il vénérer celui-là, qui est mort dans son lit ? Parce qu'il était général ? Parce qu'il fut président de la République ? C'est une raison forte, au contraire, pour modérer notre enthousiasme. Le pouvoir est une fonction, point un privilège. Une charge, point un mérite. Alain interdisait qu'on acclame les puissants, et il avait raison. Obéir au pouvoir ? Il le faut. Mais l'adorer, non. « Nous n'avons point à louer ni à honorer nos chefs, expliquait Alain ; nous avons à leur obéir à l'heure de l'obéissance, et à les contrôler à l'heure du contrôle. Après cela ils sont payés, ils ont leur pension ; tout est réglé ; je ne dois plus rien. » Obéissance aux pouvoirs ; respect à l'esprit seul.

C'est ce que notre professeur, s'il avait lu Alain, aurait pu nous expliquer, ce jour d'avril 1969, et qu'il était inutile de sonner les cloches. Ni admiration ni mépris pour ceux qui nous gouvernent : démocratie et vigilance suffisent.

Quant à cette nostalgie du gaullisme, qui saisit tardivement plusieurs de mes amis, elle me paraît un contresens sur la politique. Ils rêvent d'un chef qu'ils pourraient adorer. C'est confondre l'esprit et la force : c'est rendre à César ce qui n'appartient qu'à Dieu, ou à personne.

La fin du monde

La fin du monde entraînerait moins de morts et de souffrances que sa continuation. Cette idée, qui me paraît claire, passera pour un paradoxe ; c'est une première raison pour l'expliquer. Elle est apaisante : c'en est une deuxième. Tonique, voilà la troisième. C'est plus qu'il n'en faut pour penser !

Que la fin du monde entraîne moins de morts que sa continuation, c'est une évidence arithmétique : les quelque six milliards de vivants actuels mourront en effet dans les deux cas, à quoi il faut ajouter, si le monde continue, les milliards de vivants encore à naître, que leur naissance, si elle advient, vouera à une mort certaine. Dans un cas : 6 milliards de morts. Dans l'autre : 6 milliards + les milliards de naissances (et donc de morts) encore à venir. La continuation du monde, loin de diminuer le nombre de décès inévitables, l'augmente indéfiniment ; la fin du monde ne peut que réduire ce nombre, et c'est ce qu'il fallait d'abord démontrer.

Le même raisonnement, ou un raisonnement du même type, peut s'appliquer à la souffrance. Que nous mourions tous ensemble ou séparément, en bloc ou individuellement, cela ne change guère les données du problème : une agonie reste une agonie, et il en est peu d'agréables. On peut même penser qu'une mort collective serait, à certains égards, plus facile. Elle nous libérerait au moins de tout souci pour ceux qui restent (puisque, par hypothèse, il ne resterait personne) et de ce sentiment, si déchirant, d'injustice... Surtout, la souffrance s'arrêterait là, quand elle ne peut autrement que continuer. « Toute vie est douleur », disait le Bouddha. Seule la fin du monde peut mettre fin à la souffrance.

Cette idée me procure une certaine paix, annonçais-je, bien étrange et douce. L'étrangeté est ce qui paraît d'abord. Car cette fin du monde est aussi ce qu'on peut imaginer de pire, en un sens, puisqu'elle synthétise à peu près le détail de nos angoisses ou des dangers, souvent très réels, qui nous menacent. Tel craignait de mourir, tel autre de perdre un être cher, le troisième craignait pour son argent, le quatrième pour sa retraite... Que le monde disparaisse, et les voilà tous confirmés dans leurs craintes : le premier meurt, le second perd toute sa famille, le troisième son argent, le quatrième sa retraite... Et chacun d'entre nous serait simultanément ces quatre-là, et bien d'autres !

Donc : le pire. Et pourtant moins de souffrances qu'autrement, on l'a vu, puis plus de souffrance du tout... De là, justement, la douceur et la paix. Que le pire soit au fond si peu à craindre, c'est une idée rassurante, qui remet nos petites misères à leur place. « Ce n'est pas la fin du monde », dit-on parfois pour se consoler d'un événement désagréable, et l'on a raison. Mais quelle paix, alors, pour qui a compris que la fin du monde elle-même… Nous revoilà à mon commencement.

Donc, une idée claire et apaisante. Mais pourquoi tonique ? Pour ce paradoxe d'où j'étais parti, et que je peux maintenant éclaircir.

La fin du monde, disais-je, entraînerait moins de morts et de souffrances que sa continuation ; et pourtant elle est le pire, on l'a vu, de ce que nous pouvons craindre pour l'humanité. Qu'en conclure, sinon que le pire n'est pas le maximum de souffrances et de morts, ou, pour le dire autrement, qu'on ne vit pas pour éviter les unes ou les autres ? Mais alors, pourquoi vivons-nous ? Pour vivre, pour transmettre, pour continuer et transformer ce que nous avons reçu, pour jouir et nous réjouir, pour aimer, pour lutter, pour créer… Il ne s'agit pas d'éviter la mort ou la souffrance, ni même de les réduire, mais de maintenir et d'accroître la vie, ses plaisirs, ses joies. C'est ce qui donne raison à Spinoza, contre Schopenhauer, ou à la vie, contre le nihilisme. Ce n'est pas le repos qui est bon mais l'effort *(conatus)*, mais la puissance d'exister, l'action, la connaissance, l'amour. C'est pourquoi nous préférons ce monde souffrant à sa fin, même indolore, et nos angoisses de mort à la paix du néant.

La vie est à elle-même son propre but (la vie, non le confort ou la quiétude !), et tel est le secret du courage. Il s'agit non de souffrir le moins possible (car alors le suicide vaudrait mieux, pour l'individu), non de mourir le moins possible (car alors la fin du monde vaudrait mieux, pour l'espèce), mais de vivre le plus possible – malgré la souffrance, malgré la mort, malgré la vie.

Et quoi de plus tonique, en effet, que cette volonté de vivre, et d'aimer la vie, *malgré tout* ?

Notre paradoxe, qui semble d'abord s'en réclamer, débouche donc sur une récusation du nihilisme. Juger que la vie est un inconvénient (Cioran : *De l'inconvénient d'être né*), que le monde est un inconvénient (Schopenhauer), cela montre simplement qu'on est incapable de les aimer comme ils sont, c'est-à-dire de les aimer. Cela nous renvoie à Spinoza. Ce n'est pas parce qu'une chose est bonne que nous la désirons, expliquait-il, c'est au contraire parce que nous la désirons que nous la jugeons bonne. Je dirais de même : ce n'est pas parce que le monde est bon que nous l'aimons ; c'est parce que nous l'aimons – et dans la mesure où nous l'aimons – qu'il nous paraît bon.

Parfait ? Certes pas (que de souffrances, que de malheurs, que d'injustices !), et c'est pourquoi il faut aussi le transformer.

Meilleur que tout ? Certes oui – puisqu'il n'y a rien d'autre.

Le réel est à prendre ou à laisser. Qu'on soit parfois tenté de le laisser, c'est ce que signifient le nihilisme et la fatigue. Qu'il y ait plus de joie à le prendre, c'est ce que rappellent le plaisir et l'action.

La fin du monde, qui ne sera rien pour personne, importe moins que le premier matin venu, où tout commence, puisque tout continue. Spinoza encore : « Un désir qui naît de la joie est plus fort, toutes choses égales par ailleurs, qu'un désir qui naît de la tristesse. » Cela nous serve de vœux, amis lecteurs, pour la nouvelle année.

Philosopher

Débat public, à l'Odéon, sur « le retour de la philosophie ». Le thème me laisse perplexe. Il faut que la vie intellectuelle soit devenue bien terne pour que le succès de deux ou trois livres – celui de Gaarder, celui de votre serviteur… – fasse ainsi événement ! Si retour il y a, expliquai-je, il me paraît beaucoup moins significatif, beaucoup moins important que son contraire, que l'on oublie de célébrer et qui lui donne son sens : l'étonnante pérennité, depuis vingt-cinq siècles, de cette activité intellectuelle spécifique, toujours abstraite, souvent ardue, parfois ennuyeuse, et sans la moindre utilité technique ou économique, sans caution politique ni religieuse, sans preuve ni vérification ! Comment la philosophie pourrait-elle revenir, puisqu'elle n'avait jamais disparu ? Comment pourrait-elle disparaître, puisqu'elle ne cesse de changer, de s'inventer, de renaître ?

Retour de la philosophie ? Ce sont plutôt les religions qui régressent, les idéologies qui déclinent, les sciences humaines, peut-être, qui font moins illusion… On croit de moins en moins aux réponses toutes faites ; on en cherche donc pour soi-même, et c'est ce qui s'appelle philosopher.

Un des intervenants, dans la salle, me reproche une expression que j'ai utilisée : « Philosopher, ai-je dit lors du débat, c'est penser sa vie et vivre sa pensée. » Cela le choque, m'explique-t-il vertement, et ce pour deux raisons : d'abord parce que c'est enfermer la philosophie dans la subjectivité, dans la vie intérieure, à l'écart des autres et du monde ; ensuite, parce que c'est prétendre à une impossible transparence, à une impossible adéquation de soi à soi.

La première objection tombe à côté, me semble-t-il ; mais la seconde touche au cœur, vraiment, de la question.

Que philosopher ce soit penser sa vie et vivre sa pensée, cela ne signifie évidemment pas qu'il faille – ni même qu'on puisse – philosopher tout seul. Quelle pensée sans langage, sans communication, sans échanges ? Quelle philosophie sans société, sans culture, sans débat ou combat ? Cela ne signifie pas non plus, on s'en doute, que le philosophe n'ait souci que de soi. Comment penser sa vie sans penser ce qui l'entoure, ce qui la conditionne, ce qui la détermine, ce qui lui donne son prix et sa limite ? Nous vivons dans le monde. Nous vivons dans une société. Avec d'autres, grâce à eux, pour eux, contre eux parfois. Penser sa vie, c'est donc aussi penser le monde, penser la société, penser les autres et nos relations avec eux. Il ne s'agit pas de s'enfermer dans la petite prison du moi ! Il s'agit bien plutôt de s'en libérer. Mais c'est ce qu'on ne peut – seule la vérité libère –

qu'à la condition de se connaître. C'est où la philosophie commence, depuis Socrate (« Connais-toi toi-même »), et toujours recommence.

Mais ce n'est pas là qu'elle s'arrête. Comment pourrais-je me connaître, sans connaître, au moins partiellement, l'univers qui me contient, l'humanité qui m'engendre, la société dont je suis membre ? Toute philosophie digne de ce nom tend à l'universel : philosopher, c'est penser sa vie, donc le monde, donc le tout. C'est le contraire d'une tour d'ivoire. Se penser soi sans penser le monde, ce n'est pas philosopher : c'est rester prisonnier des illusions qu'on se fait sur soi-même, c'est se contempler le nombril ou l'âme. L'introspection n'a jamais tenu lieu de connaissance, ni de réflexion, ni de raison. La philosophie n'est pas une variante sophistiquée du narcissisme.

Il reste que penser le monde sans s'y penser soi-même, ce n'est pas non plus philosopher : c'est se prendre pour Dieu, ce qui est folie, ou pour rien, ce qui est science peut-être. Mais quel savant pourrait s'en contenter ? Ce serait du scientisme, et une autre folie.

La seconde objection est plus forte, plus ajustée. Car il est vrai, certes, que vie et pensée sont deux, toujours et nécessairement. Que peuvent les concepts contre les pulsions ? Que peuvent les pulsions contre les concepts ? Aucun individu n'est identique à soi ni transparent pour lui-même : « Je est un autre », comme disait Rimbaud, ou plusieurs autres, qui ne font un sujet (« moi ») que par l'impossibilité où nous sommes de le connaître objectivement. Freud contre Socrate ? Au contraire, puisqu'ils participent d'évidence du même combat – contre l'ignorance, contre l'illusion, contre l'obscurantisme, contre le narcissisme. Disons plutôt que nous savons depuis Freud (en vérité les lecteurs de Montaigne, Hume ou Nietzsche le savaient déjà) que l'entreprise socratique était vouée à l'échec ou, pour mieux dire, à l'incomplétude. On n'en aura jamais fini de se connaître soi, jamais fini de penser sa vie, et l'on ne sera pour cela jamais capable – jamais complètement capable – de vivre sa pensée. Cet échec, c'est notre vie. Cette incapacité, c'est notre moi. Comment pourrions-nous la vaincre, puisqu'elle nous constitue ?

Entre vie et pensée, une distance subsiste donc : c'est ce qui rend la philosophie impossible (comme réussite) et toujours nécessaire (comme travail). Le sage ? J'ai cru un temps qu'il était celui qui avait comblé ce décalage, celui chez qui vie et pensée ne faisaient qu'un. Je n'y crois plus guère, et jugerais sage, plutôt, celui qui habite cet écart, entre vie et pensée, qui l'accepte, qui s'en nourrit, qui s'en amuse... Montaigne, donc, plutôt que tel créateur de système, qui prendrait la vie pour un concept ou ses concepts pour la vie.

« La paranoïa, disait Freud, est un système philosophique déformé. » J'ajouterais volontiers qu'un système, en philosophie, n'est jamais qu'une paranoïa réussie. C'est folie toujours, puisque la vie échoue, puisqu'elle n'est que cet échec toujours recommencé, toujours surmonté, toujours renaissant le troisième jour.

C'est pourquoi il faut philosopher : penser sa vie et vivre sa pensée, non parce qu'elles ne feraient qu'un, ce qui est impossible, mais parce qu'elles font deux, nécessairement, sans que nous puissions renoncer à l'une ou l'autre, ni à cette tension entre elles qui nous constitue et nous déchire.

La philosophie est une tâche impossible et nécessaire. Comment pourrait-on s'en passer ? Comment pourrait-on s'en contenter ?

Mon jouet préféré

Avec mon jouet préféré, je n'ai jamais joué.

Quel âge avais-je ? Six ans ? Sept ans ? Je réalisai soudain que mes jouets, immanquablement, s'usaient, se cassaient, disparaissaient… Une angoisse me prit de ce néant. Dans une boîte en carton, je rangeai précieusement quelques jouets tout neufs : une voiture miniature, un petit soldat, quelques billes, quelques bibelots… Ainsi, me disais-je, ils seront à l'abri : je les retrouverai plus tard, dans dix ou vingt ans, intacts, comme autant de souvenirs émouvants… J'avais inventé mon musée du jouet, et un nouveau jeu : le temps, le temps qui passe et qui ne revient pas, par quoi tout présent n'a d'avenir, en effet, que de mémoire ou d'oubli. Je rêvais d'en jouir à l'avance, comme d'un passé anticipé (cela *aura eu lieu*), comme d'une nostalgie à venir, je voulais faire l'économie de la durée, du quotidien, de toute cette lenteur des jours et des saisons…

C'était bien sûr me méprendre. Ces jouets tout neufs, pour n'avoir jamais servi, me sont restés indifférents : je les oubliai dans je ne sais quel tiroir, où ils disparurent, semble-t-il, définitivement. Où sont-ils aujourd'hui ? Je n'en sais rien. Le temps s'était vengé, ou plutôt, sans se venger – pourquoi se vengerait-il, puisque rien, jamais, ne peut l'atteindre ? –, il avait triomphé de mes ruses d'enfant ou de vieillard. Le passé anticipé n'est qu'un futur antérieur, qui ne vaut que ce que valent les futurs : un peu d'espérance, un peu d'anxiété, un peu d'impatience, beaucoup d'incertitude et d'imaginaire, comme l'ombre portée du néant sur le présent de vivre…

Plus tard, j'essaierais de ruser de même avec mes angoisses, les imaginant déjà réalisées, les projetant tout entières dans un avenir révolu, au-delà même de ce qui les suscitait, au-delà de tout, quand elles seraient derrière moi, quand le pire aurait déjà eu lieu – toujours le futur antérieur –, dans l'espoir imbécile d'en faire à l'avance un morceau de passé, de transformer la peur en souvenir, puis le souvenir en repos… C'était ruser encore avec le temps, et rêver d'une vie tout entière au passé, bien à l'abri dans « le port tranquille de la mémoire », comme disait Épicure, ou transformée d'avance en son propre musée… Je jouais le deuil contre l'angoisse, ou la mélancolie contre la vie. Cela ne réussit pas davantage, on s'en doute, ni ne me dispensa de vivre, jour après jour, heure par heure, ce que le destin m'imposait ou me laissait redouter…

De ce double échec, je retins confusément une leçon, que je n'ai pas fini d'éclaircir : la mémoire ne saurait sauter par-dessus le présent, ni les souvenirs tenir lieu de courage, ni notre impatience ou notre angoisse prendre le temps – comment serait-ce possible ? – de vitesse.

L'éternité, je le saurais plus tard, n'est pas dans le jouet mais dans le jeu. La sagesse, non dans l'anticipation mais dans l'action (pour ce qui dépend de nous) et l'acceptation (pour ce qui n'en dépend pas). Non dans la mémoire, mais dans l'attention. Non au futur antérieur, mais au présent.

Souvenirs d'un ancien immoraliste

« La béatitude n'est pas la récompense de la vertu, disait Spinoza, mais la vertu elle-même. » Cette formule, souvent citée, dit peut-être l'essentiel, qui ne relève pas de la morale. L'essentiel ? L'effort d'exister, la puissance d'agir, le désir de vivre, la joie d'aimer… C'est la vie même. Nous serions autrement déjà morts. C'est la sagesse même. Nous serions autrement déjà fous. La sagesse et la vie sont donc une seule et même chose, ou plutôt la sagesse n'est que fidélité lucide à la vie, à son évidence, à ses joies, à ses plaisirs. Sagesse d'Épicure. Sagesse de Montaigne. Il ne s'agit que de jouir et de se réjouir ; il ne s'agit que d'aimer. Le corps le sait, qui s'en réjouit : ce *gai savoir*, c'est l'âme même, et l'unique salut.

Ainsi toute tristesse est mauvaise, comme disait encore Spinoza ; seule la joie est bonne. Bonheur et vertu sont synonymes, ou en tout cas indissociables : il n'est de vertu qu'heureuse ; il n'est de bonheur que vertueux. C'est l'esprit grec, depuis Socrate jusqu'à Épictète, et ce sera celui encore, en France, de nos Lumières.

C'est ce qu'on appelle l'eudémonisme : le bonheur est le souverain bien ; le souverain bien est le bonheur.

Égoïsme ? Nullement. Comment serait-on heureux tout seul ? Il n'est qu'un seul devoir, disait bien Diderot, c'est « de se rendre heureux ». Mais il ajoutait : « L'homme le plus heureux est celui qui fait le bonheur d'un plus grand nombre. » Tous ses amis pensaient de même. « La vertu, écrivait par exemple d'Holbach, n'est que l'art de se réjouir soi-même de la félicité des autres. » Heureuse époque ! Heureuse pensée ! Elle ressemble à notre jeunesse, ou peut-être c'est notre jeunesse qui voulut lui ressembler. Philosophie du plaisir, philosophie de la spontanéité, philosophie de la solidarité joyeuse... Qu'a-t-on alors besoin de morale, de commandements, d'interdits ? C'est ce qui justifiait l'immoralisme dont nous nous réclamions volontiers. Si nous voulions vivre « par-delà le bien et le mal », comme nous aimions à le répéter après Nietzsche, si nous jugions qu'« il est interdit d'interdire », si nous prétendions « vivre sans temps morts et jouir sans entraves », ce n'était guère, comme certains l'ont cru, pour nous autoriser le pire (nous n'avons ni tué, ni violé, ni torturé...), ce n'était même pas par veulerie ou paillardise ; c'était simplement que l'amour nous paraissait plus important que la morale, le bonheur plus nécessaire que le devoir, le plaisir plus libérateur que la loi.

Tout cela faisait, quand l'idéologie ne les aveuglait pas, d'excellents jeunes gens. Je revois encore mon meilleur ami de l'époque me dire, le regard clair : « Moi, mon vieux, je n'ai pas de morale. » L'estime que j'avais pour lui, déjà considérable, s'en était trouvée soudainement augmentée... Si l'on entend par *morale* tout ce qu'on fait par devoir, et si l'on entend par *éthique*, selon une distinction qui commençait alors à se répandre (sous le triple patronage, excusez du peu, de Spinoza, Nietzsche et Gilles Deleuze !), tout ce qu'on fait par désir ou par amour, la chose nous paraissait entendue : toute morale est répressive, culpabilisatrice, castratrice, mortifère, toute morale est mauvaise ; seule l'éthique est bonne, qui en libère et en tient lieu. Comment peut-on être kantien, quand il est si agréable d'être nietzschéen ou spinoziste ?

Que nous ayons changé, c'est ce que chacun sait, et qu'il a bien fallu finir par reconnaître. Reniement ? Point. S'il ne s'agissait que de choisir entre Spinoza et Kant, je continuerais pour ma part de suivre Spinoza, et de mettre l'amour, bien évidemment, plus haut que le devoir. Mais cela ce n'est que de la philosophie, qui ne compte guère. Ce que la vie m'a appris, qui importe davantage, c'est que l'amour fait défaut, presque toujours, et que la vie est trop difficile, trop fatigante, trop exigeante, pour que le désir et la joie puissent longtemps y suffire. C'est pourquoi nous avons besoin aussi de morale : non parce que nous serions pleins d'amour, de générosité, de vertus, comme certains font mine de le croire, mais au contraire parce que nous en manquons, parce que nous ne savons pas aimer, parce que nous ne sommes pleins ordinairement que de nous-mêmes – que de vide et d'angoisse !

Le souverain bien (l'harmonie du bonheur et de la vertu) est hors de portée. Mais il y a en nous, montre Kant, un mal radical à combattre.

Puis il y avait l'histoire, et son lot d'horreurs. Il fallait dire au moins non.

Puis il y avait nos enfants, que nous aimions plus que tout. C'est l'égoïsme vrai, celui qui est dilaté à la taille de la famille. Quel rapport avec la morale ? Il est double. Nous les aimions trop pour ne pas voir à quel point l'amour en nous, dès qu'on sortait du premier cercle, faisait défaut. Puis il fallait bien les élever, donc leur transmettre certaines valeurs, certaines règles, certains impératifs, certains interdits… Avoir des enfants, c'est le contraire d'une utopie. Plus question de vivre sans temps morts, ni de jouir sans entraves ! Nous étions passés de l'autre côté : dès qu'on a des enfants, il est interdit de ne pas interdire.

Cela rendait notre immoralisme de plus en plus impraticable. J'avais compris depuis longtemps que l'amour libère de la morale. Tel est l'enseignement de Spinoza, comme avant lui, et selon lui, de Jésus-Christ. Je commençais à comprendre que la morale continue par conséquent de valoir, tant que l'amour fait défaut ; qu'elle vaut donc pour chacun d'entre nous, définitivement, à proportion de notre misère et de notre refus de nous y résigner.

Cela peut se dire du point de vue de l'histoire de la philosophie : tant que tu n'arrives pas à vivre en spinoziste, il te reste à agir à peu près comme un kantien.

Ou du point de vue de l'histoire des religions : tant que tu n'arrives pas à vivre à hauteur du Nouveau Testament, qui est une éthique de l'amour, il te reste à respecter au moins l'Ancien, qui est une morale de la Loi.

Ou du point de vue de n'importe qui : tant que tu n'es pas capable d'agir par amour, il te reste à faire à peu près ton devoir.

La mode

Un peu de la beauté du monde, chaque matin, tient à ce courage quotidien d'être beau, qu'on appelle coquetterie. Courage toujours recommencé, toujours changeant, à la fois individuel et collectif, et c'est ce que la mode organise ou stimule. Comment serait-on beau tout seul ? Combien peuvent être beaux tout nus ? On s'habille pour plaire, et pour se plaire, pour séduire, pour être aimé. Aussi pour n'avoir point froid, pour n'être pas impudique, ou pas trop, ou pas totalement… « Ils virent qu'ils étaient nus. » L'humanité commence là peut-être, dans la transgression, dans la honte, dans la pudeur. Aller nu ? Ce ne serait pas naturel. S'habiller n'importe comment ? Non plus. Le vêtement est le propre de l'homme, qu'il masque et révèle, qu'il couvre et dévoile, qu'il pare et protège. Entre nature et culture, entre besoin et désir, entre utilité et futilité. La mode, bien évidemment, est du côté de la culture, du côté du désir, du côté de la futilité. Du côté des femmes ? Disons que c'est là qu'elle culmine. Les hommes ont moins besoin d'être désirés que de posséder, moins de séduire que de prendre. Puis je parlais du courage d'être beau, et les hommes sont souvent lâches dans les petites choses. C'est pourquoi ils font mine de les mépriser. Le quotidien leur fait peur : ils sont laids, ou communs, ou ternes, par veulerie. Ce mépris des petites choses n'est pas une garantie pour les grandes. Aucune lâcheté n'est preuve de courage.

Attention, toutefois, de ne pas accorder à la mode plus d'importance qu'elle n'en mérite. Mépriser l'apparence, la beauté, la séduction, c'est bêtise ou mauvaise foi. Mais en faire l'essentiel, c'est ridicule et frivolité.

C'est où la mode rejoint l'humour, et touche à la morale. Il s'agit de naviguer entre ces deux défauts que sont l'esprit de sérieux, qui méprise les petites choses, et la frivolité, qui oublie les grandes. Il faudrait relire de ce point de vue *Le Misanthrope* de Molière. Alceste a bien tort de mépriser la coquetterie, de ne prendre que le sérieux au sérieux. Et Célimène, pareillement, de ne prendre au sérieux que le futile. C'est pourquoi elle est frivole : non parce qu'elle est coquette, mais parce qu'elle ne sait pas aimer. Et c'est pourquoi Alceste, en effet, est misanthrope : non parce qu'il aime, mais parce qu'il méprise.

Entre l'esprit de sérieux et la frivolité, quoi ? L'humour. C'est ce qui sauve la mode du ridicule – et la vie, de l'ennui.

La mode est-elle un art ? Peut-être (puisqu'elle est création, puisqu'elle est beauté, subjectivité, travail…), mais alors évidemment mineur. Quel couturier oserait se comparer à Bach, Velasquez ou Baudelaire ? Et qui ne voit, dans cette mode de la mode qui caractérise ces années 1990, que ce sont les mannequins que l'on regarde, que l'on admire, que l'on aime, bien plus que les robes qu'elles portent ? C'est justice. Quel couturier oserait se comparer à Dieu ? Qui ne préfère les créatures de Celui-ci, ou supposées telles, aux créations de celui-là ? La plus belle robe du monde, que c'est peu, à côté d'une très belle femme !

On objectera que la robe n'est pas faite pour être vue *à côté*, mais *sur*. Cela dit l'essentiel : la mode est au service des individus (de leur beauté, de leur plaisir, de leur singularité...), non les individus au service de la mode. Du moins c'est ce qu'il faut souhaiter, sans quoi la mode n'est qu'une tyrannie comme une autre.

Chacun sait que la véritable élégance est liberté. C'est ce que la mode ne saurait à elle seule produire, ni garantir, mais qu'elle contribue parfois à empêcher : quand elle n'est plus que contrainte, soumission, snobisme, et le contraire dès lors de l'élégance. Les hommes ne s'y trompent pas, qui préfèrent la plus simple des robes sur la plus libre des jeunes filles. C'est ce que la haute couture méconnaît parfois, me semble-t-il, peut-être parce qu'elle s'adresse aux femmes plus qu'aux hommes, peut-être parce qu'elle veut étonner plutôt que séduire. J'y vois une espèce de contresens. La séduction dure plus longtemps que l'étonnement, et vaut mieux que le narcissisme.

La mode est faite pour les femmes, non les femmes pour la mode. Sont-elles faites pour les hommes ? Pas davantage. Aucun être humain n'existe *pour* (ni la femme pour l'homme, ni l'homme pour la femme), sinon en tant qu'il se donne. Ce n'est plus nécessité mais grâce. Non destin, mais liberté. Il reste que nature et culture poussent en effet les deux sexes l'un vers l'autre, sauf exception, ce qui nous voue à l'amour, à la séduction, à ce jeu sans fin des apparences – à la mode.

Pascal : « Comme la mode fait l'agrément, aussi fait-elle la justice. » C'est que tout change avec le temps, et nous change. Mais l'ordre des faits n'est pas celui des valeurs. L'agrément, dans un pays libre, importe davantage que la mode ; et la justice, que l'agrément.

La mode ne vaut qu'à la condition qu'on n'en soit pas dupe, qu'on n'y croie pas tout à fait, qu'on s'en amuse, qu'on en joue. Un art ? Un divertissement ? Un artifice ? Tout cela à la fois, c'est ce qui fait son charme : la mode est un art mineur, un divertissement efficace, un artifice agréable… La prendre trop au sérieux – que ce soit pour la louer ou la condamner –, ce serait se tromper sur elle. Mais prétendre s'en libérer complètement, ce serait se tromper sur soi.

La mode compte moins que la beauté, qui compte moins que l'amour. Elle n'a donc de sens qu'à leur service. C'est ce que la plupart des femmes savent bien, et que les couturiers auraient tort d'oublier.

Recommencer ?

« Le temps, disait Lagneau, est la marque de mon impuissance ; l'espace, de ma puissance. » Dans l'espace, je peux me déplacer librement, aller de l'avant, revenir sur mes pas, monter ou descendre, accélérer, ralentir, changer de direction, m'arrêter, repartir… Bref, choisir mon lieu et mon mouvement. Dans le temps, non. Une seule direction. Une seule dimension. Un seul lieu (« maintenant »). Une seule vitesse. Essayez un peu d'être déjà demain ou de revenir à hier ! On ne voyage pas dans le temps, sauf dans les romans de science-fiction, et c'est par quoi ils nous fascinent : parce qu'ils transforment en puissance, donc en liberté, cette impuissance qu'est, pour nous, le temps. C'est insister, par différence, sur l'essentiel. Le réel se reconnaît à l'irréversibilité du devenir. Une machine à remonter le temps, si elle pouvait exister, ferait un monde impensable : puisque je pourrais remonter dans le passé pour tuer – l'exemple, qui plaira aux psychanalystes, n'est pas de moi – mon père à sa naissance, rendant ainsi impossible et mon existence et ce meurtre que je viendrais pourtant, par hypothèse, d'accomplir… L'aporie est claire. Cela ne prouve pas absolument que ce genre de voyage soit à jamais impossible (quoiqu'il le soit sans doute), mais qu'il serait incompatible avec notre raison et toute notre expérience du devenir. Les fleuves ne remontent pas vers leur source ; la tasse de café ne se réchauffe pas toute seule ; et quand l'histoire se répète, disait Marx, la seconde fois c'est en farce. Cela rejoint le second principe de la thermodynamique, comme les leçons, en chacun, de l'âge et de la fatigue. On ne peut jamais faire que ce qui a eu lieu n'ait pas eu lieu, ni le refaire à l'identique ou sans dépense nouvelle d'énergie. Ni voyage dans le temps, donc, ni mouvement perpétuel. Par quoi le temps infini nous voue à la finitude et à l'irréversibilité. On ne se baigne jamais deux fois dans le même fleuve, ni dans le même présent. Vous voulez revivre votre premier amour ? Ce n'est possible qu'à la condition d'en vivre un autre, qui ne sera plus le premier, ou de continuer celui-là, qui n'est plus le même… Recommencer ce baiser que vous venez de donner ? Ce n'est possible qu'à la condition d'en donner un autre, et c'est pourquoi ce ne l'est pas.

« Ô temps, suspends ton vol ! », clame le poète. Et le philosophe, un rien ironique, de demander : « Pendant combien de temps ? » Si le temps s'arrêtait, ne fût-ce qu'un instant, il n'y aurait plus de temps, donc plus de vol ni de suspension. C'est qu'il n'y aurait plus rien.

Impuissance, donc : le temps s'impose à nous, il est la trame même de notre existence et de tout. Ce n'est pas une raison pour ne pas agir ! Car ce temps irréversible est aussi un temps ouvert : le passé ne reviendra jamais, mais nul avenir encore n'est écrit. Entre les deux ? Le présent, où l'espace et le temps se rejoignent, où ils ne font qu'un peut-être, qui est le réel ou le devenir.

J'ai commencé cet article sans savoir où j'allais, ce sont les plus plaisants à écrire, et je le cherche encore en ces lignes où il s'achève. L'espace nous porte, le temps nous emporte, et l'action se reconnaît à cette articulation efficace des deux : agir, c'est toujours mettre notre puissance au service de notre impuissance, et choisir l'avenir, autant que nous pouvons, en modifiant le présent. C'est s'affronter à ce qui est, pour le mettre au service de ce qui doit être ou que nous désirons – qui sera, si nous réussissons. Par exemple cet article à écrire. Ou cette intervention chirurgicale à tenter.

Vous comprenez, amis médecins, pourquoi j'aime mieux mon métier que le vôtre : les enjeux sont moindres, en tout cas pour les autres, et puis l'on peut toujours recommencer… Toutefois ce n'est qu'un leurre, puisque la vie – qui est l'enjeu global – ne recommence pas.

Négationnisme

La force des négationnistes, la seule, c'est qu'ils ont mis le doigt sur un phénomène de croyance. Cela vaut la peine d'y réfléchir, pour les combattre.

Pourquoi sommes-nous persuadés qu'il y a eu, de la part du nazisme, une politique délibérée d'extermination des Juifs ? Parce que nous l'avons lu. Où ? Dans des journaux le plus souvent, dans des livres parfois… Aussi parce que nous avons vu d'insoutenables images à la télévision… Avons-nous vérifié l'authenticité de ces images, les sources de ces journaux, les témoignages et documents dont ces livres font état ? Bien sûr que non. Comment le pourrions-nous ? Et le négationniste d'exulter : « Vous voyez bien ! La vérité, c'est que vous n'en savez rien ! Vous répétez ce qu'on vous a dit… Ce n'est pas de l'histoire, c'est du bourrage de crâne ! » Nous voilà pris, c'est du moins le soupçon qui naît, en flagrant délit de crédulité. S'il ne faut être certain que de ce qu'on a vérifié soi-même, comment le serions-nous de ces horreurs ? C'est ainsi que le refus d'être crédule pousse parfois à la crédulité. Certains, c'est peut-être ce qui est arrivé à l'abbé Pierre, vont croire aveuglément au doute, à l'ignorance, au soupçon. Les négationnistes n'en demandent pas davantage.

Ce qu'il faut rappeler d'abord, contre ces âneries, c'est qu'aucune connaissance n'est possible sans un certain nombre de croyances bien établies. Nul ne peut tout vérifier, tout contrôler, tout examiner. Comment la biologie pourrait-elle se développer, si chaque biologiste devait refaire lui-même toutes les expériences, s'il devait vérifier les connaissances physiques ou chimiques dont il se sert, s'il devait démontrer chacun des théorèmes mathématiques qu'il utilise ? La « cité des savants », comme disait Bachelard, ne peut progresser que par la convergence de plusieurs disciplines différentes, chacune complétant l'autre, en amont ou en aval, et l'ensemble produisant – à coups de rectifications permanentes – ce consensus si remarquable des scientifiques d'abord puis, autour d'eux, grâce à eux, des esprits informés. C'est ainsi que nous savons que la Terre tourne autour du Soleil ou que chaque molécule d'eau est constituée de deux atomes d'hydrogène pour un atome d'oxygène. Connaissance ? Croyance ? L'une et l'autre, c'est ce que j'appelle une croyance bien établie, qui distingue le savoir de la religion et l'école du catéchisme. L'élève qui apprend sa leçon, ce n'est pas une foi, qu'on lui demande, mais une connaissance. Il peut apprendre aussi son catéchisme ? Soit. Mais comme objet de foi, si ses maîtres sont honnêtes, non de savoir. Ainsi la différence revient toujours. Toute connaissance est croyance (Hume), mais toutes les croyances ne se valent pas : toute croyance n'est pas connaissance. Celui qui voudrait revenir au géocentrisme de Ptolémée ou aux éléments des anciens alchimistes, ce n'est pas la foi qui lui manquerait ; c'est la compétence, l'intelligence, la lucidité.

Il n'en va pas autrement de la connaissance historique. Comment savons-nous qu'on a pris la Bastille le 14 juillet 1789, sinon parce que tous les historiens en sont d'accord ? Connaissance par ouï-dire, croyance vague, mythologie ? Non pas, puisque nos historiens, eux, ont de très bonnes raisons (des documents, des témoignages, des preuves) d'affirmer ce qu'ils savent ! Cela ne veut pas dire qu'il n'y ait plus rien, dans cet événement, à examiner. Ses causes, son déroulement exact (comment cela s'est-il passé ? combien y avait-il de prisonniers ? de soldats ?), ses conséquences, peuvent bien sûr faire l'objet de nouvelles recherches, de débats, de critiques. Révisionnisme ? La révision, en ce sens, est de bonne méthode : ce n'est que la connaissance en marche. C'est pourquoi on a raison, s'agissant de ceux qui contestent l'existence même de la Shoah, de ne plus parler de révisionnisme, comme on fit d'abord, mais de négationnisme. Car qu'on veuille étudier à nouveau ce génocide, s'interroger sur ses causes ou son déroulement, discuter les chiffres (les évaluations des historiens fluctuent ordinairement entre cinq et six millions de morts), confronter les hypothèses ou les témoignages, cela relève d'une saine méthode historique, qui ne connaît ni dogmes ni tabous. Encore faut-il s'accorder sur le travail déjà accompli, et ne pas nier purement et simplement un fait – la Shoah – que des millions de documents, de livres, d'articles, de colloques ont déjà amplement attesté. Ce n'est pas, là non plus, une question de foi. C'est une question d'information et de sérieux.

Bref, la principale raison qui fonde notre croyance, dans ces domaines, et même qui en fait un *savoir*, à proprement parler, c'est l'accord là-dessus de la communauté des historiens. C'est une raison suffisante, dès lors que cet accord s'obtient librement, qu'il s'appuie sur des archives, qu'il procède de l'accumulation des recherches et de la confrontation des témoignages, et non de je ne sais quelle soumission à je ne sais quelle autorité. C'est pourquoi l'on a eu tort, me semble-t-il, d'opposer aux absurdités négationnistes une loi, qui prétendait les interdire. La plupart des historiens jugent que c'était là une erreur, qui compromet la liberté de leur travail, donc sa fiabilité. Je ne peux que les approuver. Ce n'est pas à l'État de dire le vrai. Va-t-on voter pour savoir si deux et deux font quatre ? Si la Terre tourne autour du Soleil ? Si Louis XVI fut guillotiné ? La loi Gayssot n'est pas seulement inutile ; elle est néfaste. D'abord parce qu'elle risque de transformer les négationnistes en martyrs, comme l'a remarqué Pierre Vidal-Naquet, mais aussi parce qu'en prétendant imposer une vérité historique (comme si c'était nécessaire ! comme si c'était possible !), elle laisse entendre que cette vérité est douteuse, puisqu'elle a besoin d'être protégée, et que les historiens sont incapables, sans l'aide du législateur, de l'établir. Quel meilleur service rendre à ceux qui la contestent ?

Il reste que nous serions plus forts contre ces faussaires, si tant d'intellectuels n'avaient récusé, depuis des décennies, l'idée même de vérité. « Tout est faux, tout est permis », disait Nietzsche, et cela tenait lieu, il y a vingt ans, d'évidence. Si c'était le cas pourtant, comment pourrions-nous raisonner, argumenter, prouver ? Quelle connaissance serait possible ? Et que pourrions-nous opposer au négationnisme ?

Mozart et Beethoven

Mieux vaut être en bonne santé qu'avoir un bon médecin. Cette évidence met la médecine à sa place, qui n'est pas la première. Et tout homme, devant les aléas du destin. Car la santé fait partie de ces choses, comme disaient les stoïciens, qui ne dépendent pas de nous, en tout cas pas totalement ni d'abord. Qu'on puisse lui nuire, certes. La préserver, sans doute. Mais à condition d'abord de l'avoir. C'est l'injustice première, et la pire. Combien de grands fumeurs échapperont au cancer ? Combien en mourront, qui ne fumaient pas ? Et combien d'enfants malades, handicapés, condamnés parfois, par le simple hasard des gènes ou des germes ? Le monde est le contraire d'une providence. La vie, le contraire d'un paradis. La Bible ici parle clair. Le réel se reconnaît à la fatigue, à la douleur, à la peine. L'homme, à la révolte et au travail.

Le réel est le plus fort. Le malheur toujours menace. Les stoïciens ont beau dire, les héros ont beau faire, chacun reste prisonnier de ses limites, qui sont celles de son corps, qui sont celles de son cœur, qui sont celles de notre fragilité. Ce qui dépend de nous (la volonté) dépend de mille choses qui n'en dépendent pas. Que peut le stoïcisme contre la schizophrénie ou la maladie d'Alzheimer ? Et contre la mort d'un enfant ? La sagesse même ne dépend pas de nous, puisque notre santé, qui la conditionne, lui échappe. Au reste, la sagesse est hors de portée, presque toujours, et c'est ce qui nous voue à la philosophie. Or, que peut celle-ci contre le destin ? Notre bonheur ne dépend pas de nous, puisque la santé de nos enfants n'en dépend pas. Les protéger ? Bien sûr. Point trop toutefois, et sans garantie aucune contre le pire. Que peut votre amour contre les chauffards ? contre les virus ? Et quel vaccin contre le malheur ? « Faire des enfants, me disait mon père, c'est donner des otages au destin. » On m'a assuré depuis que la formule était de Victor Hugo ; elle est assez forte et juste pour que ce soit le cas. Toujours est-il que je me la suis répétée bien souvent, depuis des années, en tremblant. Quoi de plus précieux qu'un enfant ? Quoi de plus fragile ? Pauvre humanité, qui ne sait, contre l'horreur, que prier ou pleurer !

L'étonnant est que cela ne nous empêche pas d'aimer la vie, telle qu'elle est, telle qu'elle passe, que nous ne l'en aimons peut-être que mieux, de la savoir si exposée, si effrayée, si effrayante, si démunie. Le paradis nous ennuierait, ou nous nous y ennuierions de nous-mêmes. Puis il y a tous ces plaisirs, toutes ces joies, toutes ces douceurs… Ô le rire de l'enfant ! Ô la caresse de l'amante ! Épicurisme et stoïcisme sont deux philosophies considérables, qui se complètent Celle-ci plus nécessaire dans le malheur ; celle-là plus utile pour le bonheur. C'est comme Mozart et Beethoven : ce sont deux sommets ; mais le second d'énergie, de puissance, de courage ; le premier plutôt de joie, de lumière, de grâce… À quoi bon choisir, puisque les deux existent, puisqu'ils sont l'un et l'autre irremplaçables ?

Cela toutefois ne m'a jamais empêché de me sentir plus proche de Beethoven, hélas, et de préférer Mozart.

Vacances

« Le propre du travail, disait Alain, c'est d'être forcé. » Cela en dit long sur les vacances.

Mais forcé par quoi ? Par la contrainte de gagner sa vie, par le réel qui pèse et résiste, par le temps que cela prend, par la discipline que cela suppose, par la fatigue que cela entraîne… Travailler pour le plaisir, ce n'est pas vraiment travailler. Au reste, qui le fait ? Qui n'attend un salaire, un profit, des honoraires, une récompense ? Même les bénévoles travaillent moins pour le plaisir, lorsqu'ils travaillent, que pour une cause qu'ils croient juste. Et les artistes : travailleraient-ils s'ils ne visaient la beauté, le succès, la gloire peut-être ? C'est bien ainsi. Le travail n'est pas une fin ; c'est un moyen. Au service de quoi ? Au service du plaisir, du loisir, de la vie, de la liberté… Le propre des vacances c'est le temps libre, et cela en dit long sur le travail.

De cette liberté, qu'allons-nous faire cet été ? Nous reposer, dormir, lire, voyager, faire l'amour, nous occuper davantage de nos enfants, voir de beaux paysages, pratiquer un sport, réfléchir, discuter, visiter quelques musées, quelques châteaux, quelques églises… Vivre, en un mot. Cela devrait suffire. Cela ne suffit presque jamais. Qui ne s'ennuierait, si cela devait durer toujours ? Qui ne s'angoisserait, s'il n'en voyait le bout ? C'est aussi pourquoi l'on travaille : pour gagner sa vie, et puis pour l'occuper… Cela donne raison à Pascal : « Tout le malheur des hommes vient d'une seule chose, qui est de ne savoir pas demeurer en repos dans une chambre. » Tout le malheur, et tout le bonheur. Le travail est un moyen d'oublier qu'on va mourir, d'oublier le peu qu'on est, le peu qu'on vit, le peu – ou le rien – qui nous attend… C'est un remède contre l'angoisse. Le travail fait un divertissement d'autant plus efficace qu'il fatigue davantage, nous faisant souhaiter le repos que nous ne saurions autrement supporter (l'humanité a horreur du vide) et qui devient au contraire délectable, grâce au travail, et comme un divertissement de plus.

Dès que la fatigue s'atténue, l'ennui renaît, puis l'angoisse. On ne va pas passer un mois à bronzer sur une plage ! C'est aux loisirs alors de nous divertir, de nous étourdir, de nous éloigner à leur tour de l'essentiel et de nous. De là ces vacances hyperactives qu'on nous propose, où les journées sont aussi remplies que pendant l'année, et aussi vides. Tennis le matin, ski nautique l'après-midi, danse ou spectacle le soir… Pascal a tout dit : « Ils croient chercher sincèrement le repos et ne cherchent en effet que l'agitation. » Ne pouvant se rendre heureux, ils essaient d'oublier qu'ils ne le sont pas.

Que faire ? Prendre le temps de s'ennuyer un peu, de méditer un peu ; prendre le temps de respirer, de souffler, de ne rien faire. Regarder sa vie en face, et sa mort. Faire le point, comme on dit, s'interroger sur le chemin parcouru, sur celui qui reste… Ne plus faire semblant. Ne plus se raconter d'histoires. Accepter le vide, l'angoisse, *la vacance*… Nihilisme ? Abandon ? Paresse ? Je crois au contraire que cette méditation renvoie chacun à ce qui compte vraiment : l'amour, le courage, la beauté du monde, la fragilité de vivre, une certaine idée de l'humanité, et de soi, les enfants à élever, si l'on en a, le besoin d'agir ou de créer, une trace à laisser peut-être, un peu de bien à faire, avant de mourir, tant de maux à combattre… À quoi bon autrement le travail ? Et à quoi bon vivre ?

Alain encore : « L'oisiveté est mère de tous les vices, mais de toutes les vertus aussi. » La civilisation des loisirs, c'est la civilisation même.

Bonnes vacances à tous !

Égalité

Qu'est-ce que la justice ? Aristote la définissait par le double respect de l'*égalité* (entre les hommes) et de la *légalité* (dans la Cité). Cela ne pose pas de problème quand les deux vont de pair. Par exemple dans notre droit électoral : l'égalité des citoyens se manifeste par le suffrage universel (un homme, une voix), et c'est ce que la loi, en France, garantit à peu près. Mais quand les deux divergent ou s'opposent ? Quand la loi est inégale, ou quand l'égalité serait illégale ? « L'égalité des biens serait juste, écrit Pascal, mais »… Mais quoi ? Mais la loi en a décidé autrement, qui garantit la propriété privée et les inégalités qu'elle génère. Faut-il alors violer la loi, par exemple voler les riches pour donner aux pauvres ? Aucune société n'y survivrait, si le vol se généralisait, ni aucune justice. Faut-il renoncer à l'égalité ? Ce serait renoncer à l'essentiel, et rendre toute loi injuste. Alors ? Alors on se débrouille comme on peut, en essayant de rapprocher le plus possible ces deux ordres, ou ces deux exigences, pour mieux dire, de tout ordre, en tout cas de tout ordre humain, et c'est à quoi sert la politique. Par exemple on rend l'école gratuite, ou l'on essaie, on crée l'impôt sur le revenu, le droit du travail, la Sécurité sociale… Ce n'est pas parce que les hommes sont égaux qu'ils sont citoyens ; c'est parce qu'ils sont citoyens qu'ils sont égaux.

Qu'en est-il alors indépendamment de l'État ? Non pour les citoyens, mais pour les individus ? L'inégalité, ici, est la règle. Les hommes ne sont ni aussi forts, ni aussi intelligents, ni aussi généreux les uns que les autres. Ces différences parfois s'équilibrent : tel sera plus fort que tel autre, qui sera plus intelligent ou moins égoïste… Mais il arrive aussi qu'elles s'ajoutent : certains semblent avoir toutes les chances, tous les talents, tous les charmes, quand d'autres n'ont que des faiblesses ou du malheur… Un Dieu bon, peut-être, aurait dû l'éviter. Mais s'il n'y a pas de Dieu ? Ou s'il en a jugé autrement ?

On a mal répondu au racisme de Le Pen, quand on lui objecte que tous les hommes sont égaux. C'est opposer un pieux mensonge à un mensonge impie. Et donner raison, par un étrange retournement, à ceux-là mêmes que l'on combat. Faut-il, pour être démocrate, penser que Hitler ou Klaus Barbie sont égaux à Churchill ou Jean Moulin ? Que les racistes valent autant que les antiracistes ? Je n'en crois rien. Si tous les humains sont égaux en droits et en dignité, comme nous le pensons, comme nous le voulons, ils n'en restent pas moins inégaux en fait et en valeur. Preuve en est que ceux qui affirment cette égale dignité valent mieux, au moins de ce point de vue, que ceux qui la nient.

Quant à l'égalité des races, c'est une tout autre question. Si le concept est sans pertinence, comme semblent le dire nos généticiens, le problème ne se pose guère. L'humanité est une ; ce sont les individus qui sont multiples et tous différents. Si l'on continue pourtant à parler de races, comme font beaucoup d'antiracistes, attention de ne pas faire la même erreur que Le Pen. Que les hommes soient égaux en droits et en dignité, cela seul dépend de nous, cela seul, moralement, politiquement, importe. Qu'ils soient égaux en fait, cela dépend de la nature. Au nom de quoi nous dicterait-elle notre loi ? Quand bien même on vérifierait que les Noirs sont en effet plus doués pour la course à pied que les Blancs, quand bien même on découvrirait que ce n'est pas absolument par hasard (ni pour des raisons seulement culturelles) que les Juifs ont proportionnellement davantage de prix Nobel que les soi-disant aryens, cela ne donnerait évidemment aucun droit ni aucune dignité supplémentaires aux uns ou aux autres. Bref, il ne s'agit pas de savoir si les hommes sont égaux en fait et en valeur, mais si nous voulons qu'ils le soient, en droits et en dignité.

La réponse ne se trouve pas dans les laboratoires des généticiens, ni dans les tests des psychologues. Elle s'énonce dans nos cœurs et dans nos parlements. Ne comptons pas sur la biologie pour être antiraciste à notre place. Ni sur la nature, pour suffire à la justice.

Si la mort est une amie

« Vous dites que la vie est bonne, m'écrit un lecteur, ce qui laisse entendre que la mort est redoutable… Mais que répondriez-vous à celui qui vous dirait que la mort est une amie, qui nous délivre de l'ennui insupportable de vivre ? » Je ne lui répondrais rien, en tout cas rien qui puisse le convaincre s'il préfère le néant. Mais si c'est le cas, demandait Épicure, comment se fait-il qu'il ne quitte pas la vie ? C'est tout à fait en son pouvoir, s'il le désire vraiment… Mon lecteur, qui a des lettres, évoque cette objection, et y répond comme il faut : « Elle ne vaut que pour l'homme solitaire, qui n'a pas à craindre de blesser ses proches ! » Il a raison. On peut désirer la mort et s'interdire le suicide, au moins provisoirement, parce qu'on se sait telle ou telle responsabilité à l'égard des vivants. Quel père peut envisager sereinement le suicide ? Quel fils, tant que sa mère est vivante ? Puis l'instinct de conservation joue aussi, qui n'est qu'un instinct et ne prouve rien. Bref, l'argument *ad hominem* est insuffisant : le fait qu'on ne se suicide pas n'oblige pas à reconnaître que la vie est bonne. Dont acte. Mais c'est peut-être la question qui est mal posée. Il ne s'agit pas de savoir si la vie est bonne ou mauvaise, agréable ou désagréable ; nous savons bien qu'elle est l'un et l'autre, presque toujours, selon des proportions certes variables, puisqu'elles dépendent des circonstances et des individus, donc aussi de la chance et du point de vue de chacun, mais sans que la vie réponde d'elle-même à la question qu'elle nous pose, ou que nous nous posons à son sujet. Le même spectacle qui vous comble (un enfant qui joue) peut aussi vous donner envie de pleurer (puisque cet enfant va souffrir, puisqu'il va mourir). La vraie question n'est donc pas de savoir si la vie est bonne ou mauvaise en elle-même, s'il serait ou non préférable, objectivement, d'être mort. Toute préférence, par définition, est subjective. La vraie question, c'est de savoir si nous désirons la vie ou la mort, ou plutôt (puisqu'on peut désirer l'une et l'autre : le désir n'est pas soumis au principe de non-contradiction) si nous désirons davantage la vie ou davantage la mort. C'est où l'on retrouve l'argument d'Épicure : si nous sommes vivants, c'est que l'amour de la vie l'a emporté, au moins jusqu'à présent, sur le désir d'en finir. Argument de fait, remarque mon correspondant, qui ne prouve rien en droit. Il a encore raison, mais c'est qu'il ne saurait y avoir, dans ces domaines, ni preuve ni droit. Il y a la santé et la maladie (la dépression en est une), le plaisir et la souffrance, l'amour et l'angoisse, la joie et la tristesse, le deuil et la mélancolie… Tout ce qu'on peut constater, et que je voudrais répondre à mon lecteur, c'est que, pour mourir, nous n'avons pas besoin d'apprentissage, ni même, contrairement à ce que voulait Platon, de philosophie. Mourir, pour désagréable que ce soit souvent (tant que la mort n'a pas eu lieu, tant qu'elle est en cours), est la chose du monde la plus facile : tout mortel y réussit, sans exception ! « C'est le seul examen, remarquait un vieil enseignant, que personne n'ait jamais raté. » Et Montaigne, magnifiquement : « Si vous ne savez pas mourir, ne vous chaille [ne vous en faites pas] ; nature vous en informera sur-le-champ, pleinement et suffisamment. » La vie est autrement difficile, autrement importante, autrement précieuse et rare ! C'est donc elle qui requiert nos efforts, nos soins, nos réflexions. Apprendre à mourir ? À quoi bon, puisqu'on est certain d'y parvenir ? Apprendre à vivre, voilà la grande affaire ! Cette affaire est la philosophie. Ou plutôt cette affaire est la vie même, difficile et passagère. La philosophie est la pensée qui l'accompagne, qui s'en nourrit, qui la nourrit parfois…

Courage, lecteur ! Pour la mort, tu as tout le temps. Occupe-toi d'abord de vivre. Il n'est pas exclu, tu verras, que tu prennes goût à cette difficulté de vivre, à cet ennui de vivre, comme tu dirais peut-être, voire que tu y trouves, parfois, un certain plaisir… Et que la pensée de ton amie la mort te rende la vie plus aimable et plus douce.

Clonage

Tout ce débat sur les clones, je me demande s'il n'est pas quelque peu disproportionné. Pour une brebis identique à une autre, fallait-il tant d'encre dans nos journaux ? On dira que j'en rajoute. Il le faut bien, pour essayer de comprendre. Mais ce sont les hommes qui m'intéressent, davantage que les brebis. Et leurs fantasmes, plus encore que leurs découvertes.

D'un point de vue scientifique, il semble d'ailleurs qu'il s'agisse d'un bricolage astucieux plutôt que d'une révolution. Le clonage ne nous apprend guère sur la vie. Il accroît notre maîtrise sur elle. Mais pour quoi faire ? Qu'il y ait quelque intérêt à produire des animaux en série, tous identiques, je peux le comprendre. Et l'accepter, si la chose est à la fois commode – par exemple pour la recherche médicale – et sans danger. Pour ce qui concerne mon assiette, j'aime autant la diversité. Les steaks que nous mangeons se ressemblent déjà trop. Le même est l'ennemi du bien.

Cela vaut bien sûr, et *a fortiori*, pour les humains. Qui les voudrait tous identiques ? Quel ennui ! Quelle tristesse ! Et à quoi bon, grands dieux, quand ils sont si plaisants, si pittoresques, si drôles parfois, à force d'être différents ? Qu'il faille une loi pour empêcher ce clonage-là, peut-être. Ce n'est pas une raison pour se faire peur à plaisir, ni pour oublier l'essentiel : le clonage menace moins que la misère, que l'injustice toujours recommencée, que les haines religieuses ou ethniques, que la violence, que la pollution, que la surpopulation… C'est peut-être pourquoi on en parle tant. Pour un problème qu'on peut résoudre, et avec une simple loi ! Cela change de tous ceux qui nous écrasent, contre lesquels nos lois sont impuissantes ou nous opposent…

Au reste, à supposer qu'un clone clandestin échappe, ici ou là, à la vigilance ou au bon sens de nos savants, le drame ne serait pas si grand. Cela ferait un enfant qui ressemblerait trop à son père ou à sa mère, qui pourrait rencontrer, sans doute, toutes sortes de difficultés particulières… Mais enfin il aurait les mêmes droits que tous les autres, et le destin de l'espèce ne serait pas menacé par là. Le clonage n'est ni contagieux ni héréditaire.

Ce qui me frappe surtout, et qui m'amuse, c'est ce qu'on écrit ici ou là sur le clonage qui nous rendrait immortels. C'est bien sûr un contresens. À supposer qu'on crée ma réplique exacte, je n'en mourrai pas moins : la vie continuée de mon clone ne me rendra pas plus vivant, après ma mort, que celle de mes enfants ou, si j'en avais un, d'un frère jumeau qui me survivrait. On confond ici deux sens du mot « même » : ce que les philosophes appellent l'*identité qualitative* (le même au sens où deux amis peuvent constater qu'ils ont la même voiture : parce qu'ils ont deux voitures du même modèle) et l'*identité numérique* (le même au sens où deux époux peuvent dire qu'ils ont la même voiture : parce qu'ils n'en ont qu'une).

L'identité qualitative, appliquée à l'homme, serait certes rendue accessible, au moins provisoirement, par le clonage reproductif, mais resterait vaine. La vie n'est pas une industrie. Quand bien même je me prendrais moi-même pour une marchandise, que le clonage viendrait dupliquer, nos existences respectives se chargeraient très vite de réintroduire des différences. Comment mon clone me serait-il semblable en tout, puisqu'il n'aurait ni le même âge ni la même histoire que moi ?

Quant à l'identité numérique, elle est déjà réalisée par la nature (chacun est le même que soi), et n'est pas susceptible, par définition, d'être redoublée. Mon clone et moi, même qualitativement identiques, au moins par nos gènes, serions numériquement deux, et tous deux mortels. Cela ne ferait pas une mort de moins. Cela ferait un mortel de plus.

Bref, le clonage ne tient lieu, pour affronter la mort, ni de religion ni de sagesse. Il est plutôt, comme fantasme, leur contraire : une façon de s'enfermer dans le narcissisme, quand il faudrait en sortir. Ce n'est qu'un bégaiement de l'ego. Un progrès pour la science. Une régression pour l'esprit.

Mieux vaut apprendre à aimer l'autre, plutôt que s'enfermer dans le même. Nos enfants nous y aident, si différents et si proches…

Politiquement incorrect

« On fait bien de mettre des gants quand on lit le Nouveau Testament. Le voisinage de tant de malpropreté y oblige presque. Nous fréquenterions des "premiers chrétiens" tout aussi peu que des Juifs polonais : ce n'est pas qu'on ait besoin de leur reprocher même la moindre des choses… Tous les deux sentent mauvais. »

Imaginez ces phrases, dans l'un quelconque de nos journaux. Elles seraient évidemment et légitimement taxées d'antisémitisme (l'antichristianisme choquerait moins), et donneraient lieu à poursuite. Oui. Mais elles sont de Nietzsche (dans *L'Antéchrist*, aph. 46). Et si vous les jugez antisémites, comme j'ai toujours fait, c'est vous qui passez pour l'idiot du village, voire pour le fasciste : ne faites-vous pas ce que les nazis faisaient aussi, qui considéraient Nietzsche comme un des leurs ?

Ce petit exemple donne une idée des difficultés qu'il y a à penser librement, dès qu'une idéologie vraiment haïssable s'en mêle. Car il est bien clair que Nietzsche n'a jamais été nazi (et pour cause : le nazisme n'existait pas), ni ne peut être identifié purement et simplement au nazisme. On sait par ailleurs qu'il détestait la plupart des antisémites, et qu'il lui est arrivé de parler positivement du peuple juif. Mais il est clair aussi que le nazisme porte son empreinte, comme disait Jankélévitch, et que ces phrases, comme bien d'autres dans son œuvre, sont incontestablement antisémites. Le dossier, compliqué, mériterait donc un examen détaillé. Mais c'est de plus en plus difficile. Dans le philosophiquement correct du temps, l'affaire est jugée : Nietzsche ne peut pas être antisémite, *puisque les nazis disaient qu'il l'était !* Ces phrases n'existent donc pas, et il est malséant de les citer. Circulez, y a rien à voir !

La haine du nazisme, bien sûr justifiée (mais d'autant plus répandue qu'elle est devenue sans risque), utilisée à tout propos, et hors de propos, devient ainsi une espèce d'obstacle idéologique – au sens où Bachelard parlait d'obstacle épistémologique –, qui vient peser sur la liberté de pensée.

Un autre exemple ? Un jeune écrivain, Benoît Duteurtre, écrit un livre sur la musique contemporaine (*Requiem pour une avant-garde*, Laffont, 1995), dans lequel il a le malheur de dire du mal de Pierre Boulez. Réaction de l'establishment, par la voie d'un grand journal du soir : Duteurtre est un révisionniste, comparable à Robert Faurisson Quel rapport y a-t-il entre Boulez et les victimes de la Shoah, entre l'Ircam et Auschwitz, entre Duteurtre et Faurisson ? Évidemment aucun. Peu importe. La sentence est tombée, qui interdit de penser.

La chose est d'autant plus vraie, hélas, quand Le Pen s'en mêle. Imaginez que Jospin ou Juppé utilisent cette formule : « Les Français d'abord ! » Imaginez le scandale ! Les voilà fascisés tout de go, et légitimement, semble-t-il, puisqu'ils auraient dit la même chose que le Front national. Or, ils ne feraient pourtant rien d'autre qu'énoncer l'évidence de la politique, qui n'est pas de servir indifféremment les intérêts de tout homme (cela c'est la tâche de la morale, non de la politique, de chacun d'entre nous, non de l'État), mais bien de servir ceux, d'abord, de tel ou tel pays, de tel ou tel peuple. Hobbes, Spinoza ou Rousseau n'ont jamais écrit autre chose. Les gouvernements n'ont jamais fait autre chose. Que serait une politique américaine qui ne privilégierait pas les intérêts américains ? Une politique européenne, si elle ne considérait pas les intérêts des Européens comme une priorité ? Une politique française, si elle ne défendait pas, d'abord, les intérêts de la France et des Français ? Mais comme Le Pen le dit aussi, on n'a plus le droit de le dire…

Pourquoi est-ce grave ? Parce que Le Pen paraît dès lors être le seul à défendre les intérêts des Français, ce qui est tout de même un comble ! Comme si l'État et les élites ne s'occupaient, dans leurs quartiers bourgeois, que de morale, d'idéaux supérieurs, de bons sentiments, enfin des intérêts supérieurs non de la France mais de l'humanité ! Et c'est ainsi, voulant le combattre, qu'on fait le jeu de Le Pen à force de mauvaise foi et d'angélisme moralisateur. Qu'est-ce d'autre que le politiquement correct ?

Faut-il pour autant reprendre le mot d'ordre de l'extrême droite ? Assurément pas. Il est toujours maladroit de reprendre le vocabulaire de l'adversaire. Ce n'est pas une raison pour lui abandonner le terrain, ni pour sacrifier la politique (toujours intéressée et particulière) à la morale (qui se veut universelle et désintéressée). Les droits de l'homme ne font pas une politique. L'antifascisme non plus.

Il va de soi que ces évidences, que je rappelle, ne retirent rien, bien au contraire, au combat nécessaire contre le racisme (il y a des Français de toutes les races), ni aux droits de l'homme (dont doivent bénéficier aussi les immigrés, y compris clandestins). Mais que je me sente obligé de le préciser en dit long sur le climat du jour.

En écoutant Beethoven

Le début de la *Neuvième Symphonie* de Beethoven, quoi de plus beau ? On dirait le commencement du monde, comme une naissance qui se cherche, qui se trouve, entre chaos et puissance, entre élévation et révélation. Au commencement était le rythme, et le rythme s'est fait chant. Mais c'est le monde qui se révèle, point Dieu. Mais c'est l'homme qui regarde ou écoute. Que la nature est belle, quand nous n'y sommes pas ! Mais qui, alors, pour s'en rendre compte ?

L'homme est le seul animal qui sache contempler, le seul aussi qui sache créer, et les deux vont ensemble. Par exemple l'homme est le seul animal, selon toute vraisemblance, à qui il arrive d'admirer le chant des autres espèces, spécialement des oiseaux. Et le seul animal aussi, ce n'est pas un hasard, qui ait créé son propre chant, qui surpasse tous les autres. C'est ce qu'on appelle la musique. Aucun oiseau, jamais, ne fera aussi bien. Le sentiment du sublime, face à la nature, est le propre de l'homme. L'art aussi, qui en naît.

Ce que j'aime, chez Beethoven, c'est ce sentiment qu'il me donne que naturalisme et humanisme vont ensemble, comme une spiritualité dans l'immanence – que l'homme n'est que la nature continuée et surmontée. Pan et Prométhée. La vie, l'histoire. La nature, l'humanité. Cela n'empêchait pas Beethoven de croire en Dieu, je le sais bien, mais m'en dispense. Le monde suffit. L'humanité suffit. Contempler, créer. C'est la seule prière. C'est le seul sacrement. L'amour ? Il est ce qui les relie. C'est l'esprit qui flotte sur les eaux ou dans le cœur. C'est la grâce qui bouleverse et console, et c'est ce qu'on entend dans l'Adagio de la *Neuvième*, enfin c'est ce que j'y entends moi, comme un bonheur qui donnerait envie de pleurer. Quoi de plus beau que le début de la *Neuvième*, sinon ce *cantabile* qui lui succède et le prolonge ?

Le dernier mouvement, le célébrissime *Hymne à la joie*, dit sans doute l'essentiel : que c'est la joie qui est bonne, ou que rien n'est bon que par elle. C'est la sagesse de Spinoza. C'est la sagesse tout court. Chacun y entend aussi une leçon de courage, et j'aime que la joie en donne, comme j'aime que le courage nous réjouisse. Beethoven donne tort aux défaitistes, aux nihilistes, aux esprits fatigués ou lâches. L'héroïsme est la seule éthique qui vaille, et tant pis pour nous si nous ne sommes pas des héros. Que prouve notre peur contre le courage ? Que prouvent nos chagrins contre la joie ? Le malheur n'est pas une raison pour renoncer. Il en est une au contraire, bien forte, pour se battre, pour résister, pour surmonter.

Pourquoi vous parler de Beethoven aujourd'hui ? Je ne sais. J'avais en tête un tout autre article, en l'occurrence sur la pulsion de mort, sur l'idée, qu'on trouve chez Freud, qu'elle est le vrai moteur de la pulsion de vie. Tout instinct tend en effet à diminuer une tension (c'est ce que Freud appelle le « principe du Nirvana »), à retrouver un état de repos, à rétablir un état antérieur… Ainsi mange-t-on, pour retrouver l'état d'avant la faim. Ainsi fait-on l'amour, c'est du moins ce que croit Freud, pour retrouver la paix d'avant l'excitation… Il me semble que les gourmets et les amants prouvent le contraire, mais passons. Ainsi vit-on, c'est là la thèse essentielle de Freud, pour retrouver l'état d'avant la naissance. Bref, la pulsion de vie, dans chacun de ses efforts, ne tendrait qu'au repos inorganique qui la précède : « Le but de toute vie, écrit Freud, est la mort. »

C'est cette idée que je voulais examiner. Je n'ai mis un disque, ce que je ne fais plus guère quand j'écris, que pour accompagner ce travail, peut-être pour m'en protéger, comme antidote à une idée, vraie ou fausse, qui ne me fascine que trop. Puis l'antidote l'a emporté sur le poison, jusqu'à me le faire presque oublier. Cela ne prouve pas que Freud ait tort. Mais quand bien même il aurait raison, qu'est-ce que cela prouverait contre Beethoven ?

En lisant Freud

Je voudrais revenir sur cette idée de Freud, dont Beethoven, l'autre jour, m'avait écarté : que les deux pulsions, de vie et de mort, n'en font qu'une, qui est la pulsion de mort. Que l'idée soit effrayante, c'est une raison de plus pour l'examiner.

Freud l'énonce dans un texte fameux, « Au-delà du principe de plaisir », qui fait partie, dans nos éditions, des *Essais de psychanalyse.* Son problème est d'abord d'étiologie médicale. Si l'on admet, comme le postule la psychanalyse, que tous nos actes tendent au plaisir – c'est-à-dire, selon Freud, à la réduction d'une tension désagréable –, comment expliquer la compulsion de répétition dont souffrent beaucoup de névrosés, laquelle ne cesse de leur faire reproduire, au contraire, des situations ou des expériences douloureuses ? Il y a là comme une violation du principe de plaisir, donc aussi du principe de réalité qui en dérive. Pourquoi souffrir davantage que le réel ne l'impose ?

Freud va répondre par une hypothèse métapsychologique, qui énonce une propriété générale des pulsions, voire de la vie organique dans son ensemble : « Une pulsion ne serait que l'expression d'une tendance inhérente à tout organisme vivant, qui le pousse à reproduire, à rétablir un état antérieur, auquel il avait été obligé de renoncer sous l'influence de forces perturbatrices extérieures. » Les pulsions tendent à remonter le courant pourtant irréversible du devenir : il s'agit de revenir en amont, ou du moins de rétablir en soi l'état où l'on se trouvait alors, avant le changement, avant la perturbation, avant cette tension désagréable – la faim, la soif, la fatigue, l'excitation… – que le désir exprime et tend à abolir. Ainsi mangeons-nous, pour retrouver l'état d'avant la faim. Ainsi dormons-nous, pour retrouver l'état d'avant le sommeil. Ainsi faisons-nous l'amour, pour retrouver l'état d'avant l'amour… Idée discutable, comme elles sont toutes, d'ailleurs trop unilatérale, me semble-t-il, pour être absolument vraie, mais aussi trop désagréable, peut-être bien, pour être absolument fausse. Toujours est-il qu'elle débouche sur ce que Freud appelle le « principe de constance » ou « principe du Nirvana » : la vie psychique est dominée « par la tendance à l'abaissement, à l'invariation, à la suppression de la tension interne provoquée par les excitations ». Nous ne cherchons le plaisir ou le repos que dans le retour, comme dit Freud, à un état antérieur.

Cela résout le problème initial, celui de la compulsion de répétition, qui n'est plus qu'un cas particulier, en l'occurrence pathologique, d'une loi plus générale. Principe de plaisir ou compulsion de répétition, c'est le passé toujours qui nous appelle, qui nous attire, qui nous meut. Freud retrouve ici, d'un autre point de vue et peut-être sans le savoir, une idée qu'on trouvait déjà chez saint Augustin : la nostalgie l'emporte sur l'espérance, ou plutôt l'espérance n'est qu'une nostalgie déguisée, détournée, comme projetée paradoxalement dans l'avenir. Ce paradoxe est l'humanité même peut-être. Ce qu'on espère, c'est ce qu'on a perdu. Le bonheur est derrière nous – avant la faute (saint Augustin), avant le refoulement (Freud). Il n'y a pas de grandes personnes. Il n'y a que des adultes qui regrettent ou répètent leur petite enfance, qui ne cessent, névrose ou sublimation, de tendre vers cette terre qui n'est promise, hélas, que pour autant qu'elle est perdue.

Mais si toutes les pulsions sont dirigées « vers la régression et le rétablissement de quelque chose d'antérieur », comme dit Freud, il faut se demander quel est l'état d'avant la vie, que la vie tendrait à rétablir ou à retrouver. La réponse est bien claire : « Le but de toute vie est la mort ; en remontant en arrière, le non-vivant était là avant le vivant. » Freud retrouve ici ce qu'il appelle lui-même « les havres de la philosophie schopenhauerienne ». Le vouloir-vivre ne tend en vérité qu'au néant, et la sexualité, loin d'y faire exception, le confirme. Nos plaisirs ne sont que des « détours », que « la vie emprunte dans sa course à la mort ». *Post coïtum omne animal triste*… C'est qu'il voit enfin clair sur lui-même, sur son désir, sur le néant qui l'attire et l'attend. Le principe de plaisir semble « au service des instincts de mort », conclut Freud, ce qui participerait de « la tendance la plus générale de tout ce qui est vivant », qui est « la tendance à se replonger dans le repos du monde inorganique ».

La pulsion de vie ne serait donc qu'une occurrence, mais provisoire, mais déviée (et pour cela répétitive), de la pulsion de mort. La vie ne serait qu'un chemin de traverse, pour rejoindre le néant, qu'un détour inutile, qu'un long suicide différé. Au commencement était la mort, vers quoi tout tend et retourne.

Cette idée bien sombre, je ne sais si on peut l'accepter, ni si on le doit. Que la tension sexuelle soit désagréable, est-ce une évidence ? En cas de frustration, peut-être. Mais pour les amants ? Mais dans le coït ? L'érotisme prouve le contraire, qui jouit de cette tension même. C'est par quoi il se distingue de la frustration, y compris lorsqu'il en joue. Qui ne préfère faire l'amour à l'avoir fait ? Le désir du plaisir est déjà un plaisir, moins vif que l'orgasme, certes, mais tellement plus durable, tellement plus doux, tellement plus troublant, tellement plus subtil ! « Nous savons tous par expérience, écrit Freud, que le plaisir le plus intense auquel nous puissions atteindre, celui que nous procure l'acte sexuel, coïncide avec l'extinction momentanée d'une excitation à haute tension. » Soit. Mais est-ce là son but ? Et d'ailleurs en a-t-il un ? Et pourquoi, si nous voulions l'atteindre, prendrions-nous tellement de plaisir à faire durer la chose, je veux dire le désir, le trouble, « l'excitation à haute tension » ? À quoi bon alors l'érotisme ? À quoi bon l'amour ? S'il ne s'agissait que de tendre au repos par le plus court chemin, la masturbation suffirait, ou plutôt vaudrait mieux. Qui ne voit que ce n'est pas le cas ? Et que le plaisir de faire l'amour (le plaisir de désirer, et d'être désiré) est plus précieux, pour les amants, que celui de l'orgasme ou, *a fortiori*, de « l'extinction momentanée » qui le suit ?

J'en dirais volontiers autant de l'existence en général. Que toute vie mène à la mort, c'est une donnée de fait. Mais qu'est-ce que cela prouve ? La mort, disait plus justement Montaigne, est « le bout, non le but, de la vie ». Sa finitude, non sa finalité. Son terme, non son orientation. Sa limite, non son essence. À quoi tend la vie ? À la vie elle-même, à sa perpétuation, à sa reproduction, à sa prolongation indéfinie… C'est une occurrence du *conatus*, de la tendance de tout être à persévérer dans son être. Avant la vie, quoi ? La mort ? Le néant ? Non pas, puisqu'ils ne sont rien. Avant la vie, l'être : la matière, le mouvement, l'énergie (*energeia*, disaient les Grecs : la puissance en acte)… Nos scientifiques sont plus toniques, sur cette question, que Schopenhauer ou Freud. Et la philosophie, plus éclairante peut-être que la psychanalyse. D'où vient la vie ? De la nature, qui est le contraire du néant puisqu'elle est tout. À quoi tendent les vivants ? À la vie elle-même, au plaisir, à la joie, à l'amour… Voyez Lucrèce, Montaigne, Darwin. Le sexe et la mort ne jouent un rôle, dans la sélection naturelle, que parce que la vie est là d'abord. Elle est « elle-même à soi sa visée », écrit Montaigne ; et le plaisir, non la mort, « est notre but ». Si vous n'aimez pas ça, n'en dégoûtez pas les autres. Montaigne connaît trop la mélancolie pour s'y complaire : il ne s'agit, c'est à quoi se ramène toute sagesse, que « d'étendre la joie, et de retrancher autant qu'on peut la tristesse ». Épicure contre Platon. Spinoza contre Schopenhauer. Et Freud, peut-être bien, contre Freud : l'amour de la vie, contre la tentation du néant.

Que toute vie tende au repos, c'est possible. Mais pourquoi n'y aurait-il de repos que dans la mort ? Les vacances prouvent le contraire, me semble-t-il, et je vous en souhaite d'excellentes.

Le bonheur de désirer

Que désirons-nous ? Le plaisir, la joie, le bonheur. Les trois vont ensemble, ou plutôt celui-ci n'est rien sans ceux-là. Être heureux ? C'est jouir et se réjouir, et que cela dure, dure, dure… Comment se fait-il que ce soit si difficile ? C'est ce qu'il faut comprendre, pour que ce ne soit pas tout à fait impossible.

Qu'est-ce que le désir ? On peut le penser de deux façons différentes : comme manque ou comme puissance. De là deux philosophies opposées, entre lesquelles nous ne cessons d'osciller. C'est qu'elles sont vraies toutes les deux. L'ambivalence est le propre de l'homme.

D'abord, donc, le manque. C'est le désir selon Platon. C'est le désir selon Sartre. C'est le désir selon n'importe qui : le désir avide, vorace, dévorant. Que désirons-nous ? Ce que nous n'avons pas. Ce qui nous manque. « L'homme est fondamentalement désir d'être », écrit Sartre dans *L'Être et le Néant*, et « le désir est manque ». C'est ce qui nous voue au néant : l'homme est le seul être qui se définisse comme « manque d'être ». Le seul être qui manque de soi, et de tout. C'est le désir même. C'est l'homme même. On ne désire, disait Platon, que « ce qui n'est ni actuel ni présent ». Et d'enfoncer le clou : « Ce qu'on n'a pas, ce qu'on n'est pas, ce dont on manque, voilà les objets du désir et de l'amour. » C'est l'expérience de tous. Comment ne pas désirer ce qui nous manque ? Comment désirer ce qui ne nous manque pas ? Et c'est le malheur de chacun, ou du moins ce qui le sépare du bonheur dans le mouvement même qui le poursuit.

Qu'est-ce, en effet, qu'être heureux ? C'est avoir ce qu'on désire. Mais si le désir est manque, je ne désire, par définition, que ce que je n'ai pas. Comment pourrais-je être heureux ? Comment pourrais-je avoir ce que je désire, puisque je ne le désire que pour autant qu'il me manque – que pour autant que je ne l'ai pas ? « Qu'est-ce que je serais heureux si j'avais du travail ! », se dit le chômeur. Et celui qui en a : « Qu'est-ce que je serais heureux si je gagnais au loto, si je pouvais ne plus travailler ! » Le manque du travail est un malheur. Mais quand le travail ne manque plus, qui ne désire le repos, les vacances, la liberté ? Chacun désire ce qu'il n'a pas, et c'est ce qu'on appelle le désir. C'est pourquoi nous désirons le bonheur, et c'est pourquoi il nous fuit. Woody Allen a dit l'essentiel en une phrase : « Qu'est-ce que je serais heureux si j'étais heureux ! » Comment le serait-il, puisqu'il espère le devenir ?

Si le désir est manque, et dans la mesure où il est manque, le bonheur nécessairement est manqué. Non, certes, qu'aucun de nos désirs ne soit jamais satisfait. La vie n'est pas difficile à ce point. Mais en ceci qu'un désir satisfait s'abolit comme désir : la faim disparaît dans la satiété, comme le désir sexuel dans l'orgasme. « Le plaisir, écrit Sartre, est la mort et l'échec du désir. » Philosophie masculine ? Peut-être. Mais enfin la boulimie, alimentaire ou sexuelle, n'est pas non plus une solution.

Tantôt, donc, nous désirons ce que nous n'avons pas, et nous souffrons de ce manque ; tantôt nous avons ce que dès lors nous ne désirons plus, et nous nous ennuyons. C'est où l'on passe de Platon à Schopenhauer. Ou de Proust à Proust. Albertine présente, Albertine disparue... Quand elle n'est pas là, il souffre atrocement : il est prêt à tout pour qu'elle revienne. Quand elle est là, il s'ennuie : il est prêt à tout pour qu'elle s'en aille ou pour la remplacer par une autre... C'est vrai dans tous les domaines. Qui ne désire de préférence l'argent qu'il n'a pas, la maison qu'il n'a pas, l'homme ou la femme qu'il n'a pas ? L'amour fait exception ? Peut-être, quand il est heureux ou tant qu'il l'est. Mais qui ne voit que le manque est la règle ? « Tant que demeure éloigné l'objet de nos désirs, écrivait déjà Lucrèce, il nous semble supérieur à tout le reste ; est-il à nous, que nous désirons autre chose, et la même soif de la vie nous tient toujours en haleine... » Et Schopenhauer : « Ainsi toute notre vie oscille, comme un pendule, de droite à gauche, de la souffrance à l'ennui. » Souffrance de n'avoir pas ce qu'on désire, ennui d'avoir ce qu'on ne désire plus... Comme l'amour est facile ! Comme le couple est difficile !

Ces analyses, que je ne peux ici qu'esquisser, ont leur part de vérité. S'il n'y avait que cela pourtant, tout bonheur serait impossible, et le suicide, sans doute, la meilleure solution Si nous vivons, si nous tenons à vivre, c'est qu'il doit y avoir autre chose. Quoi ? Le plaisir. La joie. Le bonheur, parfois. Or, quand y a-t-il plaisir ? Quand y a-t-il joie ? Quand y a-t-il bonheur ? Quand nous désirons ce que nous avons, ce que nous faisons, ce qui est, ce qui ne nous manque pas… Il y a plaisir, joie, bonheur, à chaque fois que Platon a tort, et si cela ne suffit pas à réfuter le platonisme (pourquoi le plaisir aurait-il raison ?), c'est toutefois une raison forte de n'être pas platonicien.

Entre la souffrance de la faim et l'ennui de la satiété, quoi ? Le plaisir de manger. Entre la frustration et le *post coïtum triste*, quoi ? Le plaisir de l'orgasme, le plaisir du désir, qui dure davantage, le plaisir, entre amants, du don et de la prise, du don et de l'abandon, de l'obscur et de la joie, de l'obscène et de l'amour… Tous les couples savent cela, lorsqu'ils sont heureux. Faire l'amour, quand on s'aime, ce n'est pas désirer l'orgasme ni je ne sais quelle fusion impossible, qui nous manquerait. C'est désirer celui ou celle qui ne manque pas, qui est là, qui se donne, qui s'abandonne, et c'est pourquoi c'est si bon, si doux, si fort ! Ce n'est plus le vide dévorant de l'autre ; c'est la plénitude comblante et comblée de son existence, de sa présence, de sa jouissance, de son amour… Que désire-t-on ? Que l'autre soit, et qu'il soit là, et qu'il se donne ou nous prenne… C'est exactement ce qui se passe : comment ne serait-on pas comblé ? Après le coït, quoi ? La gratitude, la douceur, la joie d'aimer et d'être aimé.

Ce n'est plus le désir selon Platon ou Sartre ; c'est le désir selon Épicure, Spinoza ou Nietzsche. Non plus le néant mais l'être. Non plus le manque, mais la puissance. Non plus la passion, mais l'acte. Non plus l'amour qu'on rêve, mais celui qu'on fait. Sagesse du corps. Sagesse du désir : puissance de jouir, et jouissance en puissance !

Désirer la nourriture que l'on n'a pas, c'est avoir faim, et c'est une souffrance. Désirer la nourriture que l'on a, celle qui ne manque pas, c'est manger de bon appétit : c'est un acte, et c'est un plaisir.

Désirer l'homme ou la femme que l'on n'a pas, c'est une frustration ou un chagrin. Désirer celui ou celle que l'on a (ou plutôt qui est là : on ne l'a que pour autant qu'il se donne), c'est une joie et c'est un bonheur.

Il faut désirer ce qui manque, et souffrir. Ou bien désirer ce qui est, et se réjouir. Cette souffrance est amour. Cette joie est amour. Mais ce sont deux amours différents : l'amour selon Platon (la passion, le manque : *éros*), l'amour selon Spinoza (l'action, la joie : *philia*). On ne se hâtera pas trop de choisir l'un ou l'autre. Les deux sont à vivre, et parfois simultanément. Les deux nous éclairent. Mais l'un sur le néant qui nous tient. L'autre sur le réel auquel nous tenons. C'est pourquoi il n'y a pas d'amour heureux, tant qu'on n'aime que ce qui manque, ni de bonheur sans amour, lorsqu'on se réjouit de ce qui est.

Ce qu'il faut comprendre ? Que le réel ne manque jamais. C'est pourquoi le bonheur de désirer, qui est amour, vaut mieux que le désir du bonheur, qui n'est qu'espérance.

Sagesse du vent

On voudrait l'éternité : que tout demeure, que rien ne change, qu'amour rime avec toujours, bonheur avec torpeur, enfin que la vie soit à l'abri du temps, du devenir, de l'inconstance – d'elle-même. Mais ce serait une image, déjà, de la mort. Vivre c'est durer, mais point indéfiniment, c'est changer, c'est vieillir. L'éternité (du moins cette éternité-là : celle de Parménide ou de Platon) n'est pas de ce monde ; c'est pourquoi on en a inventé un autre. Cela dit quelque chose sur la religion, qui se nourrit de ce rêve, et sur l'humanité, qui le nourrit. Les deux pulsions n'en font qu'une, suggérait Freud, qui est de mort : c'est le repos toujours que nous visons (« principe de constance ») ; cela même d'où nous venons – la paix de l'inorganique – nous attire. Philosopher ce serait apprendre à mourir, comme on voit chez Platon. Vivre ne serait que le plus lent des suicides. À quoi bon ? À vouloir l'éternité, c'est la vie que l'on trahit. Seuls les morts sont immortels ; seul le néant est immuable.

Alors ? Alors il faut accepter le changement, l'impermanence, la fugacité de tout. C'est aimer la vie telle qu'elle est – éphémère, passagère –, c'est l'aimer plus que l'éternité, plus que le confort, plus que le bonheur. Comment serait-on heureux autrement ? La vie n'est pas un magnétoscope, ni le bonheur un arrêt sur image. Tout plaisir est changement. Toute joie est changement (« le *passage*, écrit Spinoza, à une perfection supérieure »). Comment serait-elle immuable ? Ce serait un *passage* qui ne passerait plus... Mais sa seule possibilité suffit à notre bonheur. La perfection absolue est hors d'atteinte ; c'est pourquoi le *passage* toujours reste possible. « Je ne cherche qu'à passer », disait Montaigne, et c'est de quoi, certes, rien ne pouvait le priver. Mort, où est ta victoire ?

Je pensais à cela en lisant, dans le dernier numéro de *Psychologies*, l'entretien avec le sociologue Gérard Demuth. Si la société tient debout, explique-t-il, malgré la crise, malgré le chômage, si nous survivons sans trop de dommage au bouleversement du monde, c'est que nous avons appris à improviser, à nous adapter au jeu changeant des circonstances, enfin à nouer une multitude de liens faibles – dans la société, dans l'amitié, et même dans le couple – plutôt que de nous crisper sur les quelques liens forts – dans le mariage, dans le métier, dans la religion – qui, autrefois, suffisaient à nous définir et à nous enfermer. Davantage de risques, aujourd'hui, davantage de changements, de liberté, d'ouverture – davantage de fragilité, et c'est notre force. Les dinosaures sont morts pour n'avoir su évoluer, pour n'avoir su s'adapter, pour n'avoir su improviser. C'est qu'ils étaient prisonniers de leur instinct ou de leurs gènes. L'esprit nous libère, ou plutôt nous ne cessons de nous libérer – par la culture, par la révolte, par l'invention – et c'est ce qu'on appelle l'esprit.

Que la sociologie la plus récente rencontre ainsi la sagesse la plus ancienne (c'est la sagesse de Montaigne, mais c'était celle, déjà, d'Héraclite, de Lao-tseu ou du Bouddha), c'est une bonne nouvelle. Cela confirme que la modernité n'est pas vouée à la folie, ni la sagesse aux musées. Le réel est le plus fort toujours : rien d'autre n'est à connaître, rien d'autre n'est à aimer. Qu'il change, ce n'est pas un accident ; c'est son essence même, qui est de n'en pas avoir, de n'être qu'un flot d'existences, d'événements, de rencontres – d'accidents. L'existence ne précède pas l'essence, ni ne la suit ; elle est sa seule réalité, toujours changeante, toujours singulière, toujours autre, d'instant en instant. C'est sa façon de rester elle-même. C'est par quoi tout est un : parce que tout est différent, parce que tout est devenir. Monisme et pluralisme vont ensemble, comme le nominalisme et le matérialisme, comme l'être et l'événement. Le changement n'est pas un accident, puisque tout change (*panta rhei*), puisqu'il n'y a que des accidents. Rien ne demeure : tout devient, tout paraît et disparaît. C'est pourquoi il faut improviser, en effet, c'est-à-dire s'adapter au terrain, bricoler dans l'à-peu-près, s'installer dans le provisoire, comme nous faisons tous, rattraper nos chutes, ce qui est marcher, corriger nos erreurs, ce qui est penser, soigner nos blessures, ce qui est vivre, enfin jouir de ce *passage* même qui est le temps, qui est le présent, qui est l'éternité (mais plus celle de Platon :

celle de Spinoza, celle de la nature), puisque c'est toujours aujourd'hui, puisque le présent est tout, qui ne cesse pourtant de changer, qui ne continue – mais qui continue effectivement – qu'à la condition sans cesse de s'abolir…

Tenir bon ? Comment, quand tout s'en va ? Résister ? Sans doute ; mais on n'y parviendra pas en restant immobile. Mieux vaut nager avec le courant, mieux vaut lâcher prise, comme dit Demuth (lâcher prise, non laisser tomber !), mieux vaut changer dans l'universel changement, innover dans la perpétuelle nouveauté, plutôt que rêver je ne sais quelle fixité impossible ou mortifère.

On pense à l'Ecclésiaste : « Tout est vanité et poursuite de vent… » Mais celui-là en souffre. C'est qu'il a nostalgie encore de l'immuable. Montaigne est plus sage, qui accepte joyeusement l'impermanence. « La vie est un mouvement matériel et corporel, écrit-il, action imparfaite de sa propre essence, et déréglée ; je m'emploie à la servir selon elle. » Vanité ? Sans doute ; mais reconnue, mais acceptée : « Moi qui me vante d'embrasser si curieusement [si soigneusement] les commodités de la vie, et si particulièrement, n'y trouve, quand j'y regarde ainsi finement, à peu près que du vent. Mais quoi, nous sommes partout vent… » Vanité de la vie. Vanité de l'homme. Vanité aussi de la sagesse, qui dit que tout est vanité (« ces beaux préceptes sont vanité, et vanité toute la sagesse »). Et alors ? En quoi cela nous empêche-t-il de jouir et de nous réjouir ? En quoi cela nous empêche-t-il d'aimer ? Pour qui accepte l'éternelle impermanence de tout, donc aussi notre propre fugacité en elle, la vie retrouve son goût, et tant pis s'il est parfois amer, elle redevient ce qu'elle est, fragile et irremplaçable, banale et singulière, imparfaite et inestimable, mortelle et toujours renaissante. C'est la sagesse du vent, et c'est la seule. Car le vent, continue Montaigne, « plus sagement que nous, s'aime à bruire, à s'agiter, et se contente en ses propres offices, sans désirer la stabilité, la solidité, qualités non siennes ». C'est pourquoi il use les montagnes, qui ne l'usent pas.

Jésus et Bouddha

Débat à Lille, dans la très belle salle de l'Opéra, sur Bouddha et Jésus. Face au public – la salle est comble – on a rassemblé un jésuite, le père Henri Madelin, un historien américain des religions, Dennis Gira, un maître zen vietnamien, le vénérable Thich Nhat Hanh, enfin votre serviteur, quelque peu perplexe ou surpris d'être là. Je suis le seul, sur la tribune, à n'être ni chrétien ni bouddhiste. Cela rend ma présence plus insolite, plus discutable, plus libre aussi peut-être. Je n'ai pas de chapelle à défendre, n'étant d'aucune, ni de foi à justifier, me passant de toutes. Il faut bien que les athées aient aussi quelques avantages.

Cela ne m'empêche pas de m'intéresser à la spiritualité, d'où qu'elle vienne, et spécialement à ces deux-là, d'Orient et d'Occident, celle de l'Éveillé et celle du Crucifié, celle du « sage au pied de l'arbre », comme disait Lévi-Strauss, et celle du fils de l'homme, comme il disait lui-même. Leur message s'adresse à tous. Je n'en connais pas, dans l'histoire de l'humanité, de plus fort, de plus élevé, de plus simplement essentiel.

Ce sont deux maîtres spirituels, les deux plus grands peut-être. On se trompe quand on confond religion et spiritualité. Devrais-je, parce que je suis athée, me châtrer de l'âme ? L'esprit n'appartient à personne ; il excède toute foi, tout culte, tout dogme, et c'est l'esprit même : cette ouverture à l'autre et à l'universel, cette part d'exigence et de liberté, au cœur de l'homme, que toute croyance suppose et qu'aucune ne contient. Puissance de penser. Puissance de douter. Puissance de rire. « L'esprit, disait Alain, est ce qui se moque de tout. » Cela n'empêche pas de croire, cela n'empêche pas d'admirer – ni même d'adorer, pour qui le veut –, mais devrait empêcher qu'on le fasse avec trop de dogmatisme ou d'étroitesse. Les fanatiques manquent d'humour. C'est une faute, déjà, contre l'esprit.

De fanatiques, ce soir-là, point. Chacun des quatre intervenants essaie de se situer, modestement, face à ces deux géants. Comment ne les aimerait-on pas l'un et l'autre ? Les doctrines qui s'en réclament n'en divergent pas moins sur presque tout. Il ne s'agit pas de trouver un juste milieu, ce qu'on ne peut, ni d'inventer je ne sais quel syncrétisme. Le mélange affadit, quand le dialogue, remarque Dennis Gira, enrichit.

Au reste, ai-je rappelé moi-même, les différences sont trop massives, entre les deux doctrines, pour qu'on puisse les dissoudre.

Le christianisme est une religion révélée : Jésus, comme les prophètes de l'Ancien Testament, parle au nom de Dieu, dont il se dit le Fils. Rien de tel dans le bouddhisme : le Bouddha n'est qu'un homme, qui ne parle qu'en son nom propre. Aucune révélation ; l'expérience et la connaissance suffisent.

Le chrétien croit en un Dieu personnel et transcendant, dont il implore la grâce. Dans le bouddhisme, au contraire, pas de Dieu, pas de transcendance, pas de grâce. Qui pourrait-on implorer ?

Le christianisme prend le moi au sérieux : il lui prête une âme substantielle, qu'il s'agit de sauver. Pour le bouddhisme, au contraire, pas de moi substantiel, pas de soi, pas d'âme : tout n'est qu'impermanence et vacuité.

Pour le christianisme, tout être humain dispose du libre arbitre, qui est, à chaque instant, comme un commencement absolu de soi. Pour le bouddhisme, pas de libre arbitre, ni de commencement absolu : chacun reste soumis à la production conditionnée (à la chaîne infinie des causes finies, donc au déterminisme) et continue son *karma*... Le christianisme suppose la liberté ; le bouddhisme serait plutôt une entreprise de libération.

Pour le christianisme, c'est la foi qui sauve : le salut est un objet d'espérance, qu'on ne saurait vivre absolument ici-bas ; la mort et le péché nous en séparent. Pour le bouddhisme, au contraire, pas de foi, pas de péché (au sens religieux du terme), pas d'espérance, et pas d'autre salut qu'ici et maintenant. « Tant que tu fais une différence entre le nirvana et le samsâra, disait Nagarjuna, tu es dans le samsâra. » Tant que tu fais une différence entre le salut et la perte, tu es perdu.

Pour l'athée que je suis, on conçoit que le bouddhisme paraisse plus tentant, plus plausible, plus acceptable. C'est une religion pour ceux qui ne croient pas en Dieu. Cela explique en partie son étonnant succès, aujourd'hui, en Occident, et aussi ce qui m'en sépare.

Trop de dogmes. Trop de rites. Trop de croy… réconfortantes et invérifiables. C'est comme un ers… de foi, pour ceux qui n'en ont plus. Je le leur laiss… volontiers. Pourquoi faudrait-il à toute force se choisir une religion ? Pour savoir comment vivre ? Non pas, me semble-t-il, puisque christianisme et bouddhisme, si opposés quant à la doctrine, aboutissent en pratique à des valeurs très proches. Que le Sermon sur la montagne ne soit pas celui de Bénarès, que l'esprit des Béatitudes ne soit pas celui du *Sarvam duhkham* (« tout est douleur »), soit. Que la compassion ne soit pas la même chose que la charité, soit encore. Mais enfin ces deux sermons, moralement, vont dans le même sens, comme ces deux vertus. C'est toujours l'égoïsme et la haine qu'il s'agit de surmonter, et la joie, dans les deux cas, est au bout. Voyez l'abbé Pierre ou le dalaï-lama. Ils n'ont pas la même religion. Mais que vous suiviez les conseils de l'un ou de l'autre, nul, de l'extérieur, ne pourra faire la différence : vous vivrez à peu près de la même façon, et vous vivrez bien.

C'est sur quoi Jésus et le Bouddha s'accordent, comme toutes les écoles de sagesse. La religion importe moins que l'esprit, qui importe moins que le cœur.

Trente ans après

Mai 68, pour les gens de ma génération, c'est d'abord un souvenir de bonheur. Que la révolution était belle cette année-là ! Qu'elle était gaie, et légère, et libre ! Tout le contraire des années de plomb et d'idéologie qui ont suivi… C'est qu'il ne s'agissait pas d'une révolution, ni d'une doctrine. Une révolte ? Certes. Mais aussi une fête, un défoulement, un printemps… Nous ne voulions plus de ce vieux monde, de ce vieux pays, de ce vieil homme… De Gaulle, la France, le capitalisme, tout cela nous semblait d'un autre âge, dépassé, mortifère. Nous étions – sans le savoir, sans le vouloir – les enfants du baby-boom et des Trente Glorieuses. La jeunesse était notre principal argument. La richesse, le moindre de nos soucis. L'aisance nous semblait aller de soi, comme la croissance, comme le plein emploi… Il fallait donc s'occuper d'autre chose : de la justice, de la paix, du plaisir, de la liberté, d'une certaine idée, non de la France, mais de l'homme… *« Peace and love… »* Le slogan, que nous n'avions pas inventé, dit quelque chose d'essentiel sur ces années-là. Nous avions beaucoup de chance et de générosité. Il n'y avait pour ainsi dire ni chômage ni licenciements économiques. Mais il y avait des bidonvilles. Mais il y avait de la misère. Mais il y avait des bourgeois arrogants et des ouvriers harassés... Trop d'argent et de travail. Trop d'ordre et d'injustice. Trop de consommation et de vide. On construisait n'importe quoi : tout était laid et lourd. On vendait n'importe quoi. Mais on ne savait pour quoi vivre. Mais on ne savait que faire de soi et de tout. La France croulait sous l'ennui ; le tiers-monde, sous la misère ; le Viêtnam, sous les bombes... Comment ne nous serions-nous pas révoltés ?

Il y eut donc ces folles semaines de mai, les manifestations, la répression policière, les barricades, les grèves, les occupations de facultés, d'usines, de lycées, tout un pays arrêté, tout un pays suspendu, entre émeute et bonheur, entre révolution et vacances, entre délices et délires... Ce fut une fête et une foire. Un happening et un psychodrame. Un jeu et une messe. Chacun parlait à tous. On refaisait le monde, la société, l'humanité... Que cela dût échouer, c'était prévisible. Comment un rêve prendrait-il le pouvoir ? Comment pourrait-il durer ? Mais rien ne peut faire que cela n'ait pas eu lieu. Nous en sortîmes transformés, définitivement, et la France avec nous. Toute une génération venait de faire irruption sur la scène politique, sociale, culturelle. C'est elle qui prendra le pouvoir en 1981. Pour continuer Mai 68 ? Pour le trahir ? L'un et l'autre, comme toujours. Quelle politique qui ne déçoive ? Les rêves ne se réalisent qu'au réveil, quand ils ne sont plus des rêves. Mais ce serait les trahir davantage que de refuser de se réveiller.

Le slogan qui résume le mieux l'esprit de ce printemps, du moins dans mon souvenir, n'est pas le plus célèbre. C'était peint en grosses lettres, sur je ne sais quel mur : « Cours, camarade, le vieux monde est derrière toi ! » Cela dit assez ce qu'il y avait de peur dans notre enthousiasme. Peur que le passé ne nous rattrape, peur que l'avenir ne lui ressemble, peur du réel, peur du temps qui passe, peur de la banalité de vivre et de vieillir… *« Métro, boulot, dodo »*, disions-nous aussi, pour le refuser. Quand la grève fut terminée, il fallut bien pourtant reprendre les transports en commun, le travail, les études, le sommeil… La droite gagna les élections. La fête était finie.

Le vieux monde nous rattrapa peu à peu. C'est que nous étions de moins en moins jeunes. C'est qu'il n'était pas si vieux que nous l'avions cru. Mais enfin nous avançâmes de concert, moins que nous ne l'aurions voulu, davantage que d'autres ne l'auraient souhaité… L'histoire n'avance que par son mauvais côté, disait Marx. Elle n'est faite que de nos rêves défaits. Mais enfin elle avance, et l'on ne m'ôtera pas de l'idée que Mai 68, avec toutes ses limites, avec toute sa naïveté, avec toutes ses illusions, parfois néfastes (spécialement pour l'école), fut malgré tout une avancée. Vers quoi ? Vers plus de liberté, surtout s'agissant des mœurs, mais aussi vers plus de solidarité, d'inventivité, d'audace.

Une partie de notre modernité commença là. Il est paradoxal qu'elle se soit formulée, politiquement, dans des idéologies du XIXe siècle. Nous voulions inventer l'avenir ; nous mimions le passé. Marx, Bakounine, la Commune, 1917… « Quand l'histoire se répète, disait Marx, la deuxième fois c'est en farce. » Mai 68 fut une farce sympathique, à la fois archaïque (dans ses références doctrinales) et novatrice (dans son imagination, sa spontanéité, sa créativité, dans ce qu'on peut appeler sa poésie). Une révolution ratée ? Ce n'était pas une révolution du tout. Ce fut une révolte nécessaire et une fête réussie.

La morale et l'éthique

« La morale, écrivait Jean Rostand, c'est ce qui reste de la peur quand on l'a oubliée. » C'est pourquoi elle ressemble au courage. C'est pourquoi le courage lui ressemble. La peur est première. L'égoïsme est premier. Mais il s'agit d'en sortir, au moins un peu. Tant mieux si la peur et l'oubli, parfois, nous y aident.

Au fond, c'est ce que Freud appelait le surmoi : l'intériorisation des interdits parentaux, disait-il, ce qui suppose à la fois l'oubli (pour la conscience) et le maintien (dans l'inconscient) de l'autorité et de la peur premières… Nous sommes des petits enfants, mais soumis à une loi qui nous est désormais intérieure. C'est ce qu'on appelle un adulte, et cela ne va pas sans morale.

Telle était déjà la leçon de la Bible : l'interdit est premier (« Tu ne mangeras pas de ce fruit »), qui permet la faute en la prohibant. Celui à qui on n'a rien interdit, comment pourrait-il désobéir ? Comment pourrait-il, même, se révolter ? « La première loi que Dieu donna jamais à l'homme, se souvient Montaigne, ce fut une loi de pure obéissance ; ce fut un commandement nu et simple, où l'homme n'eut rien à connaître et à causer. » Pourtant une civilisation en est née, dans la transgression, ou s'y est reconnue, qui est encore la nôtre. L'amour vaut mieux ? Certes. Mais soumis à la loi (par la prohibition de l'inceste), et incapable d'en tenir lieu. L'enfant sans loi, comment pourrait-il se construire ? Comment pourrait-il être libre ? La morale, c'est ce qui reste de l'obéissance quand on l'a oubliée. Mais on ne peut oublier – intérioriser, dépasser, surmonter – que ce qu'on a connu. Pauvres enfants sans loi ! Ce ne sont, plusieurs faits divers viennent de le rappeler, que de petits monstres effrayants.

Donc, la morale : « une loi de pure obéissance », autrement dit un commandement.

Mais comment l'obéissance pourrait-elle suffire ? Comment la morale pourrait-elle nous contenter ?

Imaginez, c'est un exemple que prend souvent mon ami Luc Ferry, que nous devenions tous parfaitement moraux : chacun ferait son devoir, chacun respecterait les intérêts et la dignité de l'autre, il n'y aurait plus ni violences ni tromperies ; il n'y aurait plus que la soumission de chacun à la règle de tous. Cela vaudrait mieux que nos massacres. Cela vaudrait mieux que nos petites filouteries. Mais aucune des questions principales que nous nous posons ne serait encore résolue par là. Aucune question théorique, cela va de soi (la morale ne tient pas lieu de connaissance), mais guère non plus de questions pratiques ou existentielles. La vie vaut-elle la peine d'être vécue ? La morale ne répond pas. Qu'est-ce que le bonheur ? La morale ne répond pas. Dieu ? La mort ? L'amour ? La sagesse ? La liberté ? L'éternité ? La morale ne répond pas. C'est qu'elle ne fixe que les conditions négatives de la vie commune (ce qu'il faut s'interdire pour qu'on puisse à peu près vivre ensemble), non le contenu ou le sens d'une vie réussie.

Que la morale soit nécessaire, c'est une évidence, et d'autant plus qu'elle nous fait davantage défaut : elle n'est nécessaire qu'à proportion de notre insuffisance, et c'est pourquoi elle l'est toujours. Elle n'est bonne que pour les méchants ou les médiocres, elle n'est bonne que pour les égoïstes ; c'est pourquoi elle est bonne pour nous tous, hélas, qui en manquons. Mais elle ne tient pas lieu d'amour. Mais elle ne tient pas lieu de bonheur. Mais elle ne tient pas lieu de sagesse. Elle se contente d'interdire, et c'est pourquoi on ne saurait s'en contenter.

Il faut donc aller au-delà de la morale, point pour l'abolir, comme l'a voulu Nietzsche, mais pour l'accomplir, comme l'ont compris Jésus ou Spinoza. « Il les libéra de la loi, et pourtant l'inscrivit à jamais au fond des cœurs… » Cela, qu'on peut lire, à propos du premier, dans le *Traité théologico-politique* du second, dit l'essentiel. Ce que tu faisais auparavant par obéissance (dans le meilleur des cas) ou crainte (dans le pire), il te reste à le faire librement, joyeusement – non par obéissance mais par amour. C'est où l'on passe de la morale à l'éthique, du devoir à la vertu, de la soumission à la liberté. Obéir ? Ce n'est qu'un début, toujours nécessaire, jamais suffisant. L'ensemble des devoirs et des interdits (la morale) n'est qu'une infime partie de l'art de vivre (l'éthique), qui est un art d'aimer. C'est pourquoi les deux sont nécessaires : la morale, parce que nous ne naissons pas libres, comme dit Spinoza ; l'éthique, pour que nous ayons une chance de le devenir. La morale, parce qu' « il s'agit de dire au moins non » (Marc Wetzel). L'éthique, parce qu'aucun *non* ne suffit, parce qu'il n'est de sagesse qu'affirmative, parce qu'il convient de trouver des raisons positives de vivre et de lutter, parce qu'il s'agit de dire *oui* à tout, y compris au *non* de la morale ou de la révolte. Ainsi la mère, quand l'enfant lui dit non. Ou le héros, lorsqu'il refuse de fuir, lorsqu'il trouve la paix au milieu du combat.

La morale, c'est ce qui reste de la peur quand on l'a oubliée. L'éthique, c'est ce qui reste de l'amour quand on s'en souvient.

Saisons

C'est le printemps : on dirait que toute la nature nous appelle au plaisir ! Non qu'il soit jamais interdit de jouir. Mais il y a des saisons où le plaisir semble un effort, une victoire, un défi, presque un paradoxe. Et d'autres, au contraire, où il semble une évidence, une grâce, une lumière… Chaque saison a sa vérité, qui requiert une vertu spécifique. À l'hiver, bien sûr, le courage. À l'automne, la fidélité. À l'été, peut-être, la gratitude. Et au printemps, au merveilleux printemps, ce mélange de douceur, de simplicité, de légèreté qui lui ressemble, et qui ressemble à l'amour.

À l'amour ou au plaisir ? Aux deux, et c'est pourquoi c'est si bon, si doux, si fort… Il y a les plaisirs du corps, disait Épicure, par quoi tout commence : le ventre, le sexe, le soleil… Et puis les plaisirs de l'âme, qui sont d'abord les mêmes intériorisés (c'est ce qui distingue le gourmet du gourmand, et l'érotisme de la pulsion), mais qui sont aussi des plaisirs spécifiques : ceux de l'amour ou de l'amitié, ceux de la pensée (la connaissance, la philosophie), ceux de la contemplation esthétique ou mystique, enfin ceux du simple bonheur de vivre et d'être bien. Ce dernier plaisir, c'est ce qu'Épicure appelait l'*ataraxie*, l'absence de trouble, qu'on peut appeler aussi bien la sérénité, la sagesse ou le bonheur. C'est le plaisir en repos de l'âme, dirait Épicure, et comme un repos, en effet, dans le plaisir… On ne peut se battre toujours. D'ailleurs pourquoi se battrait-on, sinon pour le repos de la victoire ou de la paix ? On ne peut souffrir toujours. D'ailleurs pourquoi accepterait-on de souffrir, n'était le plaisir, malgré tout, de vivre ? Paix à tous : plaisir à tous, et c'est ce que suggère le printemps.

Tout plaisir est bon ; tout ce qui est bon est agréable, au moins par un côté. C'est ce qu'il y a de vrai dans l'hédonisme. Que saurions-nous du bonheur sans le plaisir ? Et pourquoi vivrions-nous, sinon pour les plaisirs qu'on y trouve ?

Que cela ne suffise pas à tout, c'est bien clair. Comment le plaisir suffirait-il au courage, à la justice, à l'amour même ? Nous aimons nos enfants, y compris lorsqu'ils nous font souffrir. Et il faudrait, nous disent les Évangiles, aimer aussi nos ennemis, ceux qui nous font du mal… Cela confirme que le plaisir n'est pas tout, comme le printemps n'est qu'une saison parmi d'autres. Mais pour ceux qui jugent comme moi que c'est la plus agréable, la plus joyeuse, la plus belle, ce réveil de la nature est aussi une leçon : le plaisir n'est pas tout, mais rien, sans le plaisir, ne saurait valoir absolument.

Un saint, sans le plaisir ? Ce serait un triste saint.

Un sage, sans le plaisir ? Ce ne serait pas un sage du tout, et cela confirme quelque chose d'important : que le plaisir peut aller sans la sagesse, comme chacun sait, mais non la sagesse sans le plaisir.

Profitez bien du printemps. C'est la meilleure façon de préparer l'été qui arrive… L'été ? C'est quand le printemps s'alanguit, comme un corps amoureux et comblé. Quand on voudrait que tout s'arrête, que tout continue, que plus rien ne change ou passe… Moins de fraîcheur, moins de légèreté ; encore plus de lumière, de chaleur, de sensualité… Presque trop, et ce *presque* est comme une perfection de plus. Le plaisir ploie sous lui-même : cela fait comme un bonheur paradoxal, qui hésiterait entre gratitude et nostalgie. On voudrait le retenir, et l'on ne sait comment. On voudrait dire merci, et l'on ne sait à qui.

Dites-le, c'est toujours ça, à celui ou celle que vous aimez.

Fragilité

Il fallait s'y attendre : la médicalisation croissante de notre vie ne pouvait que déboucher, un jour ou l'autre, sur celle de notre sexualité. La mise sur le marché américain d'un nouveau traitement contre l'impuissance, son incroyable succès commercial – plus de 110 000 ordonnances par jour ! –, son arrivée bientôt en Europe, tout cela marque une date importante dans l'histoire de la médecine comme dans celle de nos sociétés.

Ce siècle va s'achever sans qu'on ait vaincu le cancer, le sida, ni même la tuberculose qui renaît. Mais on va pouvoir bander un peu plus ou un peu mieux. Haut les cœurs et le reste : la maladie d'Alzheimer nous trouvera fringants et fiers de l'être ! La mort ? Cachez ce mot, que je ne saurais entendre ! Au reste il y a des pilules, sinon pour ne pas mourir, du moins pour n'y penser plus. Prozac tous les matins, Viagra tous les soirs : vive le bonheur et la médecine ! On n'a pas vaincu l'injustice, la misère, l'exclusion ? Qu'importe, puisqu'on peut faire l'amour jusqu'au bout ! Cette génération-là aura décidément eu toutes les chances : une pilule à vingt ans, pour les femmes, une autre à cinquante, pour les hommes. Que l'enjeu ne soit pas le même, c'est une évidence. Mais la médecine, dans les deux cas, se met au service de nos plaisirs. C'est un signe des temps. Sous les pavés la plage ; sous la plage, les cachets.

On aurait tort de s'en plaindre, encore plus de s'en offusquer. Tout progrès de la médecine est bon à prendre. La pilule contraceptive a transformé notre rapport au plaisir ; elle a contribué, davantage que bien des combats politiques ou idéologiques, à libérer les femmes et les couples. Les psychotropes ont modifié notre rapport à la maladie mentale et à nous-mêmes : il faudrait tout ignorer de l'angoisse et de la dépression pour ne pas se féliciter de ce qu'on puisse enfin les soigner efficacement. Il en ira de même, très certainement, des traitements contre l'impuissance. Ne pas pouvoir faire l'amour est un malheur, d'autant plus grand qu'on y voit aussi – bien sûr à tort – une honte. Et c'est également une maladie, en tout cas un trouble ou un symptôme. La possibilité du coït fait partie de la normalité humaine. Comment son impossibilité ne serait-elle pas anormale, pathologique, douloureuse ? Que la médecine puisse supprimer cette souffrance-là, cette maladie-là, non seulement cela n'a rien de choquant, mais c'est une formidable nouvelle. Vive la science, quand elle nous aide à vivre plus et mieux !

On dira que la nature devrait y suffire… Mais si elle suffisait, aurait-on besoin de médecine ? La vérité, c'est que la nature se soucie de notre bonheur comme d'une guigne. L'évolution a sélectionné les gènes les plus à même de se transmettre, sans trop regarder au déchet ni au malheur. La sexualité, pour la nature, est au service de la procréation, comme l'amour au service de la famille : l'espèce a besoin que nous fassions des enfants, que nous les protégions durant des années, mais point que nous y trouvions le bonheur ni même toujours le plaisir… C'est pourquoi sans doute l'éroticité naturelle décline à peu près, chez les hommes comme chez les femmes quoique différemment, au même rythme que la fertilité. L'espèce y trouve son compte, point toujours les individus ni les couples. D'où l'idée de séparer, au moins pour une part, ce que la nature avait uni : le sexe et la procréation, le plaisir et la fécondité. C'est à quoi la médecine est en train de parvenir. Cela nous permet de faire moins d'enfants en faisant davantage l'amour. Qui s'en plaindrait ? Nous occupons suffisamment la planète ; il est légitime de nous occuper aussi de nous.

Si une inquiétude naît malgré tout, c'est celle de voir la médecine traiter non seulement l'impuissance mais la puissance elle-même : que le Viagra et ses successeurs soient de moins en moins un traitement et de plus en plus un aphrodisiaque ou une habitude. Où s'arrête la médication ? Où commence le dopage ? Sauf dérangement avéré, une femme aimante et habile suffit à susciter le désir et les moyens de le satisfaire. Que la médecine s'occupe du dérangement, fort bien. Mais qu'il serait triste de remplacer cet amour et cette habileté par une pilule !

La performance n'est pas le problème, ou c'est le problème des hommes, me semble-t-il, davantage que des femmes. L'essentiel est ailleurs, qui tient en deux idées : il n'y a rien de plus important, dans l'amour, que d'accepter la fragilité de l'autre ; et rien de plus important, dans la sagesse, que d'accepter la sienne propre.

« La bandaison, chantait Brassens, cela ne se commande pas. » C'est ce qui fait une partie de son charme, et qu'on aurait bien tort d'oublier.

L'amour

Roland Barthes le remarquait déjà : l'amour est un sujet plus obscène, pour nos contemporains, que le sexe. Plus dérangeant. Plus intime. Plus difficile à dire, à montrer, à penser. Disons que la sexualité est devenue une espèce de règle, à laquelle il faut bien se soumettre. L'amour serait plutôt une exception. La sexualité fait partie de notre santé. L'amour serait plutôt une maladie, en tout cas un trouble. La sexualité est une force. L'amour serait plutôt une faiblesse, une fragilité, une blessure. La sexualité est une évidence ; l'amour, un problème ou un mystère. On peut douter, même, de sa réalité : et si ce n'était qu'un rêve, qu'une illusion, qu'un mensonge ? S'il n'y avait partout que le sexe et l'égoïsme ? Si tout le reste n'était que littérature ? Si l'amour n'existait, comme le suggérait La Rochefoucauld, que pour autant qu'on en parle ?

Cela, toutefois, ne serait pas rien, puisqu'on en parle en effet, puisqu'on ne cesse, depuis si longtemps, d'en parler. Et puisque l'égoïsme est un amour encore

– l'amour de soi –, dont on ne peut guère contester l'existence ni la force.

Puis il y a nos enfants. Si nous ne les aimions pas, aurions-nous peur à ce point ?

Puis il y a nos amis. Quand bien même nous ne les aimerions que pour nous, ce qui est en effet concevable, ils n'en seraient pas moins plus précieux à nos yeux que nos ennemis, que nous détestons, ou que ceux, innombrables, qui nous sont indifférents. Il faut donc que l'amour ne soit pas rien, puisqu'il introduit au moins, dans nos relations, cette différence-là : entre ceux qui nous sont chers, comme on dit, et ceux qui ne nous sont rien.

Il en va de même de tout ce à quoi nous accordons de la valeur, et il n'y aurait pas de valeur autrement. L'amour introduit une « rupture de l'indifférence », comme disait Lavelle : tout, sans amour, est indifférent (le *ou mallon* de Pyrrhon) ; rien, quand on aime, ne l'est. L'amour, puissance de différenciation : normativité immanente. C'est ce qui donne tort au nihilisme, raison au relativisme (Spinoza).

Puis il y a tous ces amours qui nous encombrent, dont on ne saurait pour cela contester l'existence : l'amour de l'argent, du pouvoir, de la gloire…

Puis ceux qui nous réjouissent : l'amour de la bonne chère, du plaisir, de la vie… Que vaudrait le sexe, même, si nous ne l'aimions pas ?

On dira qu'il s'agit d'amours très différents, qu'on ne peut pas mettre sur le même plan l'amour que nous avons pour un objet (par exemple pour un mets ou un vin) et celui que nous ressentons pour un sujet, qui seul serait *amour* véritablement… Peut-être. Mais enfin on ne peut les distinguer qu'à la condition de les comparer d'abord. D'ailleurs le langage me donne raison, dans la plupart des langues : « L'amant, disait Platon, aime l'enfant comme un plat dont il veut se rassasier, ou comme le loup aime l'agneau… » Et Nietzsche, pour se moquer de l'amour du prochain : « Comment l'aigle n'aimerait-il pas l'agneau, à la chair si délectable ? »

Je prends l'amour dans son extension maximale, et j'essaie de comprendre ce qu'il est. J'aime le vin et la bière, le tabac et la santé, Mozart et Vermeer, la justice et la liberté, les femmes et cette femme… Quoi de commun entre ces différents amours ? Un certain plaisir que j'en attends ou que j'y trouve, une certaine joie, voire, parfois, comme un bonheur possible. Aimer, c'est pouvoir jouir ou se réjouir de quelque chose ou de quelqu'un. C'est donc aussi pouvoir souffrir, puisque plaisir et joie dépendent ici, par définition, d'un objet extérieur, qui peut être présent ou absent, se donner ou se refuser… « Pour un objet qui n'est pas aimé, écrit Spinoza, il ne naîtra point de querelle ; nous serons sans tristesse s'il vient à périr, sans jalousie s'il tombe en la possession d'un autre, sans crainte, sans haine, sans trouble de l'âme… » Il faut donc que nous aimions, pour souffrir à ce point ! L'amour nous tient comme nous tenons à l'amour. On aurait tort de le regretter. Si nous n'aimions rien, ni nous-mêmes, notre vie serait plus tranquille qu'elle n'est. Mais c'est que nous serions moins vivants, ou déjà morts.

L'être humain ne peut vivre sans amour, explique Spinoza, puisque c'est l'amour qui le fait vivre : « En raison de la faiblesse de notre nature, sans quelque chose dont nous jouissions, à quoi nous soyons unis et par quoi nous soyons fortifiés, nous ne pourrions exister. » L'amour est une puissance – puissance de jouir et de se réjouir – mais limitée. C'est pourquoi il marque aussi notre faiblesse, notre fragilité, notre finitude. Pouvoir jouir et pouvoir souffrir vont ensemble, comme la joie et la tristesse, comme l'amour et la haine. C'est ce qui nous voue à l'instabilité, à l'espoir et à la crainte, à la jouissance et au manque, à la joie et à la peine, enfin au tragique et à l'insatisfaction. Une issue ? Il faudrait n'aimer que Dieu ou que tout, ce qui revient au même, et c'est ce que Spinoza appelle la sagesse. Mais qui en est capable ?

Qu'est-ce que l'amour ? Spinoza donne cette belle définition : « L'amour est une joie qu'accompagne l'idée d'une cause extérieure. » Aimer, c'est se réjouir de. Mais si la cause fait défaut ? Alors il ne reste que le chagrin ou le manque. À nous d'aimer autre chose, dirait Spinoza, ou autrement. Car le réel, lui, ne manque jamais.

C'est où l'on peut penser le rapport entre deux définitions de l'amour, qui dominent toute l'histoire de la philosophie. Il y a celle de Spinoza, qui était déjà celle, pour l'essentiel, d'Aristote : « Aimer, disait ce dernier, c'est se réjouir. » Et puis il y a celle de Platon, qui semble dire tout le contraire. L'amour, pour Platon, n'est pas d'abord une joie. L'amour est manque, frustration, souffrance : « Ce qu'on n'a pas, ce qu'on n'est pas, ce dont on manque, voilà les objets du désir et de l'amour. » Inutile, entre ces deux définitions, de choisir. Elles sont justes toutes les deux, mais ne parlent pas de la même chose. Elles portent sur deux amours différents, que les Grecs désignaient par deux mots différents : *philia*, pour la joie d'aimer, et *éros*, pour le manque. L'amour-action, si l'on veut, celui qu'on fait ou qu'on construit (l'amitié, le couple, la famille), et l'amour-passion, celui qui nous fait ou nous défait (le manque dévorant de l'autre). « Être amoureux est un état ; aimer, un acte. » La formule, qui est de Denis de Rougemont, marque assez clairement les deux pôles, pas assez leurs interférences, ni l'entre-deux, souvent indistinct, qui les sépare ou les unit. La plupart de nos histoires d'amour mêlent l'un et l'autre de ces deux sentiments, et au fond c'est heureux : puisque nous sommes voués au manque, par la finitude, et puisque la joie seule nous conforte ou nous comble… Le sexe, par exemple, peut se vivre dans le manque autant que dans la joie, et même, quand tout va bien, il ne cesse de nous mener de l'un à l'autre, de l'autre à l'un. C'est en quoi il nous ressemble ; c'est en quoi nous lui ressemblons, quand nous aimons.

Le manque et la joie, *éros* et *philia*, n'en sont pas moins différents l'un de l'autre. *Éros* est premier, bien sûr, puisque le manque est premier : voyez le nouveau-né qui cherche le sein, qui pleure quand on le lui retire… C'est l'amour qui prend, l'amour qui veut posséder et garder, l'amour égoïste, l'amour passionnel, et toute passion dévore. Je t'aime : je te veux. Comment cet amour-là serait-il heureux ? Il faut aimer ce qu'on n'a pas, et souffrir de ce manque ; ou bien avoir ce qui ne manque plus (puisqu'on l'a) et qu'on aime dès lors de moins en moins (puisqu'on ne sait aimer que ce qui manque). Souffrance de la passion, ennui des couples. Ou bien il faut aimer autrement :

non plus dans le manque mais dans la joie, non plus dans la passion mais dans l'action – non plus chez Platon mais chez Spinoza. Je t'aime : je suis joyeux que tu existes. C'est où l'on passe de l'amour fou à l'amour sage, et il n'y a que les fous pour le regretter. Souffrir ? S'ennuyer ? Manquer ? Mais de quoi, puisque tu es là ? Tout couple heureux, il y en a tout de même quelques-uns, est une réfutation du platonisme.

Éros, c'est le manque et la passion amoureuse : c'est l'amour qui prend ou veut prendre. *Philia*, c'est la puissance et la joie redoublées par celles de l'autre : c'est l'amour qui se réjouit et partage. Voyez cette mère et son petit. L'enfant *prend* le sein : c'est *éros*, l'amour qui prend, et c'est la vie même. Alors que la mère *donne* le sein : c'est *philia*, l'amour qui donne, grâce à quoi tout continue et change. Car la mère a été un enfant d'abord. Elle a commencé par prendre, comme tout le monde. Puis elle a appris à donner, au moins à ses enfants, et c'est ce qu'on appelle un adulte. Au début il n'y a qu'*éros* (il n'y a que *ça*, comme dit Freud), et sans doute on n'en sort pas : chacun commence par prendre, nul n'en a jamais fini. Mais enfin il s'agit d'apprendre à donner, au moins un peu, au moins parfois, au moins à ceux que nous aimons, à ceux qui nous font du bien ou nous réjouissent…

C'est encore de l'égoïsme ? Peut-être, pour une part. Comment pourrions-nous aimer quoi que ce soit, si nous ne nous aimions nous-mêmes ? On ne sort pas du principe de plaisir : il s'agit toujours de jouir le plus possible, de souffrir le moins possible… Ce n'est pas la même chose pourtant de ne jouir que de ce qu'on prend ou garde, qui est l'égoïsme vrai, ou bien de savoir jouir, parfois, de ce qu'on donne ou partage…

Donner sans prendre ? Se réjouir sans vouloir posséder ni garder ? Ce serait *philia* libérée d'*éros*, l'amour libéré du moi, la joie libérée du manque, et c'est ce que les premiers chrétiens – quand il fallut traduire en grec le message du Christ – ont appelé *agapè*, qui est l'amour de charité. Vertu théologale, dans leur langage, parce qu'elle a Dieu pour objet ou pour principe. C'est dire assez qu'elle nous dépasse. C'est l'amour du prochain, celui qui est là, quel qu'il soit et quoi qu'il fasse. C'est l'amour libéré de l'ego, comme une amitié sans frontière, sans rivage, sans limites… Que nous en soyons capables, j'en doute fort. Mais enfin cela indique au moins une direction, qui est celle d'un amour de plus en plus vaste. « Ne pas humilier l'ego, disait Prajnânpad, mais l'ouvrir, comme un angle qui devient une ligne droite… » L'amour n'est pas le contraire de l'égoïsme ; c'est son effet, son débouché – comme un fleuve se jette dans la mer –, enfin son remède ou, comme dirait Spinoza, son salut.

S'aimer soi ? Ce n'est qu'une partie du chemin. N'aimer que soi, ou que pour soi ? C'est piétiner sur place, refuser de grandir, s'enfermer dans la petite enfance, dans la dépendance, dans le manque. Vas-tu passer toute ta vie à chercher un sein, ou à vouloir le garder, quand il y a un monde entier à aimer ?

On n'aime jamais trop. On aime mal et petitement.

Vivre au présent

Qu'est-ce que le temps ? La question plongeait saint Augustin dans un abîme de perplexité. « Qu'est-ce donc que le temps ? Si personne ne me le demande, je le sais ; mais si on me le demande et que je veuille l'expliquer, je ne le sais plus. » La perplexité des philosophes, depuis, n'a pas cessé.

Pourquoi la question est-elle si difficile ? Parce que le temps, pour qui veut le définir, c'est d'abord la succession du passé, du présent et de l'avenir. Or le passé n'est pas, puisqu'il n'est plus ; ni l'avenir, puisqu'il n'est pas encore. Il ne resterait donc que le présent… Mais le présent, précisément, ne *reste* pas, et c'est ce que souligne saint Augustin : « Quant au présent, s'il était toujours présent, s'il n'allait pas rejoindre le passé, il ne serait pas du temps, il serait l'éternité. Donc si le présent, pour être du temps, doit rejoindre le passé, comment pouvons-nous déclarer qu'il est, lui qui ne peut être qu'en cessant d'être ? » La conclusion prend la forme d'un paradoxe, que saint Augustin énonce fortement : « Si bien que ce qui nous autorise à affirmer que le temps est, c'est qu'il tend à n'être plus. »

Le temps ne serait qu'un anéantissement (le présent) entre deux néants (le passé et l'avenir). C'est pourquoi on parle de la fuite du temps : cette fuite, qui le rend insaisissable, serait le temps même. Seule l'éternité, qui serait hors du temps, vaudrait la peine…

Je n'en crois rien, et c'est ce que je voudrais rapidement expliquer.

Que le passé et l'avenir ne soient pas, puisqu'ils ne sont plus ou pas encore, j'en suis évidemment d'accord. Quant au présent, c'est autre chose. « Il ne peut être qu'en cessant d'être », disait saint Augustin. Ce n'est pas mon expérience. Le présent ne m'a jamais fait défaut. Je ne l'ai jamais vu cesser ni disparaître. C'est tout le contraire qui est vrai : depuis que je suis né, je n'ai pas quitté le présent un instant, ni le présent ne m'a quitté. J'ai constaté que tout fuyait ou s'usait – sauf le présent, en quoi tout fuit et qui demeure. Je mourrai ? Oui : je quitterai le présent. Mais c'est moi qui cesserai d'être, non lui. Génial distique de Ronsard :

« Le temps s'en va, le temps s'en va, Madame…
Las ! Le temps non, mais nous nous en allons ! »

C'est notre expérience à tous, et cela donne tort à saint Augustin : le présent n'en finit pas d'être présent. Comment pourrait-il s'abolir, d'ailleurs, puisque rien, s'il disparaissait, ne pourrait demeurer ? Si bien que ce qui nous autorise à affirmer que le temps est, dirais-je contre saint Augustin, c'est qu'il ne cesse de continuer.

Les jours passent ? Certes. Mais le présent non, qui reste là, qui est le seul *là* de l'être. Je m'en vais. Le temps demeure.

L'espoir ? Le souvenir ? Ils n'existent l'un et l'autre qu'au présent. Un souvenir qui n'est plus présent, ce n'est pas un souvenir : c'est un oubli. Un espoir qui n'est plus présent, ce n'est pas un espoir : c'est une déception ou un bonheur. Ils ne sont pas encore ? Ce ne sont que des possibilités d'espoir ou de souvenir. Seul le présent existe ; tout ce qui existe est présent.

Le présent change ? Il ne cesse de changer ; mais rien ne change qu'au présent, et c'est le présent même. C'est où Héraclite et Parménide se rejoignent, peut-être. « Ni il n'était ni il ne sera, puisqu'il est maintenant. » Quoi ? L'être : le devenir. On ne se baigne jamais deux fois dans le même fleuve, ni dans un fleuve passé ou à venir. Hier ? C'était un jour présent. Demain ? Ce sera un jour présent. Le présent est le seul temps réel, le seul temps en acte. C'est toujours aujourd'hui. C'est toujours maintenant.

Mais si le présent restait toujours présent, objectait saint Augustin, « il ne serait pas du temps, il serait l'éternité »… C'est opposer ce qui ne doit pas l'être. Qu'est-ce que l'éternité ? Un présent qui reste présent, répond saint Augustin. C'est donc le présent même. L'éternité n'est pas le contraire du temps, ni le contraire du devenir : c'est le toujours-présent de ce qui dure et change. Avez-vous jamais quitté le présent ? Non, bien sûr. Vous n'avez donc jamais quitté l'éternité. Mais alors à quoi bon l'attendre ou l'espérer ? Vous êtes déjà dans le Royaume : l'éternité, c'est maintenant.

S'il faut vivre au présent, comme disaient les stoïciens, comme disent tous les sages, c'est qu'on n'a pas le choix : le présent seul est réel, lui seul nous est donné. Mais ce serait un contresens que de renoncer pour cela à tout rapport au passé ou à l'avenir. D'ailleurs qui le peut ? Et qui le voudrait ? Sagesse n'est pas amnésie. Sagesse n'est pas aboulie. Vivre, pour un être humain, c'est toujours se souvenir du passé, c'est toujours se projeter vers un futur. Comment être soi-même, sans se souvenir de ce qu'on a vécu ? Comment aimer, sans se souvenir de ceux qu'on aime ? Comment penser, sans se souvenir de ses idées ?

Et comment agir sans projet, sans prévision, sans anticipation ? Gouverner c'est prévoir, dit-on. Cela vaut aussi pour le gouvernement de soi, autrement dit pour la volonté. S'engager, c'est toujours prendre parti, au présent, pour un certain avenir. Nul n'accomplirait quelque action que ce soit, s'il n'en imaginait à l'avance le résultat.

Vivre au présent, ce n'est pas vivre dans l'instant, ce n'est pas s'enfermer dans le « *no future* » des punks ou des idiots, ni dans l'hédonisme sans mémoire des frivoles. Nul instant n'est une demeure pour l'homme, mais le présent seul, qui dure et change. Épicure contre Aristippe. Spinoza contre Descartes. Bergson contre nos impatiences (« il faut attendre que le sucre fonde ») ou nos reniements. L'esprit, c'est la mémoire (y compris la mémoire du présent : la conscience) ; le temps, c'est la durée. Mais il n'est de mémoire qu'au présent, et de durée qu'actuelle. Vivre au présent, ce n'est pas s'amputer de cette mémoire, ni de cette durée, bien au contraire ; ce n'est pas vivre « attaché au piquet de l'instant », comme disait Nietzsche ; c'est habiter le tout de ce qui nous est donné, qui n'est accessible et réel qu'au présent. Ce n'est pas non plus s'enfermer dans la nostalgie (qui est le manque du passé) ou dans l'espérance (qui est le manque de l'avenir). Si tout est présent, tout est là et rien ne manque. Il s'agit non de regretter le passé, mais de s'en souvenir, non d'espérer l'avenir mais de le préparer, ici et maintenant. Ce n'est plus nostalgie mais fidélité ; ce n'est plus espérance mais volonté.

C'est le visage humain de l'éternel.

La question de l'être

Pourquoi y a-t-il quelque chose plutôt que rien ? C'est sans doute, philosophiquement, la question principale. Dans ces termes-là, c'est une question de Leibniz. Mais elle traverse, bien avant lui, toute l'histoire de la philosophie. C'est la question de l'être : l'être comme question.

Aucune science n'y répond. Les sciences étudient ce qui est (les *étants*, dirait Heidegger), non ce que c'est qu'être, ni son pourquoi. Les sciences supposent l'être ; comment pourraient-elles l'expliquer ?

Le *big bang* ? Cette gigantesque et primordiale « explosion » (pour garder ce très approximatif modèle) suppose quelque chose qui explose. Pas de *big bang* sans particules et antiparticules, sans matière, sans énergie. Ce n'est pas l'origine de l'être, ni son explication : c'est tout au plus le commencement de notre histoire, de notre univers, de ce qui se donne, pour nous, à connaître. La question « Pourquoi y a-t-il quelque chose plutôt que rien ? » ne porte pas sur ce commencement mais sur ce qui l'explique, qui doit pour cela le précéder. Question métaphysique, donc, strictement. « Zéro, me disait un physicien, n'est pas un nombre physique. » Les physiciens ne peuvent étudier que quelque chose, qu'ils mesurent, quand c'est possible, et qu'ils expliquent… par autre chose. Ils ne disent pas le pourquoi, mais le comment. Non l'origine mais le commencement, s'il y en a un. Les métaphysiciens – par exemple les philosophes ou les enfants – se demandent ce qu'il y avait *avant* le commencement, ou *pourquoi* cela a commencé, bref, pourquoi il y a quelque chose et non pas rien…

À ces questions, nul ne peut répondre. On dira que cela voue la métaphysique à l'inanité. Je dirais plutôt que c'est ce qui la rend nécessaire et insatisfaisante. Elle nous voue au mystère, à l'étonnement – à l'humanité peut-être, s'il est vrai, comme disait Schopenhauer et comme je le crois, que l'homme est un animal métaphysique. Le seul qui s'interroge sur l'être en tant qu'être : le seul pour qui l'être fasse question.

On a inventé Dieu pour y répondre. Mais cela ne résout pas plus le problème que le *big bang*. Pourquoi Dieu plutôt que rien ? Si Dieu est, il relève de la question de l'être, dont il ne saurait dès lors constituer la réponse. Et encore moins, d'évidence, s'il n'est pas.

On dira que Dieu est éternel, ce qui dispense au moins de s'interroger sur son commencement… Soit. Mais n'est-ce pas expliquer quelque chose que l'on ne comprend pas (l'existence de l'univers) par quelque chose que l'on comprend encore moins (l'existence de Dieu) ? Et que vaut, dès lors, cette explication ?

Pour expliquer l'ensemble des choses contingentes, disait Leibniz, il faut un être qui porte la raison de son existence en lui, autrement dit qui soit nécessaire et éternel : c'est ce que nous appelons Dieu. Très bien. Mais qu'est-ce que cet être ? Et pourquoi serait-ce un Dieu ? Pourquoi ne serait-ce pas, comme le voulait Spinoza, la nature elle-même, dans sa nécessité, dans son éternité, dans son indifférence ? Pourquoi serait-ce un sujet plutôt qu'un objet ? Une personne plutôt qu'une substance ? Quelqu'un, plutôt que quelque chose ? Un créateur, plutôt que l'ensemble incréé de tout ?

Pour expliquer ce qui est, il faut un être qui s'explique par lui-même : qui soit *causa sui*, comme disent les philosophes (cause de soi). Mais d'un tel être nous n'avons aucune idée, sinon par foi ou dogme. Comment un être pourrait-il se causer soi ? Cela suppose qu'il existe déjà et n'a pas besoin de cause…

C'est dire qu'à la question de l'être, il n'est d'autre réponse que l'être même. Pourquoi l'être ? Parce que l'être. Que cette réponse n'en soit pas une, c'est bien clair. C'est pourquoi la question continue de se poser. C'est ce qu'on appelle un *mystère* (par différence avec un *problème*, qui a une solution au moins possible), et l'être en est un, et le seul peut-être. Comment pourrait-on l'expliquer, puisque toute explication le suppose ? L'homme interroge. Le silence lui répond.

Les droits de l'homme

C'était il y a cinquante ans : la Déclaration universelle des droits de l'homme fut adoptée par l'Assemblée générale de l'ONU, à Paris, le 10 décembre 1948. On sortait de la guerre, de la barbarie, de l'horreur. Il s'agissait d'empêcher que le pire recommence. Si tous les États s'y mettaient, pensait-on, les droits de l'homme finiraient bien par l'emporter… De là cette déclaration solennelle, qui fut adoptée à la quasi-unanimité (48 votes pour, aucun vote contre, 8 abstentions : le bloc soviétique, l'Afrique du Sud, l'Arabie Saoudite…). C'est une date importante, par l'engagement commun, pour la première fois dans l'histoire, de tant d'États différents. Mais un engagement, même solennel, ne tient pas lieu d'action. Si tous les États respectaient les droits de l'homme, aurait-on encore besoin d'une déclaration universelle ? Et à quoi bon cette déclaration, si les États ne la respectent pas ?

Cinquante ans plus tard, l'horreur n'a pas disparu. Il y eut des guerres en pagaille, des massacres, des génocides. Souvenez-vous de l'Indonésie, de l'Algérie, du Biafra, du Viêtnam, du Cambodge, du Rwanda… L'esclavage même n'a pas totalement disparu. Et l'on torture presque quotidiennement dans plusieurs des États qui ont adopté cette Déclaration universelle interdisant la torture…

Le droit n'est rien sans la force, ni une déclaration sans les moyens de la faire appliquer. Rien ? Pas tout à fait pourtant. Disons que ce n'est qu'un idéal. Et un idéal, malgré tout, ce n'est pas rien. C'est un but pour l'action ; c'est une norme pour la réflexion. C'est pourquoi nous en avons besoin : parce qu'il s'agit de penser et d'agir.

Philosophiquement, le problème principal est celui de l'universalité. Ces droits de l'homme, dit-on parfois, sont ceux de l'Occident. Au nom de quoi vouloir les imposer à la planète entière ?

Au nom de quoi ? Au nom d'une certaine idée de l'homme : au nom de la liberté, de l'égalité, de la fraternité, de la justice… Au nom de l'universalité humaine. Que ces valeurs soient nées en Occident ou s'y soient épanouies davantage, on peut l'admettre (même si ce n'est qu'un raccourci) ; mais point qu'elles soient pour cela réservées à quiconque. La philosophie est née en Grèce. Cela ne veut pas dire qu'il faille être Grec pour philosopher. Une certaine idée de Dieu est née au Moyen-Orient. Cela ne veut pas dire qu'il faille être juif ou arabe pour y croire. Un certain idéal de compassion universelle est apparu dans l'Orient bouddhiste. Cela ne veut pas dire qu'il faille être asiatique ou bouddhiste pour en percevoir la grandeur. Les idées n'appartiennent à aucun peuple. Elles ne valent que par la capacité qu'elles ont de s'adresser à l'humanité entière : elles ne valent qu'à condition d'être universelles ou de pouvoir le devenir.

Les droits de l'homme ? Ce sont ces valeurs universelles, ou en tout cas universalisables, qui nous permettent de vivre ensemble. Que certains pays à certaines époques (la Grèce et Rome dans l'Antiquité, l'Europe et l'Amérique au XVIIIe siècle) aient contribué plus que d'autres à leur émergence, c'est possible : aux historiens de le dire et, le cas échéant, de l'expliquer. Mais cela ne met pas ces pays à l'abri du pire (l'Inquisition ou le nazisme sont également nés en Europe), ni ne dispense les autres nations de faire, à leur tour, à leur façon, ce chemin. Que tous les humains soient égaux en droits et en dignité, bien sûr sans distinction de sexe, de race ou de religion, ce n'est pas le principe d'une culture contre d'autres ; c'est le principe commun qui peut permettre à toutes les cultures qui l'acceptent de coexister en se respectant. Principe d'humanité, ou l'humanité comme principe.

Principe éternel ? Pourquoi le serait-il, puisque l'humanité ne l'est pas ? Que les droits de l'homme soient un produit de l'histoire – non de l'absolu, donc, mais du relatif –, cela ne les annule pas. C'est au contraire ce qui leur permet d'exister. Où commencent-ils ? Où s'arrêtent-ils ? C'est aux humains d'en décider. Les droits de l'homme ne sont pas une religion révélée. Ce n'est pas une religion du tout : juste une espèce de morale minimale, mais juridiquement exprimée, sur quoi la plupart des humains, après tant et tant de millénaires, sont à peu près d'accord. On aurait tort de faire la fine bouche. Ce consensus, même partiel et fluctuant, ne saurait à lui seul tenir lieu de civilisation.

Mais c'est mieux que rien, et beaucoup mieux que le pire.

Marx reprochait aux droits de l'homme, tels qu'ils étaient déjà énoncés par les constitutions françaises de 1789 et 1793, de ne représenter que « les droits du membre de la société bourgeoise », autrement dit que les droits de « l'individu égoïste et indépendant ». C'était faire trop de crédit à la bourgeoisie, qui n'a inventé ni l'égoïsme ni l'indépendance. Et trop peu à l'humanité. Que le droit à la liberté, à la propriété, à la sûreté, ce sont les exemples de Marx, puissent être les droits de l'individu égoïste, soit. Mais cela ne les disqualifie pas, puisque égoïstes nous sommes en effet. N'attendons pas que l'humanité soit composée de saints pour reconnaître des droits égaux à tout homme et à toute femme. Ni que nous n'ayons plus besoin du droit (parce que l'amour et la générosité régneraient…) pour imposer son respect.

Que nous ayons droit aussi à l'égoïsme, c'est ce qu'il faut rappeler contre tous les totalitarismes, qui veulent toujours que l'individu se sacrifie pour le groupe. Mais que tout être humain y ait droit autant que moi, c'est ce qu'il faut rappeler contre l'égoïsme lui-même. C'est la « règle d'or » de la morale, que l'Europe n'a pas inventée, tant s'en faut, puisqu'on la retrouve, sous une forme ou sous une autre, dans toutes les grandes civilisations : « Ne fais pas à autrui ce que tu ne voudrais pas qu'on te fasse. »

Par quoi l'égoïsme mène à l'universel : c'est le secret du droit et de la morale.

L'esprit de la laïcité

Les deuxièmes Assises du dialogue interreligieux viennent de se tenir à Lille. La grande salle du Palais des Congrès était comble. Il y avait là des chrétiens, catholiques ou protestants, des juifs, des musulmans, des bouddhistes… Le sujet ? « De la tolérance au dialogue dans une société laïque. » Les organisateurs avaient souhaité qu'un athée s'y exprimât, et que je fusse celui-là. Je le fis volontiers.

Ce qui m'a frappé ? D'abord que la laïcité soit à ce point devenue notre bien commun. Croyants ou athées, tous s'en réclament, et c'est tant mieux. C'est ce qui nous permet de vivre ensemble sans nous affronter, dans le respect, qui semble aujourd'hui aller de soi, de nos différences et de notre commune liberté.

Cette laïcité, c'est ce que j'ai suggéré dans les débats, peut se penser comme une triple extériorité ou dépossession.

La plus évidente, c'est l'extériorité de l'État par rapport aux questions religieuses. Aucune religion, aucun courant de pensée, ne peut prétendre posséder l'État, qui n'appartient à personne, pas plus que l'État – sauf à renoncer à la laïcité – ne peut prétendre détenir, en matière de religion ou d'athéisme, la moindre vérité. C'est ce qu'on peut appeler la laïcité politique : l'indépendance de l'État vis-à-vis des Églises, et des Églises vis-à-vis de l'État. Qu'elle soit nécessaire, c'est ce que plus personne, dans notre pays, ne conteste. Inutile donc de s'y attarder. Ce fut un grand combat, mais il est gagné.

La deuxième extériorité est celle de la vérité. C'est plus difficile à concevoir et, pour les religions, surtout révélées, à admettre. Dieu n'est-il pas la vérité ? Comment croire en lui sans prétendre la posséder, elle ? Quelle religion sans dogmes ? Quels dogmes sans dogmatisme ?

Oui. Mais Dieu, s'il existe, est par définition inconnaissable. Mais il est « caché », comme disait Pascal après Isaïe, « absent », comme disait Simone Weil, « transcendant », comme ils disent tous, et pour cela hors d'atteinte. Comment connaître ce qui nous dépasse ? Comment prouver ce qui est au-delà de toute preuve ? Comment posséder ce qui nous contient ? Cela donne tort à tous les dogmatismes. La Révélation ? Elle ne vaut que pour la foi, qui ne vaut que par elle. La grâce ? Elle ne vaut que pour qui en bénéficie ou y croit. Ce double cercle leur interdit de valoir comme certitude, et c'est ce que les vrais croyants sont les premiers à reconnaître, que dis-je, à expérimenter. Quelle foi sans doute, sans interrogation, sans inquiétude ? Ce ne serait plus foi mais savoir. Que deux plus deux fassent quatre, nul n'en doute, et pour cela nul n'y *croit*, à strictement parler. L'arithmétique n'est pas une religion ; savoir compter dispense d'y croire. D'ailleurs quel mérite y aurait-il à croire ce que l'on sait ? Si la foi était une connaissance, elle ne serait plus une vertu, ni une grâce.

Les mêmes remarques valent bien sûr pour les athées. L'inexistence de Dieu est tout aussi indémontrable que son existence. L'athéisme est une croyance négative, mais qui n'en est pas moins *croyance* pour autant. Le mot vous gêne ? Disons alors que l'athéisme est une opinion, une persuasion, une conviction... L'essentiel demeure. Être athée, ce n'est pas connaître quelque chose que les croyants ignoreraient. C'est croire – et non pas savoir – que Dieu n'existe pas.

Bref, nul ne connaît l'absolu, ni l'origine première, ni les fins ultimes. Aucun individu, aucune institution, ne peut prétendre, dans ces domaines, posséder la vérité. C'est ce qui permet à chacun de la chercher, de la poursuivre, de l'aimer, s'il le veut, mais sans jamais pouvoir se l'approprier ni prétendre l'imposer à quiconque. C'est l'esprit de la laïcité. La vérité est une, sans doute, mais n'appartient à personne – et surtout pas aux Églises ou aux États ! C'est l'esprit tout court, qui n'est pas possession mais quête. Le dogmatisme est une idéologie de propriétaires. C'est prendre son âme pour un coffre-fort. La vraie spiritualité, avec ou sans Dieu, est à l'inverse : non richesse mais pauvreté, non possession mais dépossession, non avoir mais devoir (au double sens de l'exigence et de la dette) ou être. Heureux les pauvres en esprit, qui aiment cela qui les possède – Dieu, la vérité – et qu'ils ne possèdent pas !

La troisième extériorité ou dépossession est celle de l'humanité elle-même. Que nous en fassions tous partie est précisément ce qui nous interdit de nous l'approprier, voire de parler en son nom. Toute croyance est humaine. Comment l'une d'entre elles pourrait-elle nous représenter tous ? L'humanité nous contient. Comment pourrions-nous la contenir ? L'humanisme, s'il était une religion, ce que je ne crois pas, serait aussi douteux que toutes les autres. Les droits de l'homme ? Ils s'imposent à l'action, point à la pensée. L'État est là pour les faire respecter, non pour les faire croire. C'est par quoi l'esprit est libre, qui doute de tout et de lui-même.

Triple extériorité, donc, triple ouverture, triple dépossession. C'est ce qui nous fait libres et pauvres. Nul ne possède l'État, ni la vérité, ni l'humanité. Nul ne peut penser qu'en son nom, et cela seul est penser véritablement. « Tout seul, disait Alain, universellement… » L'esprit de la laïcité, c'est la laïcité de l'esprit : il n'appartient à personne, puisque tous y ont droit.

Chasse de toi le pharisien qui voudrait posséder l'absolu.

Conscience

« Nous en sommes à la phase où le conscient devient modeste », écrivait Nietzsche. Psychanalyse, ethnologie, sociologie et neurologie, depuis lors, nous ont donné bien d'autres raisons de modestie. C'est toujours bon à prendre. Nul n'ignore, aujourd'hui, que la conscience n'est qu'une petite partie de nous-mêmes (« la plus superficielle », disait Nietzsche), qui résulte de toutes sortes de processus, tant physiologiques que psychologiques, qu'elle ignore. Qui sent fonctionner ses neurones ? Qui perçoit son propre inconscient ? Ses propres conditionnements ? Et comment pourrions-nous les contrôler, puisque tout contrôle les suppose ou en dépend ?

C'est ce qu'on a appelé l'ère du soupçon. Depuis Nietzsche, Marx et Freud, la conscience aurait découvert ses limites : nous savons désormais que nous sommes le résultat d'une histoire qui nous précède, qui nous constitue, qui nous traverse, dont nous ignorons l'essentiel, et qui détermine la conscience, comme disait Marx, bien plus que la conscience ne la gouverne. Tout cela n'est pas aussi neuf qu'on le croit parfois (voyez Montaigne, Spinoza, Hume, Diderot, Schopenhauer...), ni aussi dépassé que d'autres, déjà, ne le suggèrent. Que Marx ou Freud soient moins à la mode qu'il y a trente ans, cela ne suffira pas à restaurer le sujet prétendument souverain – celui de Descartes, celui de Sartre –, qu'on croyait absolument libre et transparent à lui-même. C'est heureux. Le soupçon lucide, de soi à soi, vaut mieux que la confiance aveugle.

Quant aux sciences dures, qui viennent aujourd'hui rivaliser avec les sciences humaines, elles nous donneraient plutôt de nouvelles raisons de méfiance et de modestie. Avec l'inconscient ou la société, on pouvait encore ruser, se révolter, entreprendre de s'en libérer... La psychanalyse ou le marxisme servaient à cela, du moins en principe. Mais avec le cerveau ? Mais avec les gènes ? Mais avec ce corps qu'on est, qui nous fait, qu'on ne choisit pas ?

Bref, le sujet n'est ni souverain ni transparent : opaque, au contraire, prisonnier des illusions qu'il se fait sur lui-même et sur tout, incapable de se connaître ou de se gouverner tout à fait lui-même, enfin d'autant plus déterminé – par son corps, son inconscient, sa culture – qu'il ignore davantage l'être. Que reste-t-il à la conscience ?

Il n'en reste pas rien, me semble-t-il ; c'est ce que suggèrent une évidence, un constat et une exigence.

L'évidence, c'est que toutes les idées qui précèdent supposent la conscience (elles seraient autrement impossibles ou hors d'atteinte) et ne valent que pour elle. L'inconscient n'est pas psychanalyste. Les neurones ne sont pas neurologues. La société n'est pas sociologue. Toute science suppose un sujet qui l'effectue. Comment pourrait-elle en tenir lieu ? Une idée, même vraie, ne vaut que pour une conscience, qui la juge. Comment pourrait-elle l'abolir ?

C'est ce que confirme un constat, qui est d'ordre historique : Freud, Marx, Lévi-Strauss ou Changeux sont des rationalistes, des disciples des Lumières. On se trompe du tout au tout si l'on voit dans leur pensée je ne sais quel obscurantisme, qui se mettrait à genoux devant l'Inconscient ou l'Histoire, la Structure ou le Cerveau. C'est l'inverse qui est vrai. Marx est un militant ; Freud, un thérapeute ; Lévi-Strauss ou Changeux, des démocrates, et même des humanistes à leur façon. Leur pensée est au service de l'action, de la connaissance, du progrès, quand il est possible, et tout cela passe par une augmentation – et non une réduction ! – de la conscience. C'est l'esprit des sciences humaines, et même des sciences dures, dès qu'elles ont l'homme pour objet. Connaître ce qui échappe à la conscience, c'est une manière encore de l'accroître, et cela seul justifie qu'on l'entreprenne. À quoi bon la psychanalyse, la neurologie ou l'histoire, si elles ne nous apprenaient rien sur nous-mêmes ? Et comment nous l'apprendraient-elles sans transformer, au moins un peu, notre conscience ?

D'où une exigence, qui est morale. L'inconscient (qu'il soit physiologique, psychique ou social) ne dépend pas de nous – puisque c'est nous qui dépendons de lui. C'est bien commode quand on cherche des excuses ou des boucs émissaires ! « C'est pas moi, c'est mon inconscient : c'est la faute à papa, à maman, à la société, à mon cerveau, à ma névrose, à l'idéologie bourgeoise… » Peut-être. Mais qu'est-ce que cela change à ta médiocrité, à ta misère, à ton malheur ? À quoi bon te vautrer dans ton inconscient, ton milieu ou ton corps ? Prends plutôt ton destin en main : apprends à te connaître, apprends à agir, augmente en toi la part de lucidité, de responsabilité, de liberté – de conscience.

« Sapere aude ! » (Ose savoir ! Aie le courage de te servir de ton propre entendement !) Telle était, nous rappelle Kant, la devise des Lumières, qu'on trouvait déjà chez Horace ou Montaigne. Elle vaut encore aujourd'hui, et d'autant plus que ce savoir, pour nous, va moins de soi. La conscience n'est plus une évidence mais un travail, une exigence, une conquête. Non une transparence, mais une élucidation, toujours partielle, toujours inachevée. Non un état, mais un processus. Cela indique le chemin. Modestie n'est pas bassesse. Soupçon n'est pas renoncement. Ose te connaître toi-même : aie le courage de chercher à savoir ce que tu es, ce que tu vaux, ce que tu veux ! Cela t'aidera à changer, à avancer – à guérir ou grandir.

Nous en sommes à la phase où la conscience modeste peut redevenir ambitieuse.

Liberté

Qu'est-ce que la liberté ? C'est le contraire de la contrainte : être libre, c'est faire ce que l'on veut.

Mais il y a trois façons différentes de faire ce qu'on veut, donc trois façons d'être libre, ou trois sens différents, cela revient au même, du mot « liberté ». Car faire, pour l'homme, c'est agir ; mais c'est aussi vouloir et penser. De là trois libertés différentes : la liberté d'action, la liberté de la volonté, enfin la liberté de l'esprit ou de la raison.

Le premier sens est le plus simple, le plus indiscutable, le plus urgent. Je suis libre d'agir lorsque personne ne m'en empêche ni ne m'y contraint. La liberté d'action est le contraire de la soumission, de l'oppression, de l'esclavage. C'est ce qu'on appelle parfois, dans les classes, « la liberté au sens politique du terme » : parce que seul l'État peut la garantir, qui ne le peut qu'à la condition de la limiter. C'est la liberté des citoyens, qui s'arrête où commence celle des autres. C'est la liberté que la loi protège et restreint. C'est celle qu'il faut défendre comme la prunelle de nos yeux. Elle est toujours relative et limitée. Raison de plus pour y veiller.

La liberté de la volonté occupe davantage les philosophes. Il faut dire qu'elle est plus mystérieuse. Être libre, disais-je, c'est faire ce que l'on veut. Être libre de vouloir, c'est donc vouloir ce que l'on veut. Or, comment voudrait-on autre chose ? Le principe d'identité s'y oppose. Toute volition, dès qu'elle existe, serait à soi-même une contrainte suffisante. Qui peut vouloir ce qu'il ne veut pas ? Qui peut ne pas vouloir ce qu'il veut ? La volonté serait donc libre par définition (je veux ce que je veux), sans nous laisser, c'est le paradoxe, le moindre choix (je ne peux ni vouloir ce que je ne veux pas, ni ne pas vouloir ce que je veux). D'où le mystère : si l'on ne peut vouloir autre chose que ce qu'on veut, est-on libre encore de le vouloir ?

Prenons l'exemple des prochaines élections. Vous allez bien sûr voter pour qui vous voulez. Votre liberté d'action, dans notre démocratie, ne fait pas problème. Mais êtes-vous libre de *vouloir* voter pour telle ou telle liste ? Oui, en ceci que personne ne vous y contraint. Mais non, pourtant, puisque vos opinions font une contrainte suffisante. Comment voter à droite, si vous êtes de gauche ? À gauche, si vous êtes de droite ? Et comment penser que l'électeur indécis ou apolitique, celui qui s'en fout, celui qui n'y connaît rien ou qui change d'avis à chaque élection, serait plus libre que le citoyen averti, sûr de ses principes et de ses engagements ?

Cela pose le problème du libre arbitre ou, comme on dit dans les manuels, de la « liberté au sens métaphysique ». De quoi s'agit-il ? Toujours de la liberté de la volonté, mais qui peut à son tour être pensée de deux façons différentes. Les uns diront, avec les stoïciens : la volonté est libre lorsqu'elle veut ce qu'elle veut ; elle l'est donc toujours, et c'est ce qu'on peut appeler la spontanéité du vouloir. Les autres diront, avec Descartes ou Sartre : la volonté est libre si et seulement si elle peut vouloir autre chose que ce qu'elle veut ; elle est un pouvoir indéterminé de choix (c'est le choix de soi par soi), et c'est ce qu'on appelle le libre arbitre.

Cette dernière notion m'a toujours paru impensable. Comment pourrais-je vouloir autre chose que ce que je veux, puisque ce n'est possible, sauf à violer le principe d'identité, qu'à la condition de ne pas le vouloir ? Comment pourrais-je vouloir autrement que moi, puisque ce n'est possible, sauf à violer le principe de causalité, qu'à la condition de n'être pas ce que je suis ? Comment pourrais-je vouloir de façon indéterminée, puisque, si tel était le cas, je n'aurais plus de raison de vouloir quoi que ce soit ? Enfin comment pourrais-je me choisir moi-même, puisque tout choix suppose un sujet qui choisit ? Avez-vous jamais choisi d'être vous ? Et comment, étant vous, pourriez-vous vouloir autre chose que ce que vous voulez ? « L'être humain n'est d'abord rien », écrit Sartre. C'est ce que tout nouveau-né réfute, et tout homme. Le néant n'agit pas, ne veut pas, ne pense pas. Comment serait-il libre ?

Faut-il alors renoncer à la liberté ? Nullement.

D'abord parce que la liberté d'action demeure, qui mérite qu'on se batte pour elle.

Ensuite parce que la spontanéité de la volonté fait une liberté certes relative (elle dépend de ce que je suis) mais réelle. Nul ne peut m'empêcher de vouloir, ni m'y obliger, ni vouloir à ma place. Les héros le savent bien, et seuls les lâches font mine de l'oublier. Je ne peux vouloir que ce que je veux ; encore faut-il le vouloir.

Enfin parce que faire ce qu'on veut, c'est aussi penser ce qu'on veut (la pensée, pour l'esprit, est son acte). On dira qu'on reste en cela prisonnier de ce qu'on est, que la pensée n'est ni plus ni moins libre que la volonté, que ce troisième sens, dès lors, se résorbe dans le second… Pas tout à fait, ou pas seulement. C'est vrai, certes, de la liberté d'opinion, qui n'est jamais que la liberté d'exprimer ce qu'on pense. Mais, qu'on l'exprime ou non, il y a une pensée qui n'obéit pas au moi, ni à la volonté, ni à l'inconscient, ni à personne, une pensée qui ne se soumet qu'à elle-même, qu'à sa propre nécessité, comme disait Spinoza, et c'est ce qu'on appelle la raison. Une démonstration mathématique ne dépend pas de ce que je suis : tout individu, s'il est compétent, la fera aussi bien. C'est par quoi la raison est libre, et libératrice : parce qu'elle échappe à la petite prison du moi.

C'est ce qu'on appelle la liberté de l'esprit. Elle ne dispense pas d'agir, ni de vouloir. Mais l'action et la volonté, sans elle, ne seraient que des symptômes. On n'échappe à soi que par l'universel. On ne devient libre qu'en comprenant qu'on ne l'est pas.

Les partisans du libre arbitre n'y trouveront pas leur compte. La raison ne saurait choisir le faux, remarqueront-ils à juste titre, ni donc le vrai. Spinoza a raison de parler de nécessité, mais tort de la dire libre ! Qu'est-ce que cette liberté, demanderont-ils, qui n'a jamais le choix ?

Le débat est aussi vieux, ou peu s'en faut, que la philosophie. À toi de choisir, lecteur, la position qui te *semblera* la plus juste... Je souligne ce futur, non seulement parce qu'il s'impose (si tu as déjà pris une position, ou dès que tu la prends, tu n'as plus à la choisir : tu n'as plus le choix que d'en changer ou non), mais parce qu'il dit quelque chose d'essentiel : qu'un choix, quel qu'il soit, ne peut porter que sur l'avenir – alors qu'on n'agit jamais qu'au présent. Cela en dit long sur le libre arbitre, y compris chez ses partisans : il n'est pensable qu'au futur, comme Descartes l'a reconnu (voyez sa célèbre *Lettre au père Mesland*, du 9 février 1645), et donc, pour toute action effective, qu'au futur antérieur du passé, dont on remarquera qu'il se confond avec un conditionnel ou irréel du passé. *J'aurais pu* ne pas faire ce que j'ai fait ? Certes, tant que je ne l'avais pas fait ! Mais plus, d'évidence, pendant que je le fais, puisque, comme l'écrit Descartes, « ce qui est fait ne peut pas demeurer non fait, étant donné qu'on le fait ». Le libre arbitre est cette liberté toujours future et pour cela, à mes yeux, toujours irréelle : il n'est que la liberté de vouloir ce qu'on ne veut pas encore. C'est ce halo d'indécision, d'ignorance, d'imaginaire, de *futurité*, comme dit Heidegger, de néant, comme dit Sartre, qui flotte sur nos actions à venir. On n'est pas libre : on le sera. On sera libre, donc on ne l'est pas.

Le libre arbitre n'est qu'une liberté rêvée, ou un rêve de liberté. L'action nous réveille.

Philosopher à la française

Colloque à l'Université de Nice, sur la philosophie française. Je m'interroge sur ce que pourrait être une tradition française en philosophie. Comment la repérer ? En choisissant quelques œuvres fondatrices, et en se demandant ce qu'elles ont en commun, qui pourrait constituer le socle de cette tradition. Trois livres me paraissent s'imposer : les *Essais* de Montaigne, les *Méditations métaphysiques* de Descartes, les *Pensées* de Pascal.

Ce sont trois sommets, trois chefs-d'œuvre absolus, reconnus comme tels dans le monde entier. À les considérer ensemble, on est d'abord frappé par leurs différences, qui vont de soi. Des essais (les premiers du genre), un système métaphysique, des fragments… Un sceptique, un dogmatique, un croyant… À les comparer à d'autres, spécialement aux sommets des traditions britannique (Hobbes, Locke, Hume…) ou allemande (Leibniz, Kant, Hegel…), on est pourtant frappé par le fait que ces trois livres partagent trois caractéristiques, dans l'histoire de la philosophie, bien rares.

La première, c'est que ces trois auteurs philosophent à la première personne : c'est en parlant d'eux-mêmes qu'ils parlent de tout, et de tous. C'est évident chez Montaigne : « C'est moi que je peins, disait-il, je suis moi-même la matière de mon livre. » C'est presque aussi évident chez Descartes et Pascal. Les *Méditations* sont « l'histoire d'un esprit » : la formule est de Ferdinand Alquié, l'un des meilleurs spécialistes de Descartes, et elle est profondément juste. Quant aux *Pensées*, si elles dénoncent « le sot projet qu'eut Montaigne de se peindre », si elles n'ont rien d'une autobiographie, fût-elle intellectuelle, elles n'en sont pas moins résolument subjectives, et c'est à ce titre qu'elles nous intéressent : c'est « un homme » qui s'y exprime, comme disait Pascal, et pas seulement « un auteur » ! Cette philosophie à la première personne, que j'ai appelée l'ego-philosophie, reste fidèle à la tradition socratique. Il s'agit de « se connaître soi-même, explique Pascal : quand cela ne servirait pas à trouver le vrai, cela au moins sert à régler sa vie, et il n'y a rien de plus juste ».

Une deuxième caractéristique s'ensuit, inséparable de cette subjectivité, mais sans pourtant s'y réduire : un certain rapport intrinsèque à la littérature. Pour une philosophie qui se veut avant tout systématique (comme la philosophie allemande) ou empirique (comme la philosophie anglaise), la question du style peut sembler secondaire. Voyez Hobbes ou Leibniz, Locke ou Kant, Hume ou Hegel : aucun de ces six-là n'est considéré, dans son propre pays, comme un très grand écrivain. Nietzsche, en Allemagne, fait exception ; mais il s'est toujours senti et dit plus proche de la tradition française (spécialement de Montaigne et Pascal) que de la tradition germanique… En France, au contraire, nos plus grands philosophes font partie aussi de nos plus grands écrivains. Ce n'est pas un hasard. Pour une philosophie qui s'assume comme subjective, le style devient une exigence primordiale. Si c'est moi que je peins, ou même si c'est moi qui pense (et non le moi transcendantal = X, ni le sujet anonyme d'une expérience quelconque, mais le moi dans sa singularité incarnée et historique), pas question d'écrire n'importe comment, ni comme n'importe qui ! Le style, c'est l'homme : la formule de Buffon vaut aussi, et *a fortiori*, pour nos trois auteurs. Montaigne et Pascal dominent et notre philosophie et notre littérature. Quant à Descartes, s'il n'atteint pas leur génie littéraire, il est aussi un écrivain remarquable, pour qui la question du style est loin d'être négligeable. Ce sera le cas également de Malebranche, Montesquieu, Voltaire, Rousseau, Diderot, Maine de Biran, Guyau, Lagneau, Alain, Bergson, Sartre, Camus… Ce n'est pas une exclusivité française (voyez Nietzsche), ni une constante (voyez Auguste Comte), mais c'est bien une spécificité française : dans aucune tradition philosophique, la question du style n'est aussi importante que dans la nôtre ; dans aucune littérature, la philosophie n'occupe une place aussi éminente.

Enfin ces trois auteurs s'adressent au grand public, et se donnent les moyens d'en être compris. De là cette fameuse clarté française, que Nietzsche se plaisait à célébrer (« Quelle clarté et quelle précision délicate chez ces Français ! »), et dont Bergson énoncera le principe : « Il n'y a pas d'idée philosophique, si profonde ou si subtile soit-elle, qui ne puisse et ne doive s'exprimer dans la langue de tout le monde. Les philosophes français n'écrivent pas pour un cercle restreint d'initiés ; ils s'adressent à l'humanité en général. »

Est-ce à dire que Montaigne, Descartes et Pascal soient des vulgarisateurs ? L'idée est absurde (vulgarisateurs de quoi ? de qui ?), et eux-mêmes s'en fussent amusés. Simplement ils n'écrivaient pas pour leurs collègues, et d'ailleurs n'en avaient pas.

« Les étrangers, écrivait Voltaire, aiment dans les livres philosophiques français une clarté de style qu'ils trouvent ailleurs assez rarement. » L'historien de la philosophie Émile Bréhier, qui cite ce propos, se demandait déjà – c'était en 1947 – si « cette tradition n'était pas en péril ». Il me semble qu'elle l'est en effet. C'est une raison de plus pour la défendre.

Deux révolutions scientifiques

En 1957, le philosophe et historien des sciences Alexandre Koyré publiait son livre majeur : *Du monde clos à l'univers infini.* C'est l'un des grands livres du XXe siècle. Mais il porte sur les XVIe et XVIIe. Il retrace la révolution scientifique qui, de Copernic à Newton, a bouleversé « non seulement le contenu mais les cadres mêmes de notre pensée ».

Le monde clos ? C'était le *cosmos* de l'Antiquité (à l'exception des atomistes) et du Moyen Âge : un monde fini, ordonné, hiérarchisé, à l'intérieur duquel chacun pouvait trouver sa place, son rôle, son sens. La Terre au centre, l'homme au sommet de ses habitants. C'était l'univers de Ptolémée ou de Raymond Sebond. Le monde est un poème, disait saint Augustin, qui chante son Créateur.

L'univers infini ? C'est celui des Modernes : un espace homogène et illimité, neutre, isotrope (sans lieu ni direction privilégiés), dépourvu de toute finalité apparente comme de toute hiérarchie objective. « Une sphère infinie dont le centre est partout, dira

Pascal, et la circonférence nulle part. » Cela n'empêchait pas de croire en Dieu. Mais plus rien, dans le monde, n'en portait la trace. C'est ce qui effrayait Pascal : « ces effroyables espaces de l'univers nous enferment » d'autant plus qu'ils sont infinis et n'ont rien à nous dire ; leur « silence éternel » est le seul message, qui n'en est pas un, de la nature. La Terre n'est plus qu'une planète parmi d'autres, infime, errant « dans l'infinie immensité des espaces » que nous ignorons, et qui nous ignorent. On serait perdu à moins. Effrayé à moins. « À la fin de cette évolution, écrivait Koyré, nous trouvons le monde muet et terrifiant du "libertin" de Pascal, le monde dépourvu de sens de la philosophie scientifique moderne. À la fin nous trouvons le nihilisme et le désespoir. » C'est où l'on passe de Copernic à Laplace, de Pascal à Schopenhauer. Le monde n'est plus un poème ; c'est un silence ou une absurdité.

C'est cet univers infini, celui de Newton, que le XXe siècle a reçu en héritage. Pour en faire quoi ? Une autre révolution scientifique, ou plusieurs, qui vont à nouveau bouleverser notre conception du monde.

Bien sûr, on pense d'abord à Einstein. Nul n'ignore aujourd'hui que l'espace et le temps, loin d'être des réalités absolues et indépendantes l'une de l'autre, comme le croyait Newton, forment une unité indissociable, « l'espace-temps », lui-même dépendant de la matière qu'il contient et qui le « courbe ». Mais il faudrait évoquer aussi la physique quantique, si paradoxale, si déroutante (elle décrit un « réel voilé », qu'on ne peut connaître ni comprendre absolument), les formidables progrès de la biologie moléculaire et de la neurobiologie, les théories de l'univers en expansion, du *big bang*, du chaos… En quoi cela a-t-il changé notre rapport au monde ? En réintroduisant le temps et le mystère au cœur de l'être. En rajoutant du désordre et de la créativité dans la nature. En redonnant une ouverture au présent et à l'avenir.

L'univers des XVIIIe et XIXe siècles était un univers infini, certes, mais aussi immuable, sans histoire, sans progrès, sans risque. On le comparait à une horloge, c'est tout dire. Quoi de plus ennuyeux qu'une horloge éternelle et infinie ? Quoi de plus vain ? Les modèles cosmologiques du XXe siècle envisagent au contraire un « commencement » de l'univers (le *big bang*), peut-être une fin (la mort thermique, si l'univers continue à s'étendre et à se refroidir, ou un « *big crunch* », s'il se condense à nouveau), et surtout, entre les deux, une histoire, aussi irréversible qu'indéterminée, aussi aléatoire que féconde, aussi imprévisible que passionnante. Les étoiles n'ont pas toujours existé. La Terre n'a pas toujours existé. Elle n'était pas davantage programmée de toute éternité, ni la vie sur cette Terre, ni l'évolution des espèces, ni l'humanité, ni la Révolution française, ni *Les Noces de Figaro*, ni la rencontre de tes parents, ni ton premier baiser, ni ton dernier amour… Il y a perpétuellement du hasard, du nouveau, de l'imprévisible : la nature, pour nous, est redevenue créatrice, comme elle l'était déjà pour Épicure ou Lucrèce. Mais ce n'est plus de la philosophie, ou plus seulement : c'est la physique elle-même, dans ses avancées les plus incontestablement scientifiques, qui redonne à rêver, qui s'ouvre au possible, à l'indéterminé, à l'aventure, au risque – au nouveau. De là ce qu'Ilya Prigogine et Isabelle Stengers ont appelé une « nouvelle alliance » entre l'univers et l'homme, entre « les deux cultures scientifique et humaniste ». C'est comme un nouveau paradigme. Après le « monde clos » du Moyen Âge et « l'univers infini » des Modernes, nous sommes entrés dans ce qu'on pourrait appeler le « monde ouvert » des contemporains. L'astrophysique n'est plus la science de l'immuable. La biologie, plus l'étude d'espèces fixes. C'est comme un évolutionnisme généralisé : Dieu ou le hasard proposent ; la réussite ou l'échec disposent. Cela donne raison à Épicure, contre Aristote, et à Darwin, contre Laplace. La nature elle-même a une histoire, mais chaotique – c'est-à-dire à la fois rationnelle (par les lois qu'elle met en œuvre), déterminée (par les causes qui s'y manifestent) et imprévisible (par leurs effets). Rien n'était écrit, et surtout pas l'invention de l'écriture. Rien n'est irrationnel, pas même la déraison. Ni poème ni silence : le monde est un bruit, qui invente la musique.

Éclipse

L'éclipse totale du soleil, ce 11 août, fut sans doute, pour notre pays, l'événement de l'été. À cause d'abord de sa rareté : un tel spectacle ne se produit, sur chaque point du globe, qu'une ou deux fois par siècle, et l'on sait qu'on ne pourra le revoir, dans nos régions, qu'en 2081. Autant dire que c'est la dernière éclipse totale, pour la plupart d'entre nous, qu'il nous sera donné d'observer. On s'en serait voulu de passer à côté…

Mais l'événement valait aussi par son contexte historique – une fin de siècle et de millénaire – et par sa mise en scène médiatique. La dernière éclipse du millénaire fut aussi la première de la société de communication, la première à avoir été à ce point annoncée, préparée, célébrée, la première, enfin et surtout, qu'on ait pu suivre en direct, nuages ou pas, sur nos écrans de télévision… Quelques farfelus annonçaient l'apocalypse ; astronomes et journalistes nous rassuraient : ce serait simplement le spectacle du siècle. Éclipse millénariste, éclipse multimédia : elle devait faire exploser Paris ou l'audimat.

Que des millions d'entre nous se soient passionnés pour l'événement n'est pas surprenant. Un tel engouement semble donner raison aux médias : il fallait en parler, puisque cela intéresse le public. Mais sans les médias, l'intérêt aurait-il été aussi grand ? C'est le syndrome Coupe du monde. À partir d'un certain degré de battage médiatique, on ne sait plus quel est l'œuf et quelle est la poule : est-ce parce que les journalistes en parlent que cela passionne les gens, ou bien est-ce parce que cela nous passionne que les journalistes, c'est leur métier, s'en emparent ? On ne peut plus le savoir, et c'est une caractéristique de notre époque. Il n'y a plus d'événement en soi, si tant est qu'il y en ait jamais eu, ni aucune possibilité de mesurer l'impact objectif de ce qui arrive. Il n'y a plus que du spectacle et des commentaires. Peu importe la valeur du premier, tant qu'il a du succès. Et la justesse des seconds, tant qu'ils ont un public. C'est comme une sophistique généralisée, sans le génie de ceux, en Grèce, qui inventèrent le mot. L'image forte de nos écrans a pris la place du « discours fort » de Protagoras.

L'éclipse, comme phénomène sociologique, le confirme une nouvelle fois. Presque plus personne n'y cherche un présage, et c'est tant mieux. Les savants nous ont guéris, au moins dans ces domaines, de cette folie d'interpréter. Pourquoi chercher un sens, bon ou mauvais, quand on connaît les causes ? À quoi bon interpréter, quand il suffit d'observer et de comprendre ? Mais les sciences ne tiennent pas lieu de spiritualité. À défaut de savoir contempler vraiment la nature, dans sa beauté, dans sa grandeur, dans sa simplicité sans phrases, nous avons besoin de la mettre en scène. La médiatisation remplace la superstition. On n'a plus peur ; on veut être au premier rang. On ne prie plus ; on applaudit. Même la nature, désormais, relève de la société du spectacle…

Pour ma part, je suis allé suivre l'événement dans la bande d'obscurité totale, à Marchélepot, charmant petit village de la Somme. Je n'ai pas regretté de m'être déplacé. Malgré des conditions climatiques incertaines, la vision valait la peine. Le ciel qui s'obscurcit peu à peu, le soleil, quand il perce les nuages, qui semble rongé de l'intérieur, qui se creuse, qui ressemble à un croissant de lune, qui disparaît, cette pénombre qui vient, qui s'accroît, cette nuit paradoxale en plein midi, ce silence, cette fraîcheur soudaine, ce souffle, cette émotion étrange qui nous saisit… On sait ce qui se passe – l'alignement du Soleil, de la Lune et de la Terre – et l'on n'en est que plus fasciné. Quelle simplicité ! Quelle grandeur ! C'est comme un paysage cosmique. La nature n'est plus seulement ce qui est là, devant nous (cet arbre, cette fleur, cet oiseau…), mais ce qui nous environne, mais ce qui nous contient, mais ce qui nous dépasse. Plus le proche, mais le lointain. Plus le sol sous nos pieds, mais le système solaire. Cela dilate notre rapport au monde. Comme on se sent petit – et chez soi pourtant – dans l'immense univers !

Ce qui m'a le plus frappé, après coup, c'est la sobriété du phénomène, confronté au déluge médiatique dont il était l'objet. Comme si la nature, y compris dans ses figures les plus rares, en faisait toujours moins que nous, comme si elle était toujours plus authentique, plus naturelle, pardon pour le pléonasme, enfin comme si elle restait, même dans ses moments d'exception, une leçon de sagesse.

Puis il y avait ces lunettes bizarres, qui nous permettaient, pour la première fois, d'observer vraiment le soleil… Je pensais à l'admirable formule de La Rochefoucauld : « Le soleil ni la mort ne se peuvent regarder fixement. » S'agissant du soleil, ce n'est plus tout à fait vrai : nos opticiens savent compenser la faiblesse de nos pupilles. Pour la mort, c'est une autre affaire. Question, non de lunettes, mais de vision. Non d'optique, mais de courage ou de philosophie. Cela ne nous éloigne guère de l'éclipse. Il me semble que nous fûmes quelques millions, pendant deux minutes et demie, à accepter un peu mieux d'être mortels.

Alzheimer

Mon père ne me reconnaît plus. Il ne reconnaît plus personne. Cela commença par des troubles de la mémoire immédiate : il oubliait la question qu'il venait de poser, la réponse qu'on venait de lui faire, il reposait la même, l'oubliait aussitôt, la reposait… C'était comme un disque rayé, qui tournait encore. Cela amusait les enfants, inquiétait les adultes. Puis les troubles s'accentuèrent, emportant des morceaux de plus en plus importants d'un passé de moins en moins récent. Il se souvenait très bien de son enfance, de sa jeunesse ; mais les derniers mois, voire les dernières années, étaient comme effacés. Les médecins parlèrent de maladie d'Alzheimer, firent les examens d'usage, confirmèrent le diagnostic… Ce que lui en pensait, je ne sais trop. Il avait, il a toujours, une femme admirable, qui le soutenait sans faillir. Il faisait ce qu'il pouvait, j'imagine, pour la soutenir aussi, pour faire à peu près illusion, tant qu'il le put, pour ne pas ajouter trop de malheur au malheur. Cela devint pourtant de plus en plus difficile, de plus en plus lourd, de plus en plus triste. Incontinence. Troubles de la parole. Troubles du comportement. Il devenait agressif contre cette femme qu'il ne reconnaissait pas, qui s'obstinait à être là, qu'il prenait pour une autre (ma mère, morte depuis des années). Se reconnaissait-il seulement lui-même ? Juste assez de conscience pour se rendre compte qu'il en avait de moins en moins, pour se voir mourir par morceaux, pour assister vivant à son naufrage. Un jour il cessa de manger, de boire. Il se laissait mourir. Hospitalisation, perfusion, réhydratation… On ne meurt pas comme on veut. Les médecins, qui ne pouvaient le guérir, ne voulaient pas non plus renoncer tout à fait à le soigner. Je ne leur reproche rien. Ils ont fait leur métier, leur devoir peut-être. Qui pouvait le faire à leur place ? Les enfants n'ont pas à décider de la vie de leur père. Et lui ne pouvait plus décider quoi que ce soit. Tout continua, puis empira. Nouvel hôpital, qu'il ne quittera plus. Un jour il me demanda des nouvelles de mon père : il avait oublié que j'étais son fils. Puis du sien, mort il y a quarante ans. Puis il ne demanda plus rien. De moins en moins de mots, puis plus du tout. Il aura bientôt quatre-vingt-sept ans. Lui qui fut si fort, si vif, si rayonnant à sa façon, le voilà immobile et muet sur son fauteuil, comme éteint, comme effondré en lui-même. Souffre-t-il ? Qui peut le savoir ? Peut-être oublie-t-il d'instant en instant où il est, qui il est, ce qu'il endure… Un malheur qu'on oublie, est-ce encore un malheur ?

« L'esprit, c'est la mémoire », disait saint Augustin avant Bergson, et je ne l'ai jamais mieux compris que dans ce service de gérontologie. Le corps de mon père semble intact : il est resté plutôt bel homme. Mais d'autres, plus vieux ou plus handicapés que lui, sont restés davantage eux-mêmes. C'est qu'ils s'en souviennent. C'est qu'il l'a oublié. Ce que nous sommes, intérieurement, c'est ce que nous nous souvenons avoir été. Penser, c'est se souvenir de ses idées. Aimer, c'est se souvenir de ceux qu'on aime. Faire des projets, attendre, espérer, c'est se souvenir de l'avenir qu'on a, ou qu'on croit avoir. Sentir, même, c'est se souvenir de ce qu'on sent. La mémoire n'est pas une dimension de la conscience ; c'est la conscience même.

Philosophiquement, c'est lourd de conséquences. Car cette maladie d'Alzheimer est une maladie du cerveau, non de l'âme. Le matérialiste que je suis y voit une espèce de confirmation tragique, dont il se passerait bien. Mais c'est ainsi : le corps aura le dernier mot, ou le dernier silence, comme il a eu le premier. Et qu'y a-t-il d'autre ? Comment l'esprit serait-il le contraire de la matière, puisqu'il en dépend, puisqu'elle le porte et l'emporte, puisqu'elle le produit, dans le cerveau humain, le sauvegarde ou l'efface ? L'esprit c'est la mémoire, et la mémoire est une fonction du corps, hélas fragile comme lui, comme lui promise au déclin ou à la mort. Je n'y vois pas qu'une cause de tristesse. C'est aussi une raison forte pour profiter de la jeunesse, de la santé, de la conscience. Rien de tout cela, même de notre vivant, n'est immortel.

Le fils que je suis aussi en tire une autre leçon. Toutes ces années qu'on a passé à s'opposer à son père, à rivaliser avec lui, ce long combat qui n'en finissait pas, il sera donc sans vainqueur ni vaincu. Petits, nous étions trop faibles pour l'emporter. Jeunes, trop impatients, trop immatures, trop inachevés. Il nous aura fallu une vie pour devenir à peu près ce que nous voulions être, pour nous bâtir, pour nous fortifier – pour grandir. La victoire se profilait enfin à l'horizon. Trop tard. Celui qu'on voulait vaincre n'est plus en état de combattre, de résister, ni même d'être vaincu.

Il n'y a plus que la mémoire, pour ceux qui l'ont gardée, et ce qu'on porte en soi d'amour, de gratitude ou de pardon.

Dimanches

Longtemps, j'ai détesté les dimanches. J'y voyais, j'y vois encore parfois, un résumé de notre vie, dans ce qu'elle a de plus vide, de plus vain, de plus insatisfaisant – un condensé de néant. Nécessaire ? Oui, comme le repos du septième jour. Mais stérile comme lui. Dieu même n'a plus rien à faire. Comment pourrions-nous éviter de nous ennuyer ?

Paradoxe du dimanche : de sembler à la fois nécessaire et inutile, indispensable et vain. Toute une semaine à travailler, à se dépêcher, à attendre le week-end – vivement dimanche ! Puis le samedi pour les loisirs, pour les courses, pour les amis, pour les sorties, pour le divertissement… Enfin, le dimanche. Pour quoi ? Pour le repos. Pour attendre le lundi. Pour rien. Ou bien pour occuper les enfants, pour tenir compagnie à son épouse, à son mari, pour faire semblant d'être heureux… Pour rien ou pour vivre, donc, et jamais la frontière ne me paraissait aussi ténue, entre l'un et l'autre, entre la vanité d'être et le néant de n'être pas, que le dimanche, quand il faut vivre sans rien faire, quand il faut vivre pour vivre, simplement, et qu'on s'en découvre incapable ou insatisfait…

Ceux qui vont à la messe ont bien de la chance. Cela leur fait une occupation, un but, une justification. Suffisante ? Ce n'est pas sûr. Je me souviens, du temps où j'étais croyant, de la tristesse aussi des églises le dimanche, de cette espèce d'hébétude morne, sous la voûte immense, de ma fatigue, de ma perplexité d'enfant ou d'adolescent, de mon impatience, de mon abattement, de mon ennui… Comme cette célébration me semblait longue, vaine, lassante, comme j'attendais la fin, comme je doutais de ma foi et de tout ! Étais-je le seul ? Je regardais autour de moi : plus de fatigue que de joie, me semblait-il, plus d'habitude que d'enthousiasme, davantage de rites que d'amour… Et tout ce vide au-dessus, vers quoi montaient d'incertaines prières ! Le dimanche, même Dieu semble ne plus croire qu'à demi.

C'est le jour de l'Ecclésiaste : « Vanité des vanités, tout est vanité… » On l'oublie les autres jours, parce qu'on est assez occupé pour se prendre au sérieux, assez entouré pour ne plus sentir qu'on est seul, assez fatigué pour désirer le repos… Mais le dimanche ? Quand il n'y a plus à travailler ? Quand il n'y a plus à s'agiter ? Quand il n'y a plus que le repos, justement, et rien d'autre à espérer, hélas, que le lundi, que le travail, que le retour enfin de la précipitation, de la bousculade, de la fatigue ? Vanité des vanités : le dimanche, toute notre vie semble vaine et poursuite de vent !

C'est le jour de Pascal : « Rien n'est si insupportable à l'homme que d'être dans un plein repos, sans passions, sans affaires, sans divertissement, sans application. Il sent alors son néant, son abandon, son insuffisance, sa dépendance, son impuissance, son vide. Incontinent il sortira du fond de son âme l'ennui, la noirceur, la tristesse, le chagrin, le dépit, le désespoir… » Le dimanche, comment n'être pas pascalien ? Et comment l'être jusqu'au bout ? C'est le jour du repos et de l'angoisse. Prier ? Parier ? À quoi bon ? Même un Dieu ne pourrait nous sauver de nous-mêmes.

C'est le jour de Schopenhauer : les hommes, explique-t-il, ayant placé toutes les douleurs, tous les travaux dans l'enfer ou la semaine, n'ont plus trouvé, pour remplir le ciel ou le dimanche, « que l'ennui ».

C'est le jour de mon cher Jules Laforgue, l'incomparable poète des *Complaintes* et des dimanches :

« Ô dimanches bannis
De l'Infini
Dimanches citoyens
Bien quotidiens… »

Le dimanche est le jour sans issue, sans salut, sans remède :

« Fuir ? Où aller, par ce printemps ?
Dehors, dimanche, rien à faire
Et rien à faire non plus dedans…
Oh ! rien à faire sur la Terre !… »

J'aime toujours Laforgue et Pascal. J'admire toujours Schopenhauer et l'Ecclésiaste. Pourtant quelque chose a changé dans mes dimanches. Quoi ? Un certain bonheur, du moins quand tout va à peu près bien, une certaine paix, une certaine douceur... Les enfants ont grandi, s'occupent tout seuls, me laissent travailler si je veux, ne rien faire si je le souhaite... Une femme aimée et aimante. Une œuvre à poursuivre. La vie qui passe, qui continue, qui avance... Mes dimanches ont perdu leur statut d'exception : ils se sont banalisés, apaisés, détendus... Le matin, je me lève le premier ; je vais acheter les journaux, les croissants... Petit déjeuner familial ou amoureux. Un peu de travail, de promenade, souvent seul, de jardinage, souvent à deux, de repos... J'ai mes moments de tristesse, comme tout le monde, de dépression, d'angoisse, d'abîme, d'ailleurs plutôt rares et guère plus fréquents désormais le dimanche que les autres jours. Quand tout va mal, il est doux au moins de ne rien faire, d'attendre que ça s'apaise, que ça passe, que l'on en sorte... Et doux, quand tout va bien, encore plus doux de ne rien faire d'autre qu'en profiter, que déguster la vie qui vient, qui s'en va, c'est sa façon à elle de venir, qui coule lentement, doucement, voluptueusement... La solitude ? La finitude ? La lassitude ? Cela fait partie de notre vie. Comme le plaisir. Comme l'amour. Comme le bonheur. Il faut accepter tout, et c'est ce que signifient les dimanches : que la vie est à prendre ou à laisser, bonheur et malheur, travail et repos, et qu'il vaut mieux la prendre bien sûr, malgré la fatigue, malgré l'angoisse parfois ou souvent, enfin que le dimanche n'est qu'un jour comme les autres, simplement un peu plus libre, un peu plus lucide, un peu plus vrai peut-être, et comme la pierre de touche de notre vie et de notre bonheur.

Le bonheur ? C'est quand les dimanches sont agréables, détendus, sereins, voués à l'amour autant qu'au repos, au plaisir de vivre plus qu'à la peur de mourir, à la légèreté d'être ensemble plus qu'au poids d'être seul, à la puissance d'exister, comme dit Spinoza, plus qu'au goût du néant.

Cela ressemble à une sagesse, et au fond c'en est une. Cela ressemble à un bonheur, et c'est le seul peut-être qui nous soit accessible. Qu'il ne soit pas réservé aux dimanches, c'est bien clair. Mais le dimanche on en profite mieux, quand il est là, comme on souffre davantage de son absence, lorsqu'il fait défaut. C'est en quoi le dimanche est un jour de réflexion, de retour sur soi, de méditation, on en a besoin, enfin de philosophie appliquée, c'est la seule qui vaille, et vivante.

C'est la sagesse d'Épicure plutôt que de Schopenhauer, de Montaigne plutôt que de Pascal, enfin des Évangiles, peut-être bien, plutôt que de l'Ecclésiaste. « Regardez les oiseaux du ciel : ils ne sèment ni ne moissonnent… Observez les lis des champs, comme ils poussent : ils ne travaillent ni ne filent… »

Sagesse du repos, repos de la sagesse. Le bonheur, le vrai, c'est lorsque même les dimanches ont le goût du bonheur.

L'an 2000

Souvenez-vous de l'an 2000, quand nous étions petits. C'était plein de robots, de gadgets, de merveilles : tout devait être différent, inouï, incroyablement moderne, incroyablement facile, incroyablement scientifique, c'était à peine si l'on mourrait encore, ou alors tellement tard, tellement vieux, que cela ferait comme un horizon indéfiniment reculé... Même la politique devait se dissoudre dans la rationalité. Ce serait le règne de la vérité, du progrès, du bonheur.

C'était de la science-fiction. C'est aujourd'hui. On ne meurt pas moins, même si on meurt en moyenne un peu plus tard. La télé est en couleurs. C'est la vie, maintenant, qui semble en noir et blanc. Le fax a remplacé les télégrammes. Le téléphone tient dans la poche. Les trains vont de plus en plus vite... C'est la vie maintenant qui semble trop lente, trop lourde, trop encombrante. Les jeunes font l'amour avec des préservatifs, à cause du sida. Les vieux avec obstination, grâce au Viagra. La révolution sexuelle vire à l'hygiène; la libération des mœurs, au conformisme.

Même les homosexuels veulent se marier. Même les époux veulent être libres. Il est interdit d'interdire. À quoi bon se révolter encore ?

Il y avait eu la guerre, les camps, la décolonisation, d'autres guerres, d'autres camps... Notre génération n'en perçut que les échos assourdis ou ronflants. Il y eut Mai 68, si léger, si court, et ses suites interminables, si longues, si lourdes. Puis l'union de la gauche, sa rupture, sa victoire posthume, en 1981, son échec reconnu et dénié (la rigueur, en 1983) puis sa défaite (les législatives de 1986), un premier septennat pour voir, un deuxième pour rien, à nouveau la droite, à nouveau la gauche, la chute du mur de Berlin, la quasi-disparition du communisme, la mondialisation galopante, triomphante, boursicotante... C'est la vie maintenant qui clopine, qui piétine, qui semble défaite ou dévaluée. On parle de nouvelle économie, de nouvelles technologies, de révolution de la communication... Internet est la dernière utopie du millénaire, la première peut-être qui se passe totalement de contenu, qui ne soit qu'un média de plus au service de l'universel bavardage, qu'un moyen de plus au service de fins de plus en plus mercantiles ou dérisoires... C'est la vie maintenant qui semble silencieuse, dépassée, invendable et insolvable – ringarde. Le grand marché a remplacé les grands desseins. Le monde est un village ; ce village, une foire. Même les ragots sont devenus planétaires. Provincialisme généralisé : voyeurisme généralisé. Les *paparazzi* se lancent dans le multimédia. Les hommes d'affaires, dans le spectacle. La politique croule sous les scandales ou la dérision. C'est le règne des juges, des journalistes et des amuseurs. À quoi bon courir encore ? Le nouveau monde est derrière nous.

Je force le trait ? Peut-être. Sans doute. Mais enfin si nous avions pu lire, en 1968, *L'Humanité* de ce matin, ce n'est pas l'ampleur des progrès qui nous aurait surpris, ni même, me semble-t-il, l'ampleur des changements... Tout est différent ? Politiquement, oui. Mais la vie continue, mais l'humanité continue, qui restent fondamentalement les mêmes. Le multimédia ou internet, qu'est-ce que cela change à l'essentiel ? Le virtuel, qu'est-ce que cela change au réel et à la nécessité de le transformer ? Relisez vos classiques. Marx a moins vieilli que le programme commun. Spinoza ou Épicure, moins qu'un magazine d'il y a six mois. Si tout est différent, c'est d'abord parce que tout continue. Le monde est toujours là, et la misère, et le malheur. C'est pourquoi le combat continue, pour un peu plus de bonheur, un peu plus de justice, un peu plus de liberté. Achèteriez-vous autrement ce journal ?

C'est un plaisir pour moi d'écrire dans *L'Humanité*, après l'avoir lue et vendue pendant onze ans (de 1969 à 1980). J'ai changé ? Comme tout le monde. Comme tout le reste. Je ne crois plus au communisme, ni à aucune fin de l'histoire. Une société sans classes, sans État, sans conflits ? Ce serait trop beau et trop ennuyeux pour être vrai. L'erreur de Marx, ce n'est pas d'avoir pensé la lutte des classes ; c'est d'avoir cru qu'elle pourrait s'arrêter. Notre erreur, dans les années 1960 ou 1970, ce n'est pas d'avoir fait de la politique ; c'est d'avoir cru qu'elle suffisait à tout, qu'elle pouvait tenir lieu de philosophie, de morale, de spiritualité, de sagesse... Beaucoup, aujourd'hui, font l'erreur inverse, qui croient que morale ou spiritualité pourraient tenir lieu de politique. Deux générations, deux erreurs. La vérité, c'est que nous aurons toujours besoin de politique, pour transformer la société. Et de philosophie, pour nous transformer nous-mêmes.

Bonne année, amis lecteurs ! N'attendez pas la Révolution pour être heureux, ni d'être heureux pour vous battre. Ce millénaire qui s'achève fut sans doute le plus formidable que l'humanité ait connu : jamais on ne créa autant de chefs-d'œuvre, jamais on ne vit autant de progrès scientifiques, techniques, économiques, mais aussi sociaux et politiques. Qui voudrait revenir au Moyen Âge ou à l'Antiquité ? Qui, même, au XIXe siècle ?

Bilan évidemment positif, donc, pour ce millénaire. Pour ce dernier siècle ? Je serai plus réservé. Quel siècle plus cruel, plus effrayant, au bout du compte – sauf pour les sciences – plus décevant ? Ce n'est pas une raison pour le rejeter en bloc, ni pour baisser les bras. Les progrès, notamment sociaux, furent malgré tout considérables. Le pire (le colonialisme, le fascisme, le stalinisme) a été vaincu. Le meilleur ne triomphe pas ? C'est son statut, qui est de ne constituer qu'un idéal. Souvenez-vous de Gramsci : « Pessimisme de l'intelligence, optimisme de la volonté. » On a toujours raison d'être progressiste. Toujours tort d'être utopiste ou défaitiste. Méfiez-vous des lendemains qui chantent, comme de ceux qui ronflent. Ni barbarie ni veulerie. Quel progrès sans mémoire, sans fidélité, sans effort ? Du passé, ne faisons pas table rase !

L'avenir n'est pas à rêver ; il est à faire. C'est ce qu'on appelle le présent ou, pour les peuples, la politique.

Changer de millénaire, c'est l'occasion de changer d'échelle, au moins un temps, et de se souvenir de l'essentiel, qui n'est pas le calendrier. L'essentiel ? « Le dur désir de durer », comme disait Éluard, autrement dit la vie elle-même, et l'amour de la vie.

Ce n'est pas qu'un début, et aucune fin n'est écrite : continuons le combat !

« L'Empereur »

J'avais vingt-deux ans : j'étais venu déjeuner chez ma mère. Anxieusement, comme toujours. Dans quel état allais-je la trouver ?

Elle n'est pas encore rentrée du marché. La porte est ouverte, un mot m'attend : « Installe-toi. » Je mets un disque, presque au hasard : le *Cinquième Concerto pour piano* de Beethoven, « L'Empereur », sans doute joué par Edwin Fischer, sous la direction de Furtwängler. En ce temps-là, je n'écoutais guère de musique. La politique occupait l'essentiel de mon temps. L'amour, l'amitié et la philosophie se partageaient le reste. C'étaient des années de frivolité passionnée, de passions superficielles. L'important était toujours collectif. La solitude, toujours suspecte. La profondeur, toujours illusoire ou ridicule. La vérité ? Quelle vérité ? La morale ? À quoi bon ? Il était interdit d'interdire et de se prendre au sérieux. « Nous sommes superficiels par profondeur », me disait un ami citant Nietzsche ; cela me semblait la seule profondeur acceptable ou crédible. C'étaient les grandes années du structuralisme, ou plutôt de la mode (qui agaçait tellement Lévi-Strauss !) qui prit ce nom : l'homme était mort, la philosophie aussi ; nous ne voyions d'autre tâche que de les enterrer brillamment.

Puis, soudain, ce disque : un accord somptueux, majestueux, héroïque, comme jaillissant de l'orchestre entier, le piano qui semble en naître, qui s'en dégage, qui monte très vite vers les aigus, incroyablement véloce, virtuose, solitaire, à la fois fragile et sûr de lui, comme une leçon déjà de courage, ce chant qui se cherche, qui se trouve, que l'orchestre d'abord interrompt – nouvel accord – puis accompagne, puis soutient, puis emporte… Beethoven en acte et en puissance. Immense, sublime, généreux – d'une noblesse à couper le souffle. Je connaissais bien cette œuvre : ma mère, durant mon enfance, me l'avait souvent fait écouter. C'est ce qui explique, la redécouvrant après tant d'années, qu'elle m'ait paru à ce point évidente, prenante, bouleversante. La première audition, en musique, est rarement la bonne : on découvre mieux ce qu'on connaît déjà. Il faut dire aussi qu'il s'agit d'une œuvre facile (à aimer, point à jouer !), spectaculaire, grandiose. Elle fait partie de ce qu'on appelle la « deuxième période » de Beethoven, la plus fameuse auprès du grand public, mais moins admirable peut-être, pour les musiciens, que la troisième. Je ne sais. Le *Quatorzième Quatuor* ou les *Variations Diabelli*, plus tard, me retiendront davantage. Mais je me souviens très bien de l'émotion que je ressentis, en redécouvrant ce concerto, des sentiments très mêlés qui s'emparèrent de moi : du plaisir bien sûr, de l'admiration, de l'exaltation, une forme de joie bizarrement familière et neuve, comme un courage qui revient, comme un souvenir qui serait une promesse, comme une résurrection annoncée ou anticipée… Mais aussi autre chose de plus amer, de plus troublant, de plus douloureux : la honte. La honte d'avoir vécu si loin de cette grandeur-là, depuis si longtemps, de l'avoir oubliée, de l'avoir trahie, d'avoir fait comme si elle n'existait pas, comme si elle était impossible ou vaine… C'était comme si l'enfant que j'avais été jugeait soudain l'homme que j'étais en train de devenir. Comme si Beethoven me renvoyait à ma petitesse, à ma médiocrité, à ma vanité déjà consommée, déjà condamnée, d'intellectuel, ou de futur intellectuel, parisien… Oui, je jure que j'ai eu honte, en écoutant Beethoven, vraiment honte, et que les larmes qui me montèrent aux yeux, ce matin-là, firent plus, pour me ramener vers l'essentiel, qu'aucune leçon d'aucun de mes maîtres – j'en eus d'excellents – ou qu'aucun livre de philosophie. La pensée ne fait pas de miracle. On peut bien lire Spinoza ou Kant toute la journée. À quoi bon, si c'est pour se protéger de la vie, de l'émotion, du douloureux secret d'être soi ? L'art va plus vite ou plus profond. Il ne donne à penser qu'en donnant à ressentir, à aimer, à admirer. C'est une leçon de morale, autant ou davantage que d'esthétique. C'est pourquoi c'est une leçon, aussi, de philosophie.

Je n'en dis rien à ma mère, lorsqu'elle revint. C'était une affaire entre Beethoven et moi. Ni, quand je les retrouvai, à mes amis. Je sentais bien que déjà je m'éloignais d'eux, de leurs goûts, de leurs idées, de ce qu'ils jugeaient important ou moderne… Ces années-là, nous étions tous plus ou moins nietzschéens : toute honte nous semblait prisonnière du ressentiment, de la mauvaise conscience, de la faiblesse… Il me faudra des années pour comprendre, avec Spinoza, qu'elle vaut mieux toutefois que la crapulerie éhontée ou la veulerie satisfaite.

Quelques mois plus tard, je découvrirai Schubert, Chardin, Rilke, Mozart… L'art s'emparera de moi, jusqu'à l'excès, jusqu'à me faire oublier, au moins un temps, que la vie, dans sa simplicité, dans sa fragilité, dans sa nudité, importe encore davantage. Il n'est pas de passion raisonnable, ni inutile. Mais il n'est pas indifférent que Beethoven, comme surgissant de mon enfance, ait pour moi précédé et préparé la découverte de ces autres chefs-d'œuvre, qui m'étonneront davantage et me bouleverseront différemment. Celui-là m'est trop proche pour me surprendre. Mais il me mit sur le chemin, en me remettant à ma place. Le « génial sourd », comme dira Woody Allen, est à lui seul une leçon d'humanité. Si l'homme était mort, comme on le répétait à l'envi, comment la musique de Beethoven pourrait-elle nous bouleverser à ce point ?

« L'admiration est fondement de toute philosophie. » Le mot *admiration*, dans cette phrase de Montaigne, garde son sens ancien d'étonnement. Mais j'aime l'entendre en son sens moderne. Rien n'étonne comme la grandeur, comme le courage, comme le génie. C'est pourquoi Beethoven nous étonne, même quand il nous est familier. C'est pourquoi l'art nous étonne, en ses sommets. Parce qu'il touche à la grandeur de l'homme et à la petitesse de nos vies. Les deux sont inséparables : c'est ce qui donne envie de pleurer, quand on admire, et de vivre.

Charité bien ordonnée

Qu'il faille s'aimer soi-même, c'est une évidence. Comment pourrions-nous autrement être heureux ? Et pourquoi nous demanderait-on, relisez les Évangiles, d'aimer notre prochain « comme nous-mêmes » ?

C'est ce qui m'a longtemps rendu inacceptable la fameuse formule de Pascal, selon laquelle « le moi est haïssable ». Si c'était vrai, me disais-je, un chrétien cohérent devrait donc haïr son prochain : voilà qui semble bien peu évangélique !

On n'échappe pas comme cela à Pascal, ni au narcissisme. Comment s'aimer soi-même, si l'on reste prisonnier de son image ? Comment aimer l'autre, si l'on ne sait aimer que celui qu'on croit être ? J'en parlais récemment avec une amie psychiatre. « La santé psychique, m'expliquait-elle, c'est quand tu acceptes d'être quelqu'un d'ordinaire, quand tu reconnais ta propre banalité, quand tu renonces à ton statut d'exception. C'est pourquoi la santé est si rare : les gens sont bien trop narcissiques pour s'aimer comme ils sont ! » Cela me ramenait à Pascal, et à ce contresens que j'avais si longtemps fait sur lui. Que le moi soit haïssable, cela ne signifie aucunement qu'il ne faille pas s'aimer soi. Le *moi*, pour Pascal, ce n'est pas l'individu que je suis, ou ce n'est cet individu, pour mieux dire, qu'en tant qu'il est égoïste, toujours égocentrique (« il se fait centre de tout »), toujours narcissique, toujours tyrannique, et c'est pourquoi il est haïssable : parce qu'il ne sait aimer que soi, ou plutôt que les illusions qu'il se fait sur lui-même !

C'est ce que Pascal, comme La Rochefoucauld, appelle l'amour-propre. On ne le confondra pas avec l'amour de soi. Qu'il y ait « un amour qu'on se doit à soi-même », comme il l'écrit dans les *Pensées*, Pascal ne l'ignore aucunement. Cet amour de soi fait partie de la charité : aimer son prochain comme soi-même, cela suppose qu'on s'aime soi-même comme un prochain. Ne suis-je pas, moi aussi, un être humain ? Ne suis-je pas, moi aussi, à l'image de Dieu ?

L'amour-propre, c'est autre chose : non le fait de s'aimer soi, mais le fait de n'aimer *que* soi. Ce n'est pas plus d'amour mais moins d'amour, et qui n'aime en moi que les illusions que je me fais sur moi-même. Pascal encore : « Que fera-t-il ? Il ne saurait empêcher que cet objet qu'il aime ne soit plein de défauts et de misère : il veut être grand, il se voit petit ; il veut être heureux, et il se voit misérable ; il se veut parfait, et il se voit plein d'imperfections. » Comment aimerait-il la vérité, puisqu'elle le blesse ? Comment aimerait-il les autres, puisqu'ils ne l'aiment jamais assez, jamais comme il s'aime lui, comme il voudrait qu'on l'aime, passionnément, aveuglément, exclusivement…

L'amour de soi est une vertu, une force, une sagesse : c'est se réjouir de sa propre existence, et il n'y a pas de bonheur autrement.

L'amour-propre est une faiblesse et un malheur : c'est l'incapacité d'aimer les autres, de les aimer vraiment, tels qu'ils sont et parce qu'ils sont, et non pour le bien qu'ils nous font ou qu'on en espère.

Simone Weil, avec sa lucidité habituelle, a su dire comme il fallait l'essentiel : « Aimer un étranger comme soi-même implique comme contrepartie : s'aimer soi-même comme un étranger. » L'un ne va pas sans l'autre : pas de charité sans amour de soi ; pas d'amour de soi sans charité.

Cela rejoint le propos de mon amie psychiatre. Accepter d'être quelqu'un d'ordinaire et s'aimer comme tel (oui : se pardonner de n'être que soi !), cela fait partie de la santé, cela fait partie de la sagesse, et nul ne saura sans cela aimer aussi les autres.

En sommes-nous capables ? Je ne sais. Il se peut que cet amour de charité soit pour nous hors d'atteinte. Cela n'interdit pas d'essayer de nous en approcher. Chacun commence par l'amour-propre, montre Pascal. Chacun commence par le narcissisme, montre Freud. Reste à en sortir, si l'on peut. Reste à grandir. Reste à aimer aussi les autres, et à s'aimer soi autrement.

S'aimer soi-même comme un prochain, c'est s'aimer comme n'importe qui (quand le narcissique s'aimerait plutôt comme personne). Or, n'importe qui, c'est exactement ce que nous sommes ! C'est où la charité est du côté de la vérité, comme le narcissisme du côté de l'illusion. Les psychothérapies les plus modernes ou les plus lucides rejoignent en cela les sagesses les plus traditionnelles et les plus hautes. « La situation psychanalytique, disait Freud, est fondée sur l'amour de la vérité, ce qui doit en exclure toute illusion et toute duperie. » Tant pis pour l'amour-propre, dont Pierre Dac disait si joliment qu'il « ne le reste jamais très longtemps ». C'est qu'il ne sait aimer que ses mensonges.

Mystique

« Plus je te lis, me dit un ami, plus je suis convaincu que le fond de ta position est mystique. Or, tu ne crois pas en Dieu C'est un problème, non ? » Je ne sais. Pourquoi faudrait-il croire en Dieu pour sentir et expérimenter, comme dit Spinoza, que nous sommes éternels ? Et pour comprendre que si tout est relatif (c'est-à-dire dépendant d'autre chose), ce relatif, dans sa vérité, dans sa totalité, est l'absolu même ? Comment le Tout dépendrait-il d'autre chose ? Autre chose que tout, ce ne peut-être que Dieu (et encore !). C'est en quoi l'athéisme, pour une mystique de l'immanence, constitue plutôt une condition favorable. Mais n'allons pas trop vite. Ce que cet ami appelait mon « mysticisme », en l'occurrence, et point tout à fait à tort, c'est une certaine façon de me contenter du réel, tel qu'il se donne ici et maintenant, plutôt que de lui chercher toujours un sens, qui ne pourrait se révéler qu'ailleurs ou plus tard. Une certaine façon, donc, d'habiter le présent plutôt que l'avenir, l'être plutôt que la valeur, le vrai plutôt que le bien – ce qui est, plutôt que ce qui pourrait ou devrait être. Mysticisme ? Pourquoi non ? Le mystique, c'est celui à qui Dieu même a cessé de manquer : celui qui habite l'absolu, au moins par moments, qui en jouit et s'en réjouit. Je n'ai aucun don particulier pour la chose, mais c'est bien ce que j'essaie de penser, de comprendre, de vivre, et qu'il m'arrive, dans mes moments, hélas trop rares, de simplicité ou de paix, d'*expérimenter*, en effet, à peu près. Qu'on n'y cherche aucune extase, aucune tentation religieuse, aucune vision transcendante ou surnaturelle. Plutôt le sentiment de ce qui est, qui ne peut pas ne pas être ni être autre. Cet arbre devant moi, cet oiseau sur cet arbre, cela, certes, aurait pu ne pas être ; cela, d'évidence, ne sera pas toujours. Au conditionnel ou au futur, tout est contingent, comme disent les philosophes, c'est-à-dire qu'autre chose serait possible aussi. Mais au présent ? Comment ce qui est pourrait-il ne pas être ? Ce serait violer le principe d'identité en même temps que celui de non-contradiction, ou plutôt s'affranchir du réel lui-même, dont nos principes logiques ne font qu'enregistrer, si l'on peut dire, la très simple et très silencieuse rationalité. Ce qui est (identité) et ne peut pas ne pas être (non-contradiction), puisqu'il est. C'est ce que Spinoza appelait la nécessité, qui n'est pas un destin, si l'on entend par là que tout serait écrit à l'avance, encore moins une providence, mais la vérité de ce qui est. Le réel est à prendre ou à laisser ; c'est en quoi il est nécessaire. Qui le laisse le quitte, et ne l'abolit point.

« Mais s'il n'y a que le réel, m'objecte mon ami, au nom de quoi peux-tu le juger, et à quoi bon agir pour le transformer ? » Au nom du réel même. Mes désirs en font partie, ma volonté en fait partie, mon imagination en fait partie, mon action, enfin, en fait partie, qui le transforme sans en sortir. Cavaillès, en héros et en logicien, l'avait compris : « Je suis spinoziste, expliquait-il à Raymond Aron, en 1943, je crois que nous saisissons partout du nécessaire : nécessaires les enchaînements des mathématiciens, nécessaires même les étapes de la science mathématique, nécessaire aussi cette lutte que nous menons… » Que le réel soit à prendre ou à laisser, cela ne signifie pas qu'il ait toujours raison, si l'on entend par là qu'il correspondrait toujours à ce que nous voudrions qu'il soit. Rationnel ? Il l'est par définition. Raisonnable ? Il ne l'est que par nous, et guère. Reste alors à agir, ce qui seul nous fait passer du conditionnel (ce que nous voudrions) à l'indicatif présent (ce que nous voulons, ce que nous faisons). Ce n'est pas remplacer le réel par autre chose (qui le pourrait ?) ; c'est participer, à notre place, à son processus ininterrompu d'auto-transformation (le devenir).

Je l'éprouve obscurément presque chaque matin, et cela n'a rien de religieux, ni même de « mystique » au sens ordinaire du terme. Le réveil vient de sonner. Vous êtes encore au lit, comme entre deux songes, vous paressez un peu, vous vous dites que vous *devriez* vous lever… Quand le ferez-vous ? Vous ne le savez pas encore. C'est de l'avenir, c'est du virtuel, c'est du possible, c'est de l'imaginaire. Le seul réel, à ce moment-là, c'est que vous restez couché. Enfin, vous vous levez : ce n'est plus du possible, c'est du réel. Plus de l'avenir : du présent. Plus du virtuel : un acte. Plus de l'imaginaire : du vrai. Et c'est comme si tout l'univers se réveillait avec vous. Vous voilà de plain-pied avec le monde, avec la journée qui commence, même difficilement, avec la seule durée actuelle et disponible. L'éternité ? Ce n'est pas une autre vie, mais la vérité de celle-ci : le toujours-présent du réel ou du vrai, lorsqu'ils ne font qu'un, lorsqu'on cesse de les rêver, ou lorsqu'on réalise, cela revient au même, que même nos rêves en font partie.

Mon ami a bien tort d'y voir un problème. J'ai le sentiment plutôt d'une évidence, qui abolirait les problèmes dans la simplicité, mais inépuisable, d'une présence. Présence de quoi ? De tout, c'est ce qu'on appelle l'univers. Nous sommes dedans – au cœur de l'être, au cœur de l'absolu –, et c'est pourquoi il est vain de chercher autre chose. Mysticisme ? Si l'on veut ; mais c'est un mysticisme de l'immanence. Le ciel étoilé, la nuit, m'en apprend plus que les prières de mon enfance. Son silence, plus que nos cantiques.

J'y vois aussi une leçon de courage. Ne te contente pas de rêver, dans ton lit, à ce que tu pourrais faire. Lève-toi, et marche.

Euthanasie

Le Comité consultatif national d'éthique vient de relancer le débat sur l'euthanasie, autrement dit sur la mort médicalement assistée. Son avis, sans avoir force de loi, pèse lourd : cette institution officielle de la République est tout à fait dans son rôle – éclairer l'opinion publique et le législateur – en intervenant sur cette question difficile. Il était temps. Les trois quarts d'entre nous mourront en milieu hospitalier. Cela donne aux médecins une responsabilité qui, sans être tout à fait nouvelle, ne cesse de s'accroître : non seulement combattre la maladie, tant que c'est possible, mais aussi nous accompagner dans nos derniers instants – qui peuvent durer, hélas, plusieurs semaines ou plusieurs mois. Non seulement nous aider à vivre, tant que nous le pouvons, tant que nous le voulons, mais nous aider à mourir, lorsque la souffrance ou la déchéance deviennent insupportables et vaines.

Rappelons d'abord quelques évidences. Il est clair que l'acharnement thérapeutique est une horreur, dont nous ne voulons plus. Les médecins ont aujourd'hui les moyens de nous maintenir en vie, s'ils le souhaitent, presque indéfiniment. Mais à quoi bon, si cela n'ajoute à notre vie qu'une agonie interminable ? Quand la médecine ne peut plus nous guérir, quand elle ne peut prolonger notre vie qu'au prix de souffrances atroces, il est évidemment préférable qu'elle s'abstienne, et laisse la mort, faute de mieux, nous délivrer. La médecine est au service de la santé. Elle n'est pas là pour faire durer indéfiniment la maladie.

Il est clair aussi que les soins palliatifs sont aujourd'hui une exigence prioritaire, d'ailleurs prévue par la loi, et qu'il importe de satisfaire au plus vite. Nos médecins disposent, contre la douleur, de traitements formidablement efficaces. Il est inadmissible qu'ils renoncent parfois à les utiliser, soit par manque de moyens financiers (notamment en personnel), soit par désintérêt (parce que les soins palliatifs seraient une activité secondaire, scientifiquement peu prestigieuse, médicalement peu exaltante, économiquement peu rémunératrice), soit enfin par crainte d'abréger la vie du patient. C'est un contresens sur la médecine, dont le propre n'est pas de guérir (elle ne le peut pas toujours), ni d'empêcher de mourir (elle ne le peut jamais définitivement), mais de soigner. L'accompagnement des mourants fait partie de sa vocation la plus haute, qui est d'aider la vie jusqu'à son terme.

Ces deux évidences, toutefois, ne suffisent pas à régler la question de l'euthanasie. Certes, renoncer à l'acharnement thérapeutique, c'est souvent accepter une euthanasie passive. On laisse mourir, délibérément, celui qu'on ne pourrait maintenir en vie, au prix d'un traitement très lourd, que dans des conditions inhumaines. Cette euthanasie passive est aujourd'hui bien acceptée : dans un service de réanimation, environ 50 % des décès en relèvent, et nul ne songe, hormis quelques intégristes, à le reprocher aux médecins. Mais c'est l'euthanasie active qui fait problème : non celle qui laisse mourir, mais celle qui tue.

Le progrès des soins palliatifs tend à en diminuer la demande. Lorsqu'on ne souffre plus, pourquoi aurait-on envie de mourir ? Mais il n'y a pas que la souffrance physique. Il n'y a pas que les maladies en phase terminale. Il y a le handicap extrême, et qui peut durer toute une vie, la dépendance absolue, le malheur insurmontable. Il y a les déficiences sensorielles, la perte progressive de ses capacités intellectuelles, l'immobilité obligée, l'asphyxie, l'isolement, le refus d'être à la charge de ses enfants ou de la société, l'ennui, l'angoisse, l'humiliation, la lassitude, l'épuisement, le dégoût de soi et de tout… Vouloir quitter la vie, dans ces conditions, ce n'est pas la trahir ; c'est protéger une certaine idée que l'on s'en fait.

Ce n'est pas une question de dignité. L'association qui en a fait son mot d'ordre principal et son sigle (ADMD : Association pour le droit de mourir dans la dignité) a toute ma sympathie, mais se trompe sur ce point. Si tous les hommes sont égaux en droits et en dignité, cette dernière ne saurait varier selon les circonstances, fussent-elles atroces. En quoi un polyhandicapé ou un grabataire sont-ils moins dignes de respect qu'un valide ? En rien, bien sûr. En quoi leur dignité les protège-t-elle de l'horreur ? En rien non plus. Ce n'est pas une question de dignité, mais de liberté. Suis-je ou pas maître de ma vie ? Que les

Églises répondent non, c'est leur droit, que je respecte, mais qui ne saurait s'imposer aux laïques. Or, si je suis maître de ma vie, j'ai le droit d'y mettre fin (le droit de s'en aller, quand on n'en peut plus, fait partie des droits de l'homme), comme on a le droit de m'y aider si je suis hors d'état, seul, d'y parvenir.

Par exemple celui qui est paralysé des quatre membres. S'il veut vivre, il a toute mon admiration. Mais celui, dans la même situation, qui veut mourir, je ne vois pas ce que je pourrais lui reprocher, ni pourquoi il me serait interdit, si je suis son médecin, de l'aider.

L'euthanasie active et volontaire – ce qui suppose qu'elle a été expressément demandée par le malade – est alors une assistance au suicide. C'est peu dire qu'elle me paraît tolérable ; il devient de plus en plus intolérable, me semble-t-il, de refuser de l'envisager.

Le Comité d'éthique, sans vouloir la légaliser tout à fait, demande que la loi prévoie « une exception d'euthanasie ». La formule est heureuse. Il est clair que la règle, pour la médecine, c'est le respect de la vie humaine. Mais cela peut justifier, parfois, qu'on l'interrompe, quand elle ne pourrait continuer que dans l'horreur. L'euthanasie est alors une exception, en effet, qui confirme la règle : respecter la vie humaine, c'est aussi lui permettre de rester humaine jusqu'au bout.

Sagesse des mouches ?

Les beaux jours reviennent. Aussi les mouches et les abeilles. Je ne dis pas cela pour gâcher votre plaisir. Le printemps est une saison merveilleuse, celle qui ressemble le plus au bonheur, à l'amour, à la jeunesse… Ce ne sont pas quelques insectes qui nous empêcheront d'en jouir ! Non, si j'évoque ces petits êtres vibrionnants, c'est pour rendre compte d'une expérience, dont me parlait l'autre jour un physicien. Nous trouvions l'un et l'autre qu'elle donne à penser, mais n'en pensions pas la même chose. À vous de juger…

Donc vous prenez une mouche et une abeille ; vous les mettez dans deux bouteilles vides. Pas de bouchon : le goulot reste ouvert. Mais à l'autre extrémité de chacune des deux bouteilles, à l'extérieur, vous fixez une lampe allumée. Puis vous observez…

Que va-t-il se passer ? Si j'en crois mon scientifique d'ami, l'abeille va se diriger vers la source lumineuse. C'est une démarche intelligente : dans son monde d'abeille, par exemple dans un arbre creux ou une grange, la lumière indique ordinairement la sortie…

Mais là, non. Le cul de bouteille fait obstacle. L'abeille s'y heurte, recommence, tourne au fond de la bouteille, obstinément, vainement, absurdement, au point, si vous n'interrompez l'expérience, de mourir d'épuisement, prisonnière de cette lumière qui ressemble à une issue et l'en éloigne, victime de cet instinct qui ressemble à une intelligence, qui en est peut-être une, et qui la tue.

Du côté de la mouche, rien de tel. Elle est bien trop bête ! La lumière, pour elle, ne veut rien dire. Notre mouche volette au hasard, en tout cas en zigzag, comme elle fait toujours, de façon aléatoire, chaotique, sans projet, sans intelligence, sans stratégie… C'est ce qui la sauve : allant dans toutes les directions, elle finit par trouver la bonne, sans s'en rendre compte, et la voilà dehors sans savoir pourquoi, sans l'avoir mérité, stupide et libre…

Mon ami physicien y voyait une leçon de sagesse. « Un processus chaotique, me disait-il, est souvent plus salutaire qu'une stratégie immuable !

– Cela ne veut pourtant pas dire que la bêtise vaille mieux que l'intelligence…

– Non, mais qu'il faut savoir sortir des schémas préétablis, s'abandonner au chaos, au désordre, à l'improvisation… C'est la leçon aussi de la physique quantique : le hasard est plus riche et plus créateur que le déterminisme ! »

Sur ce dernier point, j'étais assurément d'accord, comme déjà Épicure ou Lucrèce. Mais l'ami physicien, qui se pique de réenchanter le monde, ne s'arrêtait pas là : « Ton rationalisme en prend un coup ! Le salut est du côté du désordre, non de l'ordre ; du hasard, non de la logique. Ta philosophie est une abeille. Prends plutôt modèle sur la mouche et la physique quantique ! »

La physique est une grande chose, dont je doute fort, toutefois, qu'elle puisse tenir lieu de philosophie. Pourquoi devrais-je penser comme une particule, qui ne pense pas ?

Quant aux mouches… Leur prétendue sagesse me laissait perplexe. D'abord parce que je voyais bien que ce n'est pas de trop d'intelligence que l'abeille mourait, mais de trop d'instinct, de trop d'obstination, de trop d'incapacité à changer, à innover, à inventer – de trop de bêtise. La leçon, si tant est que les insectes puissent nous en donner une, me semblait aller à l'inverse de celle que mon ami suggérait. Le but n'est pas de nous rapprocher de la mouche, mais plutôt de nous éloigner de l'abeille ! On n'est jamais trop intelligent, toujours trop routinier. Ce n'est pas la raison qui tue ; c'est la répétition.

Ton abeille, aurais-je dû répondre à mon ami, ce n'est pas une métaphore de l'intelligence ; c'est une métaphore de la névrose ! Elle est prisonnière de son passé génétique (l'instinct) ou individuel (l'expérience, le conditionnement). Elle croit que le salut est derrière elle, qu'il ressemble nécessairement à ce qu'elle a vécu… Comment pourrait-elle le trouver, puisque c'est sa quête qui l'enferme ?

Qu'il faille innover, changer, s'adapter sans cesse au terrain et aux circonstances, c'est la sagesse même. C'est de quoi l'abeille n'est pas capable. C'est de quoi nous avons besoin, qui n'est possible que par réflexion, inventivité, créativité. C'est à quoi sert l'intelligence, qui est la faculté d'inventer une solution neuve, pour un problème qui l'est aussi (sans quoi l'on n'aurait pas besoin de réfléchir : la mémoire ou l'instinct suffiraient). Le contraire de la répétition ou de l'enfermement, ce n'est pas le chaos ; c'est la liberté.

Sagesse, non des mouches, mais des hommes. « Si Dieu existe, disait Marc Aurèle, tout est bien ; si les choses vont au hasard, ne te laisse pas aller, toi aussi, au hasard. »

Molière

J'étais à la Comédie-Française, l'autre soir, pour revoir *Le Bourgeois gentilhomme.* Ce n'est pas, tant s'en faut, la pièce de Molière que je préfère. À côté de *L'Avare*, du *Misanthrope* ou de *Dom Juan*, ce n'est qu'une pochade divertissante. Mais les acteurs étaient parfaits, la mise en scène formidablement tonique et intelligente, les musiques endiablées, les ballets pleins de charme, d'allégresse, d'humour… Ce que j'avais cru jusque-là superficiel ou farce, et qu'on joue souvent tel, prenait sa véritable profondeur, qui est celle de l'humanité, en même temps que sa drôlerie maximale, qui est celle de nos ridicules. Un divertissement ? C'en est un, mais qui rend plus intelligent et plus heureux.

La salle était comble, comme presque toujours. Ce fut un triomphe comme rarement. Molière aurait été content. Sa pièce, quand elle est bien jouée, n'a pas pris une ride. Elle donne à penser autant qu'à rire. Chacun connaît l'histoire. Monsieur Jourdain est un bon bourgeois, très riche et très ignorant, que le beau monde fascine : il prend modèle en tout sur ce qu'il appelle « les gens de qualité », autrement dit la noblesse et la cour. Il est snob, au sens peut-être étymologique et en tout cas éclairant du terme : non noble (*sine nobilitate*) et voulant passer pour l'être. Ce snobisme-là est d'un autre âge. Mais les snobs demeurent, qui n'ont fait que changer de modèle. Ils veulent paraître ce qu'ils ne sont pas ; c'est en quoi tout snobisme est mensonge. Afficher la culture qu'on a, c'est être cuistre ; faire montre d'une culture feinte, c'est être snob. Étaler sa fortune, c'est être vaniteux ; vouloir passer pour riche, c'est être snob. Se flatter de ses relations, de ses amitiés, de ses conquêtes, c'est être mondain ou goujat. En inventer de fausses, c'est être snob. Les défauts sont innombrables, et celui-ci n'est pas le plus grave. Mais c'est l'un des plus ridicules. Monsieur Jourdain est un brave homme, qui ne ferait guère de mal – hors sa folie, j'y reviendrai – à une mouche. Mais il vit dans le mensonge, dans le faux-semblant, dans le *paraître.* Il se voudrait le clone de lui-même, mais en gentilhomme. Il n'est que le clown de soi, et de nous tous.

Brave homme, disais-je, et c'est le souvenir en effet que j'en avais gardé. Mais grand fou aussi, qui n'hésiterait pas à battre sa bonne, lorsqu'elle refuse de le prendre au sérieux, à humilier sa femme, si c'est pour une marquise, enfin à faire le malheur de sa fille, pour pouvoir mettre un pied – par un mariage forcé – dans le beau monde… C'est un snob fanatique, un Savonarole de l'amour-propre. Les braves gens sont effrayants parfois. Nul ne l'a mieux montré que Molière. La méchanceté nue est rare. La plupart ne font le mal que par aveuglement, et moins par intérêt que par passion. Ils sont prisonniers d'eux-mêmes, de leur petitesse, de leur névrose. Ils ne font pas le mal pour le mal, mais pour ce qu'ils croient un bien, le leur, et le plus grand de tous. L'Avare pour sa cassette. Le Misanthrope pour sa colère ou son intransigeance. Dom Juan pour ses conquêtes. Tartuffe pour son confort, ses plaisirs, sa réputation… Monsieur Jourdain, enfin, pour la noblesse qui lui manque et le fascine. Banalité du mal, dirait Hannah Arendt. Drôlerie du mal, ajouterait Molière, tant qu'il n'est pas atroce. On n'a guère le choix qu'entre la comédie et la tragédie : pleurer sur nos misères, ou rire de nos ridicules. Et sans doute c'est la comédie qui est la plus vraie, la plus profonde, la plus tonique. C'est donner raison à Démocrite plutôt qu'à Héraclite, et à Montaigne plutôt qu'à Nietzsche. Que le tragique fasse partie de la condition humaine, nul ne l'ignore. Mais pourquoi faudrait-il le prendre toujours au sérieux ? Démocrite, « trouvant vaine et ridicule l'humaine condition », ne cessait de rire, se souvient Montaigne ; Héraclite, « ayant pitié et compassion de cette même condition nôtre », de pleurer. « J'aime mieux la première humeur », ajoute l'auteur des *Essais*, non seulement parce qu'elle est plus agréable, explique-t-il, mais parce qu'elle est plus dédaigneuse. Pleurer ? Ce serait nous prendre trop au sérieux. Rire est plus juste, ou mieux ajusté : « Je ne pense point qu'il y ait tant de malheur en nous comme il y a de vanité, ni tant de méchanceté que de sottise. Nous ne sommes pas si pleins de mal que d'inanité, pas si misérables que nous sommes vils… Notre condition est autant ridicule que risible. » C'est aussi la leçon de

Molière, et c'est une leçon de sagesse. Mieux vaut rire que pleurer, mieux vaut dédaigner que haïr.

Il y a dans la pièce un « Maître de philosophie », qui vous rappellera quelqu'un et vous fera rire. Mais le vrai philosophe, dans tout ça, c'est Molière. Parce qu'il nous aide à penser et à vivre. Parce qu'il nous rend plus lucides, plus libres, plus gais. Il n'y a que la vérité qui fasse rire, et c'est ce que signifie Molière.

Conflits

Je participais l'autre jour, à Toulouse, au congrès national des experts judiciaires. Ces gens-là sont précieux. Ils établissent le fait, à la demande du juge, afin que celui-ci puisse statuer en droit. Ils ne rendent pas la justice ; ils mettent leur compétence à son service. Cela confirme que vérité et justice sont deux choses différentes, et que celle-ci ne saurait exister sans celle-là. La vérité sans la justice n'est pas Dieu, aurait pu dire Pascal. La justice sans la vérité n'est rien, ou n'est pas juste.

Le thème de leur congrès ? Le conflit. C'était aller directement à l'essentiel. S'il n'y avait pas de conflits, à quoi bon les tribunaux ? Mais c'était aussi sortir du droit et de l'expertise, pour entrer dans la philosophie. C'est pourquoi ils m'avaient invité. Si les philosophes n'avaient rien à dire sur ce qui nous oppose, à quoi bon la philosophie ?

Les conflits sont innombrables. À cause de nos différences ? À cause de notre incapacité à les accepter ? C'est ce qu'on croit communément, surtout à notre époque politiquement très correcte, qui tolère tout, sauf l'intolérance. Acceptons-nous les uns les autres : toute paix naîtrait du droit à la différence ; toute violence, de sa violation. Idée sympathique et courte. Car enfin l'assassin peut bien être différent de sa victime ; je ne vois pas quel droit particulier cela lui donne. Et le racisme est une espèce de différence, bien plus significative que la couleur de la peau. Faut-il pour cela le tolérer ? Et entre l'homosexuel et l'homophobe ? Les deux sont différents de moi ; ce n'est pas une raison pour les mettre sur le même plan. Il n'y a pas de droit à la différence : il y a des différences que le droit considère comme nulles, d'autres qu'il protège, d'autres qu'il condamne. C'est dire que les différences font partie de l'universel et lui restent soumises. Elles ne sauraient donc l'abolir. C'est ce que signifient la République et les droits de l'homme. Si nous n'étions tous des humains, aucune différence entre nous ne serait objet de droit.

Surtout, ce sont moins nos différences qui nous opposent, le plus souvent, que nos ressemblances. Voyez les Israéliens et les Palestiniens. Qu'il y ait quelques différences entre eux, je veux bien le croire. Mais sauf à les supposer tous racistes ou xénophobes, ce n'est pas pour cela qu'ils s'affrontent. C'est parce qu'ils désirent la même chose : la même terre, la même ville (Jérusalem), la même souveraineté, la même sécurité, la même indépendance... Ce n'est pas parce qu'ils sont différents qu'ils s'opposent ; c'est parce qu'ils sont semblables.

Pourquoi les conflits ? À cause du désir, et de la convergence des désirs : parce que les hommes désirent presque toujours les mêmes choses et qu'ils ne peuvent, ces choses étant en quantité insuffisante, les posséder tous. Si deux hommes désirent la même femme (ou si deux femmes désirent le même homme), s'ils désirent le même champ, le même argent, le même pouvoir, etc., comment ne seraient-ils pas objectivement concurrents ou rivaux ? Et dès lors qu'ils sont objectivement concurrents, comment ne seraient-ils pas, subjectivement, ennemis ou adversaires ? C'est ce qu'avait vu Hobbes : « Si deux hommes désirent la même chose alors qu'il n'est pas possible qu'ils en jouissent tous les deux, ils deviennent ennemis ; et dans leur poursuite de cette fin (qui est principalement leur propre conservation, mais parfois seulement leur agrément), chacun s'efforce de détruire ou de dominer l'autre. » De là cette « guerre de chacun contre chacun », comme il disait aussi, qui caractérise l'état de nature, et dont il s'agit – par le droit, par la politique – de sortir. Un procès vaut mieux qu'une vendetta. Des élections valent mieux qu'une guerre civile.

Pourquoi les conflits ? Parce que nos désirs nous opposent d'autant plus qu'ils se ressemblent davantage, et se ressemblent d'autant plus qu'ils tendent à s'imiter mutuellement. C'est ce que René Girard appelle la *fonction mimétique*, que Spinoza appelait « l'imitation des affects » (*Éthique*, III, proposition 27 et corollaires) Mais alors, si « le désir est l'essence même de l'homme », comme disait Spinoza et comme Freud le confirme, il faut en conclure que *le conflit est l'essence même de la société.* C'est où l'on passe de Hobbes à Spinoza, qui maintient toujours l'état de nature, puis de Spinoza à Marx – avant de revenir, peut-être bien, à Spinoza. Que la lutte de classes soit le moteur de l'histoire, c'est une idée forte. Mais comment cette lutte, dès lors, pourrait-elle disparaître ? Ce serait la fin de l'histoire, et cela dit assez que ce n'est qu'une utopie.

Un de ses correspondants avait demandé à Spinoza, dans une lettre, « quelle différence il y avait », entre Hobbes et lui, « quant à la politique ». On s'attend à ce que Spinoza mette en avant ses idéaux démocratiques, contre l'absolutisme monarchique de Hobbes. Mais point : « Cette différence, répond Spinoza, consiste en ce que je maintiens toujours le droit naturel [qui n'est normé, rappelons-le, que par des rapports de forces] et que je n'accorde dans une cité quelconque de droit au souverain sur les sujets que dans la mesure où, par la puissance, il l'emporte sur eux ; c'est la continuation de l'état de nature. » La continuation, donc, de la guerre de chacun contre chacun, de tous contre tous, mais normée cette fois, donc bornée, par la puissance, elle-même toujours finie, de l'État. Bref, dans un État, chacun fait ce qu'il veut et peut, comme toujours (c'est ce que Spinoza appelle « la continuation de l'état de nature »), mais à ses risques et périls. La puissance publique, les forces de l'ordre et autres gardiens de la paix, comme on dit à juste titre, sont là pour veiller au grain, afin que force reste à la loi. Qui fait cette loi ? Qui a les moyens (notamment de police) de l'appliquer ? Le rapport des forces en décide. C'est ce qu'on appelle la politique : la continuation de la guerre (à l'inverse de ce que voulait Clausewitz) par d'autres moyens.

Pessimisme ? Au contraire ! S'il fallait supprimer les conflits pour aboutir à la paix, le pire toujours serait à craindre. S'il suffit de les réguler, de les encadrer, de les surmonter, la paix, qui est l'intérêt de tous, devient plus probable. C'est ce qui explique la plupart des progrès que la civilisation permet ou qui la constituent. Se donner un État, des lois, une justice, respecter un certain nombre de valeurs communes, d'idéaux communs, ce n'est pas supprimer les conflits, puisqu'on ne le peut, puisqu'on ne le doit (ce serait supprimer le désir, donc l'humanité : la paix, alors, serait celle de la mort ou des robots) ; mais c'est se donner les moyens de les gérer pacifiquement. C'est supprimer non le conflit mais la violence, autant que faire se peut, et c'est ce qu'on appelle, en effet, la civilisation.

Cela vaut dans tout groupe humain, par exemple dans la société, voyez Marx, dans la famille, voyez Freud, ou dans l'entreprise, voyez nos syndicats. Non que la société soit une grande famille, ni l'entreprise une petite société. Chaque groupe a ses propres conflits, qui le traversent et l'animent, sa propre façon de les affronter, de les réguler, de les vivre. Les enfants n'élisent pas leurs parents, ni les salariés leur patron. La démocratie ne vaut que pour les institutions politiques, celles où le pouvoir est à prendre. Toute communauté n'est donc pas une démocratie, ni n'a à l'être. Mais il n'y a pas de groupe humain sans conflit. La paix n'est jamais donnée d'abord, ni définitivement ; c'est pourquoi il faut la faire – et, régulièrement, la refaire. La démocratie, qui est le plus conflictuel des régimes politiques, est pour cela « le plus naturel », disait Spinoza, et le meilleur.

Chiennes de garde

J'ai signé l'appel contre la publicité sexiste, lancé par Florence Montreynaud et plusieurs de ses amies « chiennes de garde ». Un lecteur s'en étonne, qui me reproche de manquer d'humour. C'est un vrai problème, ou plutôt deux problèmes différents, mais qui sont liés.

Le premier porte sur l'image des femmes, spécialement sur l'utilisation commerciale qui en est faite : les publicitaires, dans ce domaine, peuvent-ils tout se permettre ?

Le second porte sur l'humour : est-il toujours une excuse suffisante ?

Je commence par ce dernier problème, parce qu'il est au fond le plus simple. Il existe des plaisanteries racistes, par exemple antisémites, dont certaines peuvent être drôles. Plusieurs de mes amis juifs ne dédaignent pas, à l'occasion, de m'en raconter. Mais ils ne supporteraient pas, et ils auraient raison, que j'en rie avec un antisémite, ni même avec un inconnu.

Peut-on rire de tout ? Pierre Desproges a génialement répondu : « Oui, mais pas avec n'importe qui. » Il en donnait cette illustration saisissante : « Mieux vaut rire d'Auschwitz avec un Juif que jouer au scrabble avec Klaus Barbie. » Il avait bien sûr raison. Qui accepterait, sauf à se déshonorer, de rire d'Auschwitz avec Le Pen ? C'est pourquoi on n'imagine pas une publicité raciste, même humoristique, sur nos murs ou nos écrans : non seulement parce qu'elle serait aussitôt interdite et passible de poursuites pénales, mais parce qu'on ne peut croire qu'un publicitaire soit assez ignoble et inconscient pour la proposer. D'où vient cette singularité de la publicité ? Pourquoi lui refuser ce qu'on accepte de nos amis ? Parce qu'elle s'adresse, par définition, à tout le monde : faire rire, dans la pub, c'est toujours rire avec n'importe qui. C'est où l'on retrouve Desproges. Une plaisanterie raciste, même drôle, ne sera jamais, sur une affiche, qu'une ignominie de plus.

Cela nous ramène au premier problème que j'évoquais. Rire des femmes ? Pourquoi non ? Rire d'une plaisanterie misogyne ? Cela peut arriver. Mais pas avec n'importe qui. Mais pas avec un beauf ou un macho ! Donc pas dans une publicité. Donc pas sur les murs ou sur les écrans. Pas pour vendre des chaussures, des bagnoles ou de la crème fraîche. Pas pour se faire du fric sur le dos des femmes. Pas en flattant l'universelle beaufitude. Pas en encourageant le sexisme, qui n'est qu'un racisme d'une moitié de l'humanité sur l'autre.

Il y a pire. Nos enfants sont les premiers consommateurs de publicité, les plus réceptifs, les plus démunis.

Imagine-t-on l'influence, à longueur d'année, de ces images innombrables – et d'autant plus dangereuses quand elles sont plus belles ou plus suggestives – qui ne donnent des femmes qu'une image frivole et soumise, quand elle n'est pas ridicule ou avilie ? Qu'est-ce qu'une femme, pour la plupart de nos publicitaires ? Une paire de fesses, une esclave qui s'offre, une courtisane qui se vend, une ravissante idiote qui se pavane ou minaude… De préférence demi-nue, ou nue totalement. De préférence couchée ou à genoux, devant le mâle surpuissant. De préférence soumise ou lascive. Étonnez-vous, après ça, qu'il y ait si peu de femmes à l'Assemblée nationale, tellement de prostituées dans les rues, et qu'on organise des viols collectifs dans des caves !

On va me traiter de Père-la-pudeur… Tant pis. Tant mieux. La pudeur est aussi une vertu, entre adultes (il n'y a que les amants qui puissent s'en exempter), et un devoir, vis-à-vis des enfants. Au demeurant, c'est moins le sexe qui est en jeu que la féminité. Moins la pudeur que le respect. Moins la vertu que les droits de l'homme, qui sont aussi les droits des femmes. Il m'arrive de me demander si nos publicitaires ont parfois des enfants, et spécialement s'ils ont des filles – tant l'image qu'ils donnent de la féminité est à l'opposé de celle qu'un père, pour sa fille, se plaît à imaginer !

Le désir sexuel est une chose merveilleuse et fascinante, jusque dans sa part d'ombre. Raison de plus pour ne pas en faire un argument de vente : ce serait instrumentaliser l'essentiel (le sexe, l'amour) au service de l'inessentiel (le commerce, le fric), et comme une prostitution de l'imaginaire.

On me reprochera aussi de tomber dans le politiquement correct… Ce serait se méprendre. Ne confondons pas le politiquement correct, qui est la peur de choquer, avec la responsabilité, qui est le refus de mal agir. Choquer les femmes ou les Juifs, ce n'est pas en soi condamnable. Faire le jeu des antisémites et des violeurs, si.

Humeurs

Un pessimiste rencontre un optimiste. « Tout va mal, se lamente le pessimiste, ça ne pourrait pas être pire ! » Et l'optimiste de répondre : « Mais si, mais si… » Lequel est le plus inquiétant des deux ?

Que le pire ne soit jamais sûr, ou presque jamais, c'est ce qui semble donner raison à l'optimiste. Mais qu'il soit toujours possible, même quand tout va bien, c'est ce qui donne raison, presque inévitablement, au pessimiste. On pense au Docteur Knock de Jules Romains : « La santé est un état précaire, qui ne présage rien de bon. » Toutes ces maladies qui nous menacent, comment ne finiraient-elles pas par nous atteindre ou par atteindre nos proches ? Et quand bien même nous échapperions aux plus graves, comment échapperions-nous à la vieillesse et à la mort ?

« Soit, rétorquera l'optimiste, mais il y a aussi la santé, les progrès de la médecine, l'allongement de la durée de vie, nos enfants ou nos petits-enfants qui nous survivront…

– Donc qui mourront à leur tour, qui souffriront à leur tour ! Relisez l'Ecclésiaste : "Plus de conscience, plus de douleur." Relisez le Bouddha : "Toute vie est souffrance." »

Ce dialogue est sans fin, et chacun le tient aussi avec soi-même. Mais qu'il se prolonge indéfiniment est plutôt un argument, là encore, en faveur du pessimisme. Il y a toujours à craindre ou à se lamenter. Notre besoin de sécurité est impossible à rassasier.

Cela me fait penser à cette devinette, qui nous vient d'Europe centrale :

« Sais-tu quelle différence il y a entre un optimiste et un pessimiste ?

– ?...

– Le pessimiste est un optimiste bien informé. »

Boutade de pessimiste, qui nous amuse pour cela. Le pessimisme fait cercle, et nous enferme. Les pessimistes auraient toujours raison ; les optimistes manqueraient de lucidité ou d'imagination.

On n'échappe à ce piège qu'en refusant ce face-à-face. On a pour cela d'excellentes raisons.

La première, c'est que le pessimisme est une tristesse, qui finirait par nous décourager de vivre. Or c'est la joie qui est bonne, c'est le courage qui est nécessaire.

La seconde, c'est que pessimisme et optimisme doivent moins aux idées qu'au tempérament, moins au jugement qu'aux humeurs. À quoi bon multiplier les arguments, si c'est pour rester prisonnier de ce qu'on est ? Mieux vaut apprendre à se connaître, à s'accepter, à se corriger si l'on peut. Les optimistes ont bien de la chance. Les pessimistes, bien du travail. Que les premiers n'oublient pas d'être prudents, ni les seconds d'aimer la vie.

Enfin, pessimisme et optimisme ne s'opposent vraiment que sur ce qui ne dépend pas de nous, comme disaient les stoïciens, et mieux vaut consacrer ses efforts à ce qui en dépend. Espérer ? Craindre ? Question de caractère ou de circonstances. L'action est plus libre et plus nécessaire.

« Le pessimisme est d'humeur, disait Alain, l'optimisme est de volonté : tout homme qui se laisse aller est triste. » Parole de pessimiste, là encore, mais tonique, et qui devient optimiste à force de le vouloir. Il suffit de se laisser aller, du moins pour ceux qui sont de tempérament mélancolique ou anxieux, j'en sais quelque chose, pour que tout aille mal ou semble aller vers le pire. Le remède, pour ceux-là, est moins la pensée que le réel. Soucie-toi un peu moins de ce que tu regrettes ou crains, un peu plus de ce que tu as à faire – ou plutôt cesse de t'en soucier, et fais-le ! D'abord cela occupe l'esprit, qui en devient moins anxieux ; ensuite cela réconforte, parfois par le succès, toujours par la puissance exercée et une certaine revalorisation, au moins, de soi-même. Tout homme qui se laisse aller est triste. Tout homme qui agit l'est moins.

Que conclure ? Que pessimisme et optimisme ne sont que deux pôles, comme dans un champ magnétique, entre lesquels chacun fluctue au gré de son tempérament ou de sa chance, mais qui ne sont vraiment utiles qu'ensemble, ce qui suppose qu'on ne reste prisonnier d'aucun des deux. C'est Gramsci peut-être, intellectuel et homme d'action, qui a trouvé la formule la plus juste : « Pessimisme de l'intelligence, optimisme de la volonté. » On n'est jamais trop lucide, et mieux vaut, dans le doute, noircir le tableau, au moins intellectuellement, que l'enjoliver : cela évitera imprudences et désillusions. Mais on n'est jamais trop volontaire, jamais trop actif, jamais trop résolu. Mieux vaut agir qu'espérer ou trembler. C'est la sagesse des stoïciens, ou plutôt c'est ce qu'il y a de stoïcien en toute sagesse. Consacre tous tes soins à l'action présente, disait à peu près Marc Aurèle ; laisse le reste au hasard ou aux dieux.

11 septembre 2001

D'abord l'horreur, l'effroi, la compassion. Les attentats contre les deux tours du *World Trade Center* et contre le Pentagone ne sont pas, tant s'en faut, ce que l'humanité a connu de pire. Mais ce sont les actes de terrorisme les plus spectaculaires, les plus violents, les plus meurtriers de tous les temps. Qui tuent essentiellement des civils, et par milliers. Qui éclatent en temps de paix. Dans le pays le plus puissant du monde. Au cœur de la ville, pour l'un de ces deux attentats, la plus riche – et l'une des plus belles – du monde… Le tout en direct, dès la première explosion, puis en boucle, pendant des heures, avec des images hallucinantes retransmises par toutes les télévisions du monde… Comment ne serait-on pas sidéré, bouleversé, indigné ? Ce n'est pas une raison pour se laisser emporter par la colère, ni par la haine. La haine est du côté des assassins. À nous de leur opposer la raison, la détermination, la justice. Que les commanditaires soient punis, si l'on arrive à les démasquer, c'est évidemment souhaitable. Cela toutefois ne réglera pas la question du terrorisme, ni des rapports Nord-Sud, ni du destin de l'Occident.

Tout semble indiquer, à l'heure où j'écris ces lignes, que les coupables sont des islamistes, peut-être de la mouvance de Ben Laden. Si tel est le cas, cela pose une nouvelle fois, mais dans des termes tragiquement nouveaux, la question des rapports Nord-Sud, et spécialement du conflit entre l'Occident et une partie du monde musulman. On parlait déjà, avant ces attentats, et on parle de plus en plus depuis le 11 septembre, de guerre des cultures ou des civilisations. C'est aller trop vite en besogne. D'abord parce que le terrorisme n'est pas la guerre. Ensuite parce que ce sont moins des civilisations qui s'affrontent que des idéologies : la démocratie libérale d'un côté, qu'on aurait bien tort de confondre avec la civilisation judéo-chrétienne (l'Inde et le Japon sont des démocraties, non des moindres, qui relèvent de tout autres civilisations), le fanatisme islamiste de l'autre, qu'on aurait bien tort de confondre avec la civilisation arabo-musulmane. Que quelques scènes de liesse, spécialement dans les territoires occupés par Israël, aient choqué, c'est la moindre des choses. Comment ne pas voir que ces odieux attentats, loin de servir la cause palestinienne, font le jeu de la droite israélienne la plus dure ? On ne saurait pour autant assimiler tous les pays islamiques, ni les millions de musulmans qui vivent en Occident, à ces quelques réactions de haine et d'aveuglement. Autant réduire le christianisme à l'Inquisition et aux Croisades.

Il n'en reste pas moins que la misère du tiers-monde et le pourrissement de la situation au Moyen-Orient, joints au réveil si spectaculaire de l'islam, créent depuis longtemps une situation explosive, qu'il faudra bien se décider à traiter. Aucune armée, fût-elle la plus puissante du monde, n'y suffira. On ne vainc pas la misère par la guerre ; on la redouble. On ne vainc pas le ressentiment par les bombes ; on le décuple. Que l'Occident montre sa force, si c'est nécessaire, soit. Mais qu'il n'oublie pas pour autant d'être intelligent et généreux. J'ai tort d'ailleurs de parler de générosité. Combattre la misère et l'injustice, ce n'est pas renoncer à nos intérêts. C'est les défendre plus intelligemment : c'est sauver la paix et la croissance, dont nous avons tous besoin. Il s'agit de créer, entre le Nord et le Sud, des convergences d'intérêts, où chacun trouvera son compte. Ce n'est pas générosité, mais solidarité.

George Bush promet une guerre entre le Bien et le Mal. C'est parler comme les fanatiques qu'il veut combattre. L'Amérique, pour ces fous de Dieu, est l'empire du mal. Or ils sont évidemment sincères, effroyablement sincères, puisqu'ils vont jusqu'à se suicider – il est vrai dans l'espoir d'accéder au paradis – pour leurs idées. C'est peu dire qu'ils sont prêts à mourir : ils le désirent, ils l'espèrent, ils s'y préparent ardemment. On pense à la devise des fascistes espagnols : *« ¡ Viva la muerte ! »* Tout fanatisme est mortifère. Reste à le combattre par amour de la vie et de la liberté, qui seules méritent qu'on meure pour elles.

Encore faut-il que l'Occident soit assez attaché à ses valeurs pour les défendre. La richesse n'a jamais suffi à faire une civilisation. On ne vit pas pour un taux de croissance. On ne meurt pas pour le Dow Jones ou le

CAC 40. Le terrible danger qui nous menace, c'est de n'avoir à opposer, au fanatisme de nos ennemis, que le nihilisme d'une civilisation fatiguée, qui n'aurait plus que l'argent comme dieu et la consommation comme culte. Nul ne peut être libre, montrait Hegel, s'il n'est prêt à affronter la mort. Mais nul ne peut l'affronter, s'il ne sait pour quoi vivre.

Civilisations

Il n'y a pas de guerre juste, si l'on entend par là une guerre qui ne tuerait que des coupables. C'est ce que les bombardements en Afghanistan nous rappellent, dans l'horreur et l'effroi. Cela suffit-il à les condamner ? Je ne sais. Mais cela interdit de les approuver dans l'enthousiasme. Méfions-nous des va-t-en-guerre, même sincères, et de l'union sacrée, même légitime.

On m'objectera qu'une guerre juste est une guerre qui se fait pour une juste cause, dût-elle pour cela tuer aussi des innocents… Soit. Mais qu'est-ce qu'une cause juste, ou comment savoir si elle l'est ? On ne le peut absolument. Qui ne voit que l'islam, pour les intégristes musulmans, est la vérité, et que rien n'est plus juste pour eux que l'intégrisme ? « Le fanatisme, disait Alain, ce redoutable amour de la vérité… » Mais dans les domaines seulement, notons-le en passant, où nul ne peut la connaître. Il n'y a pas de fanatiques en mathématiques, ni en physique, ni même en histoire, quand les faits sont avérés. Il y en a en religion, parce que Dieu, s'il existe, est inconnaissable. Les hommes se tuent, depuis des millénaires, au nom de ce qu'ils ignorent bien plus que de ce qu'ils connaissent : de là les Croisades, le djihad et toutes les guerres de religions ou d'idéologies. C'est ce qu'il faut refuser, non parce qu'on refuserait toute croyance mais parce qu'on perçoit la fragilité de chaque. Le contraire du fanatisme, ce n'est pas le nihilisme ; c'est le doute, c'est la tolérance, c'est la liberté de l'esprit. Savoir qu'on croit, comme disait Lequier, et non pas croire qu'on sait. Accepter sa propre faiblesse, sa propre finitude, sa propre ignorance : ne pas prétendre posséder l'absolu. Accepter son humanité, toujours fragile, et la respecter chez les autres.

C'est l'esprit des Lumières. C'est l'esprit de la modernité. C'est l'esprit de la démocratie. C'est cela que les fous d'Allah combattent, comme d'autres intégristes, notamment chrétiens, l'ont combattu avant eux. L'islam contre le christianisme ? Non pas. Mais le fanatisme contre la liberté. Mais l'obscurantisme contre les Lumières. Mais le terrorisme contre la paix.

Cela indique assez le chemin. Non une guerre entre les civilisations, comme certains dangereusement le proclament, mais une lutte, au sein de chaque civilisation, entre les forces du progrès et celles de la barbarie.

Il est vain de s'interroger sur les mérites respectifs de telle ou telle civilisation, comme si elles étaient des entités homogènes et immuables. Tout dépend de quoi l'on parle, de quel point de vue, et à quelle époque. Le christianisme de l'Inquisition n'est pas celui de Vatican II. L'islam d'Averroès ou de Massoud n'est pas celui des Talibans. Non, pourtant, que toutes les civilisations soient égales, comme certains, pour de très politiquement correctes raisons, l'affirment un peu vite. Pourquoi serait-ce le cas ? Mais parce que le même combat, qui les oppose parfois, les traverse. Il y a des démocrates musulmans, des fascistes athées ou chrétiens. Quel progressiste, en Occident comme ailleurs, qui ne soit plus proche des premiers ? Parce que toutes les civilisations se valent ? Au contraire : parce qu'une civilisation démocratique vaut mieux qu'une civilisation fascisante. Comment penser autrement le progrès, la laïcité, les droits de l'homme ?

Toutes les civilisations ne se valent pas, ni tout dans chacune d'elles. Que nul n'en puisse juger qu'au nom des valeurs qui sont les siennes – donc à l'intérieur d'une certaine civilisation –, c'est ce qui nous interdit de prétendre à l'absolu. « Relativisme sans appel », disait Lévi-Strauss, et il avait raison. Mais cela ne saurait nous dispenser de juger et d'agir. Disons-le donc tranquillement : de notre point de vue non d'Européens mais de démocrates, une civilisation qui respecte les droits de l'homme est supérieure à une civilisation qui ne les respecte pas. Une civilisation qui prône l'égalité des sexes est supérieure à une civilisation qui veut maintenir les femmes en situation d'infériorité ou d'oppression. Une civilisation laïque, qui protège la liberté de croyance et d'incroyance, est supérieure à une civilisation intégriste, qui n'admet que sa propre foi et veut l'imposer par la force.

Il y a là un combat à mener, pour beaucoup de démocrates du monde arabe et musulman. Ce combat est aussi le nôtre. Il n'oppose pas des civilisations ; il rapproche des individus.

Que tous les êtres humains soient égaux en droits et en dignité, cela ne prouve pas que toutes les civilisations se valent (au contraire, puisque celles qui reconnaissent cette égalité valent davantage, au moins de ce point de vue, que celles qui la nient). Mais cela entraîne qu'aucune civilisation ne saurait nous satisfaire qui prétendrait s'approprier l'universel. Et qu'aucune guerre ne saurait être juste, qui tiendrait pour rien la mort des innocents.

L'ordre et la justice

Le débat sur la sécurité sera au cœur – ou plutôt il l'est déjà – des prochaines campagnes électorales. Ce peut être un piège pour la gauche, qui n'a jamais été à l'aise avec cette idée, et une chance pour la droite, qui en a fait son étendard. Mais le problème va bien au-delà : c'est celui du rapport, dans toute société, entre l'ordre et la justice. Cela mérite mieux que des slogans.

On se souvient de la formule fameuse de Goethe : « Mieux vaut une injustice qu'un désordre. » Formule désagréable, presque choquante, qu'il faut pourtant essayer de comprendre. Ce que j'en retiens, pour ma part, c'est qu'il n'y a pas de justice sans ordre, ni de désordre sans injustice. Supprimez la police, les tribunaux, les prisons : vous verrez ce qu'il restera, au bout de quelques mois, de notre société. Ce sera la loi de la jungle, et le triomphe partout des plus forts ou des plus riches, ceux qui pourront se payer, comme on voit dans certains pays, des gardes du corps ou des milices. C'en serait fini de la justice et de la liberté.

Faut-il alors donner raison à Goethe ? Je n'en crois rien. Pas de justice sans ordre, certes ; mais pas d'ordre acceptable sans justice. Car enfin l'ordre peut régner aussi dans un camp de concentration ; cela ne fait qu'une jungle planifiée, qui n'en est que plus effrayante.

« Être de gauche, me disait récemment un ami, c'est mettre la justice plus haut que l'ordre ; être de droite, c'est mettre l'ordre plus haut que la justice. » Soit. Mais seule l'extrême droite peut rêver d'un ordre sans justice, comme seule l'extrême gauche peut rêver, dans certains milieux libertaires, d'une justice sans ordre. De là un cauchemar, qui est le fascisme, et un rêve, qui est l'anarchisme. Seul le cauchemar s'est parfois réalisé.

Tous ceux, à droite comme à gauche, qui récusent ces deux extrêmes, et ils ont raison, savent bien qu'il ne s'agit pas de choisir entre l'ordre et la justice, mais de trouver une façon point trop détestable de les concilier. C'est où l'on retrouve le problème de la sécurité. On a tort de l'opposer à la liberté, quand celle-ci, au contraire, la suppose. Quelle liberté dans la peur, dans la violence, dans l'oppression des plus faibles par les plus forts ? On a tort, pareillement, d'opposer la sécurité à la justice. Une agression, un cambriolage, un viol, ce n'est pas juste. La justice exige au contraire qu'on les combatte, et qu'on en punisse, quand on n'a pu les empêcher, les coupables. C'est pourquoi nous avons besoin de policiers, de tribunaux, de prisons : pour que force reste à la loi, comme on dit, et il n'y aura pas de justice autrement.

La gauche aurait bien tort d'abandonner ce terrain à la droite. C'est ce que Chevènement a compris, c'est ce que Jospin a compris, sans toujours en tirer toutes les conséquences. La sécurité n'est pas une concession qu'il faudrait faire, pour des raisons électorales, à la droite. C'est le premier des droits de l'homme, et la condition de tous les autres. La gauche, loin de s'y rallier à contrecœur, devrait en faire l'une de ses priorités. Plusieurs, parmi nos belles âmes, veulent n'y voir qu'une « valeur de droite ». Est-ce à dire que l'insécurité soit de gauche ? Que la violence soit de gauche ? Que la délinquance soit de gauche ? Quel plus beau cadeau faire à la droite ? Tout individu a besoin d'être protégé, mais d'autant plus qu'il est davantage exposé. La vie est plus dangereuse pour les pauvres que pour les riches. La police, plus utile dans les cités, où elle ne va guère, qu'aux portes des ministères, où elle s'ennuie.

« Il faut enseigner aux jeunes le respect de la loi », dit-on. Fort bien. Mais il n'y a pas de loi sans sanction. C'est pourquoi la pédagogie ne suffit pas. C'est pourquoi la prévention ne suffit pas. Les enseignants le savent bien. Les policiers le savent bien. Que ces deux métiers, si différents, si nécessaires, soient devenus l'un et l'autre à ce point difficiles, c'est un symptôme inquiétant. Il est urgent que les démocrates s'en rendent compte, avant que les démagogues n'en profitent.

Limites de la démocratie

Chacun voit midi à sa porte. C'est ce qu'on appelle l'idéologie : la généralisation abusive d'un point de vue particulier. La démocratie n'y échappe pas ; et l'idéologie même qu'elle sécrète (ce qu'on pourrait appeler le pan-démocratisme) la menace. Nous sommes en pleine campagne électorale. C'est l'occasion d'y réfléchir.

Que le suffrage universel vaille mieux que la dictature ou la violence, c'est une évidence, du moins pour les démocrates que nous sommes. Seul le peuple, dans une République, est souverain. Mais c'est assurément se tromper que de croire que tout, dans une société, pourrait lui être soumis. Il n'y a pas de démocratie totale, ou elle serait totalitaire. Ni de souveraineté absolue, ou elle serait dictatoriale. Le suffrage universel, s'il prétendait régner sur tout, ne serait qu'une tyrannie de l'opinion, qui vouerait la démocratie à sa perte.

Cela est vrai, d'abord, d'un point de vue logique. Si tout se vote, on ne peut plus voter. Le suffrage universel, par exemple, n'est possible que grâce à l'arithmétique, qui n'en dépend pas. Car enfin il faudra compter les bulletins. Et qui voudrait voter, avant de le faire, pour savoir combien font 1 + 1 ? Ce serait d'ailleurs sans issue, puisque ce vote lui-même devrait faire l'objet d'un décompte, qui n'est possible qu'à la condition que l'arithmétique n'ait pas besoin, pour être vraie, de quelque vote que ce soit. On peut se tromper dans les calculs ? Certes. C'est pourquoi il est d'usage, lors de nos dépouillements, de compter deux fois les bulletins, et à plusieurs. Mais nul ne peut voter pour savoir si un décompte est juste ; on ne peut voter, le cas échéant, que pour décider si l'on comptera à nouveau. Les suffrages sont soumis à l'arithmétique, non l'arithmétique aux suffrages.

L'arithmétique n'est qu'un exemple. Ce qu'elle illustre ? Un point essentiel à toute démocratie, qui lui fait comme une limite théorique : *on ne vote pas sur le vrai et le faux.* La démocratie, si elle l'oublie, n'est plus qu'une sophistique vaine et dangereuse. Va-t-on voter pour savoir si la Terre tourne autour du Soleil, ou s'il y a eu des chambres à gaz à Auschwitz ? La vérité n'obéit à personne, fût-ce au peuple souverain. Elle ne relève pas de la démocratie. Mais aucune démocratie, sans elle, ne serait possible. Si rien n'est vrai, comment savoir qui a gagné les élections ?

On ne vote pas non plus sur le bien et le mal. Seconde limite, pour la démocratie, cette fois d'ordre pratique ou moral. Qui voudrait mettre sa conscience aux voix ? Autant la vendre au plus offrant… Au demeurant, s'il fallait voter sur les valeurs qui sont les nôtres, au nom de quoi voterait-on ? Si tout se vote, à quoi bon voter ? Ce ne serait plus démocratie mais nihilisme. C'est au contraire parce qu'il y a des principes qui ne dépendent pas de la démocratie, ni de quelque régime que ce soit, qu'il y a un sens à dire que la démocratie vaut mieux, malgré ses imperfections, que les autres régimes. Par exemple parce qu'elle est plus favorable aux droits de l'homme, à la liberté des individus, à la justice… Quand bien même le peuple français, un jour, renoncerait à ces valeurs-là, elles n'en continueraient pas moins, pour tous les démocrates, de valoir. C'est dire qu'elles ne dépendent pas du suffrage universel ; mais le suffrage universel, sans elles, ne vaudrait rien.

La démocratie n'est possible qu'à la condition d'accepter ses propres limites, sa propre finitude, sa propre *incomplétude*, comme diraient les logiciens. Sans quoi ce n'est plus démocratie mais sophistique et nihilisme. Si tout se vote, rien n'est vrai et rien ne vaut. C'est au contraire parce qu'il y a des choses qui ne se votent pas – spécialement ce qui relève de la connaissance et de la morale – que l'on peut voter sur les autres, qui relèvent de la politique. Une démocratie totale ? Elle écraserait les individus. Sans limites ? Elle serait impossible ou ne serait plus démocratique. Ce ne serait que le règne du « gros animal », comme dit Platon, que le gouvernement des sophistes et des démagogues.

La démocratie n'est pas une religion ; le peuple, pas un Dieu ; le suffrage universel, pas un sacre. La République, pour un homme libre, ne tient lieu ni de raison ni de conscience ; elle ne vaut, et même elle n'est possible, qu'à la condition de le reconnaître. C'est ce qu'on appelle la laïcité, qui interdit au souverain – fût-il le peuple lui-même – de gouverner les esprits.

Prostitution

On dit toujours que c'est le plus vieux métier du monde. C'est sans doute faux (les ethnologues, dans les sociétés primitives, n'ont rien repéré de tel). Mais quand bien même cela serait, on aurait tort d'y voir une justification. L'esclavage a existé bien avant les droits de l'homme. Ce n'est pas une raison pour cesser de le combattre.

La prostitution est un malheur. Nul n'en voudrait pour sa fille ou son fils. Par pudibonderie ? Nullement. Tout père, toute mère, en tout cas à notre époque, souhaite pour ses enfants la vie sexuelle la plus épanouie possible. Mais certainement pas d'en faire un métier. Pas de se vendre. Pas de se louer. Pas de se soumettre, par contrainte ou pour de l'argent, au désir de n'importe qui. Pas de se faire objet ou marchandise. Pas de sacrifier l'amour au fric, ni le sexe au marché.

Certains, qui se veulent libérés, parlent de « travailleurs du sexe », qui ne vendraient qu'un « service » comme un autre. Je vais bien au restaurant pour me nourrir… Pourquoi n'irais-je pas chez une prostituée, pour y satisfaire tel ou tel de mes désirs ? C'est se tromper sur le libéralisme, qui n'implique pas la marchandisation de tout. C'est se mentir sur la sexualité. C'est se mentir sur la prostitution. Ce n'est pas la même chose de jouir *grâce* à quelqu'un (par exemple grâce au restaurateur, si sa cuisine est bonne), et de jouir *de* quelqu'un. La prostituée n'est pas, ou pas seulement, dans la position du restaurateur, mais dans celle du mets qui est servi. C'est toute la différence, et elle est considérable. On imagine mal un restaurant servir de la chair humaine. C'est pourtant ce que font nos proxénètes. C'est pourtant ce que feraient les bordels, si on les autorisait à nouveau. Bon appétit, messieurs !

La prostitution est un malheur. Il faut donc la combattre. Le proxénétisme est un délit. Il faut donc le sanctionner. Le trafic d'êtres humains et l'esclavage sont des horreurs. Il faut donc les éradiquer.

Reste à savoir comment. En faisant de la prostitution elle-même un délit ? Ce serait rajouter du malheur au malheur. Deux mois de prison, comme le voudrait Sarkozy, pour racolage passif ? Quel juge oserait appliquer une telle loi ? Et pourquoi incarcérer une femme – souvent mère de famille – qui n'a fait de mal à personne, ou qui n'en fait qu'à soi, qui est victime plutôt que coupable, enfin qu'il faudrait aider plutôt que punir ?

Sanctionner les clients ? Je ne suis pas sûr que ce soit une bonne idée. C'est vouloir moraliser la société à coups de lois, ce qui est toujours dangereux. Ce serait rendre la prostitution encore plus clandestine, donc abandonner davantage encore les prostituées à ceux dont c'est le métier que de violer la loi, autrement dit à la pègre.

Alors quoi ? Alors continuer à sanctionner sans relâche le proxénétisme, punir plus sévèrement le trafic d'êtres humains, l'esclavage sexuel, la violence, la contrainte. Et puis éduquer autrement nos enfants, garçons et filles. Le corps humain n'est pas une marchandise. La sexualité, pas un service. Cela n'est pas à vendre. Cela ne peut s'acheter.

Ni ordre moral, donc, ni libéralisme à tous crins. La sexualité est une chose trop précieuse pour qu'on l'abandonne à l'État ou au marché.

Hasard

« Qu'est-ce que le hasard, me demande un adolescent, et est-ce que ça existe ? »

Je prends une pièce de monnaie : « Pile, ou face ?

– On ne peut pas savoir, me répond-il.

– Voilà. Le hasard, c'est d'abord cela : quand on ne peut pas savoir à l'avance ce qui va arriver…

– Parce qu'il n'y a pas de causes ?

– Bien sûr que si ! Je jette la pièce en l'air : c'est une cause. L'attraction terrestre en est une autre, comme la résistance de l'air, l'orientation du vent, la forme de la pièce, sa densité, sa masse… Mais ces causes sont trop nombreuses ou trop complexes pour qu'on puisse en faire la somme et calculer à l'avance leur résultat.

– On peut tricher, par exemple avec une pièce truquée…

– Sans doute, mais alors ce n'est plus du hasard ! D'abord parce que celui qui triche peut prévoir le résultat ; ensuite parce que le résultat dépend de lui (puisque c'est lui qui a choisi une pièce truquée). Cela éclaire, par différence, ce qu'est le hasard : non pas l'absence de déterminisme (rien de plus déterminé qu'une pièce qui tourne en l'air), mais une détermination involontaire et imprévisible. De ce point de vue, le hasard est le contraire de la liberté, ou la liberté un anti-hasard.

– Donc, si on était tout-puissant, il n'y aurait pas de hasard ?

– Exactement ! Il n'y aurait que la liberté !

– Nous serions Dieu…

– Et Dieu, s'il existe, ne laisse rien au hasard. C'est ce que les croyants appellent la Providence.

– Et si on était omniscient ?

– C'est autre chose. Une tuile tombe d'un toit – c'est un exemple qu'on trouve chez Spinoza – et tue un homme qui passait sur le trottoir… À supposer même qu'on puisse connaître toutes les causes qui ont fait tomber la tuile (un clou rongé par la rouille, qui finit par céder, le vent, la pente du toit, la gravitation…) et toutes celles qui ont amené l'homme à cet endroit (un rendez-vous, un itinéraire habituel…), la victime n'en serait pas moins morte par hasard. Pourquoi ? Parce que les deux séries causales – celle qui fait tomber la tuile et celle qui amène l'homme sur ce trottoir – sont indépendantes l'une de l'autre. Ce n'est pas parce que l'homme est là que la tuile tombe ; ce n'est pas parce qu'elle tombe qu'il est là. Ainsi, même pour un esprit omniscient, cet homme serait mort par hasard. Cela rejoint une définition qu'on trouve chez Cournot, au XIXe siècle : un fait hasardeux n'est pas un fait sans cause ; c'est un fait qui s'explique par la rencontre d'au moins deux séries causales indépendantes l'une de l'autre. En pratique, c'est presque toujours le cas. Tu es né par hasard (tes parents auraient pu ne pas se rencontrer, comme les parents de tes parents, ou faire l'amour à un autre moment), et tu ne cesseras de te coltiner avec toutes sortes de séries causales indépendantes les unes des autres. C est ce qu'on appelle le monde…

– Donc tout est hasard ?

– Non, pas tout : pas ce qu'on peut prévoir et vouloir ! Par exemple cette pièce de monnaie : si elle est bien équilibrée et si je la jette un grand nombre de fois, je suis certain qu'elle tombera à peu près autant de fois sur pile que sur face. Chaque coup est hasardeux ; la moyenne statistique ne l'est pas. Et puis, surtout, il y a la volonté. Il dépend de moi de lancer ou pas la pièce, de parier ou pas, de tricher ou pas ! "Quand bien même le monde n'obéirait qu'au hasard, disait Marc Aurèle, ne te laisse pas aller, toi aussi, au hasard." Le contraire du hasard, c'est l'intelligence et c'est la volonté. Ne joue pas ta vie à pile ou face. »

Le goût de vivre

J'ai reçu il y a peu une drôle de lettre, qui me demande de répondre à une drôle de question : *« Vivre, pour quoi ? »* Non pas « pourquoi », en un seul mot, ce qui demanderait les causes de la vie (c'est aux scientifiques, non au philosophe, de répondre) ; mais « pour quoi », en deux mots, à quoi on ne peut répondre, si on le peut, que par l'énonciation d'un but, d'un sens, d'une justification, disons d'une raison de vivre, ou de plusieurs. Question éthique, proprement, donc philosophique, mais que chacun doit se poser pour son propre compte. La philosophie ne se délègue pas.

Mon correspondant, que je ne connais pas, évacue de lui-même, et comme par anticipation, trois réponses possibles.

Vivre pour assurer son salut outre-tombe ? Il y voit le germe de tous les fanatismes.

Vivre pour le plaisir, vivre pour vivre ? Les bêtes, objecte-t-il, en font autant.

Vivre pour un monde plus juste ? C'est une réponse qu'il juge estimable mais courte : le progrès social ne saurait suffire à donner un sens aux destinées individuelles.

Je le trouve bien sévère avec les religions. Vouloir les condamner au nom du fanatisme qu'elles ont souvent entraîné, qu'elles entraînent parfois encore, c'est confondre le tout et la partie. Autant condamner le progrès scientifique au nom de la pollution ou de la bombe atomique… Mon objection, vis-à-vis de la réponse religieuse, serait autre. J'y vois une pétition de principe, qui présuppose la solution qu'elle prétend apporter. La vie éternelle ne peut en effet donner sens à notre vie ici-bas qu'à la condition que la vie, en tant que telle, soit déjà considérée comme une valeur. Celui qui préfère le néant, que lui importe le paradis ? Loin de répondre à la question « pour quoi vivre ? », toute religion implique donc, au moins implicitement, qu'on y a déjà répondu. Mais par quoi ? La question reste entière… Ou bien il faut vanter les plaisirs du paradis, et cela nous renvoie à la deuxième réponse que suggérait mon correspondant. Car enfin le plaisir, une bête peut le poursuivre également.

Je le trouve sévère aussi avec les animaux, dont nous faisons partie. S'il fallait s'interdire tout ce qu'ils font, nous serions morts. Vivre pour le plaisir ? Vivre pour vivre ? Pas si bête, me semble-t-il ! Mais cela suppose à nouveau que la vie vaille mieux que la mort, le plaisir mieux que le néant : au nom de quoi ? C'est une question que les bêtes ne se posent pas. Comment pourraient-elles y répondre à notre place ?

La troisième réponse est moins métaphysique que morale : combattre pour la justice, c'est assurément une partie de nos devoirs. Mais mon lecteur n'a pas tort de souligner que cela ne saurait suffire à donner un sens à notre vie. Car enfin nous n'en mourrons pas moins, ni ceux pour lesquels nous nous sommes battus. À quoi bon ? La vie dans une société juste, si celle-ci pouvait advenir, ne nous dispenserait aucunement de nous poser la question. Et même si nous ne mourrions pas : l'immortalité ne saurait tenir lieu de raison de vivre. Le néant ne fait pas sens ; l'éternité non plus. Ainsi la question revient toujours.

Peut-on y répondre ? Je n'en suis pas certain. Mais c'est peut-être qu'elle est mal posée. Se demander pour quoi vivre, c'est chercher un but extérieur à la vie, qui lui donnerait son sens. Mais comment un tel but pourrait-il exister, puisqu'il n'est de but que pour les vivants ? C'est ce qu'avait vu Montaigne : « La vie doit être elle-même à soi sa visée, son dessein. » Lui chercher un sens extérieur, c'est se tromper sur elle : tout sens au contraire la suppose, puisqu'elle les contient tous. La vie n'est pas une énigme, qu'il faudrait résoudre, ni un symptôme, qu'il faudrait interpréter, ni un discours, qu'il faudrait tenir, ni un but, qu'il faudrait atteindre. Elle est ce par quoi, ce dans quoi, ce pour quoi il y a des énigmes, des symptômes, des discours, des buts. Ce n'est pas la vie qui doit avoir un sens ; c'est le sens qui doit être vécu.

Mon correspondant me reprochera de revenir à la position animale : vivre pour vivre. Pas tout à fait. Car ce qui n'est chez les bêtes qu'une pulsion, qui existe en nous aussi, doit être transformé, pour chaque être humain et à chaque moment, en autre chose, qui n'est pas donné à la naissance, qui n'est inscrit dans aucun gène, et qu'il faut donc enseigner à nos enfants, si nous pouvons, ou plutôt qu'il faut les aider à inventer. Quoi ? L'amour de la vie. Aucun instinct n'y suffit ni n'en dispense. Aucune pulsion n'en tient lieu. Le goût de vivre s'apprend ou s'éduque, comme tous les goûts. L'enjeu est simplement plus important. C'est qu'il s'agit de vivre ou de mourir.

« Que j'ai du goût ! » C'est un régionalisme bourguignon, que la grande Colette, dans ses *Claudine*, prête à sa jeune et sensuelle héroïne. Cela signifie : « Que j'aime ça ! Que ça me plaît ! Que c'est bon ! » La formule, dans sa concision, rejoint une intuition fondamentale, que Spinoza peut nous aider à formuler : ce n'est pas parce qu'une chose est bonne que nous l'aimons ; c'est inversement parce que nous l'aimons que nous la jugeons bonne. Voyez le sexe, la politique, la charité. Ce n'est pas la valeur intrinsèque de son objet qui nous le fait aimer ou désirer ; c'est notre amour ou notre désir qui lui donne de la valeur. Cela vaut pour la vie comme pour tout. Si vous n'aimez pas ça, n'en dégoûtez pas les autres.

Relativisme ? Oui, et c'est tant mieux. Quel plaisir, quel amour, quel sens, même, qui ne soit relation ? C'est pourquoi nul, à la question de mon correspondant, ne peut répondre que pour soi. Ma réponse à moi, puisqu'il faut bien en venir là, tient en quelques mots. Pour quoi vivre ? Pour l'amour de vivre, et pour le plaisir, fût-il parfois amer, que j'y trouve. Si nous n'aimions pas la difficulté, comment pourrions-nous aimer la vie ? Si nous n'aimions pas vivre, comment pourrions-nous affronter la difficulté ? Sagesse du plaisir (Épicure), sagesse de l'effort (Diogène, Épictète), sagesse de l'amour (Spinoza) : les trois sont nécessaires, indépendamment même des doctrines qu'elles mettent en œuvre, et se complètent sans se confondre.

Ce relativisme est le contraire d'un nihilisme. Primat du désir, primauté de l'amour. Comment tout pourrait-il se valoir, ou ne valoir rien, puisque nous ne désirons pas tout pareillement ? Les nihilistes ne sont que des peine-à-jouir, qui érigent leur impuissance en doctrine.

Ce n'est pas parce que la vie est bonne qu'il faut l'aimer, mais pour qu'elle le soit. L'homme est une bête étrange – la seule qui doive transformer ses pulsions en amour.

Le sage et le philosophe

« Quelle différence faites-vous, me demande une lectrice, entre la philosophie et la sagesse ? » La réponse est assez simple, que l'étymologie suggère : *philosophia*, en grec, c'est l'amour ou la quête de la sagesse. La philosophie est le chemin ; la sagesse, son but. Mais quel chemin ? Et pour quel but ?

La philosophie est un chemin de pensée : c'est un certain type de discours et de raisonnements. La sagesse serait plutôt une certaine qualité de silence. Elle relève moins de la pensée que de l'action, moins de la raison que de la méditation, moins des concepts que de l'expérience. Aussi devient-on philosophe, le plus souvent, parce qu'on se sent davantage doué pour la réflexion que pour la vie. Quoi de plus normal, pour qui se découvre tel, que de mettre son talent ou sa force (penser) au service de sa faiblesse (vivre) ? On fait ce qu'on peut avec ce qu'on a. La philosophie n'est une vocation que parce qu'elle est d'abord un besoin ou une ruse. Il s'agit de penser mieux, pour vivre mieux. Mais ce chemin, pour qui saurait le parcourir en entier, nous amène au dehors de la philosophie. Car enfin il ne s'agit pas de théoriser toujours, d'argumenter toujours, de raisonner toujours. Quoi de plus fastidieux qu'un discours qui n'en finirait pas, et de plus vain ? Le but de la philosophie, c'est cet état – la sagesse – où l'on n'aurait plus besoin de philosopher. De là une espèce de paradoxe : la philosophie s'abolit, si tant est que nous en soyons capables, au point même où elle culmine. Ainsi le chemin de montagne, lorsqu'il mène jusqu'au sommet : là où le chemin conduit, il n'y a plus de chemin.

Cela met la philosophie à sa place, qui n'est pas la plus haute. La philosophie est un chemin de concepts ; la sagesse, un sommet de vie. La philosophie est un travail ; la sagesse, un repos.

Marcel Conche m'objecte que la philosophie ne tend qu'à la vérité, qu'elle n'a que faire du bonheur… La philosophie peut-être. Mais le philosophe ?

Qu'il faille chercher la vérité d'abord, j'en suis bien sûr d'accord, et tant pis si celle-ci nous rend tristes ou malheureux. C'est ce qui distingue la philosophie de la sophistique, et la sagesse de l'illusion. Mieux vaut une vraie tristesse, je l'ai dit souvent, qu'une fausse joie. Mais comment la tristesse ferait-elle une sagesse suffisante ?

La sagesse est le but de la philosophie. Mais à quoi la reconnaît-on ? À la possession de la vérité ? À la possession du bonheur ? Ni l'un ni l'autre, puisque ce ne sont pas choses que l'on puisse posséder. La sagesse ne relève pas de l'avoir mais de l'être : il s'agit moins de posséder la vérité que d'être vrai, moins de posséder le bonheur que d'être heureux. Le pari de la philosophie, c'est que les deux peuvent et doivent aller de pair – non parce que la vérité serait toujours agréable (pourquoi serait-ce le cas ?), mais parce qu'il n'est de vrai bonheur que dans la vérité (un bonheur fait d'illusions serait un faux bonheur). Ainsi la vérité est à la fois la norme, à quoi il faut d'abord se soumettre, et le chemin. Le bonheur est le but, qui ne nous sera donné, s'il peut l'être, que par surcroît : c'est en cherchant la vérité qu'on trouvera le bonheur, non en cherchant le bonheur qu'on trouvera la vérité.

Le sage, lui, ne cherche plus ; il a déjà trouvé. Parce qu'il sait tout ? Bien sûr que non. Parce qu'il est heureux ? Ce n'est plus son problème, et c'est en quoi il l'est. Aussi continue-t-il de vivre, comme si de rien n'était. Pourquoi s'arrêterait-il ? Pourquoi courrait-il ? Il ne va qu'où il est. Le chemin, où qu'il soit, lui est un but suffisant.

C'est pourquoi les vrais sages ne croient plus à la sagesse, voyez Montaigne, et continuent de philosopher.

Incivilités

Le mot « civilité », en français, reste d'un emploi assez rare. On parlera plus volontiers de politesse ou de savoir-vivre. Son contraire, en revanche, s'est répandu, ces dernières années, à grande vitesse : les *incivilités*, dont nul ne parlait il y a trente ans, sont sur toutes les lèvres. C'est un des maux – et des mots – de notre époque. Pourquoi cette évolution du vocabulaire ? Sans doute parce que la politesse ou le savoir-vivre ne concernent guère que des rapports entre individus, alors que la civilité touche davantage au groupe ou à la vie sociale. Or c'est la société, aujourd'hui, qui est malade. La politesse se vit dans la rencontre ; la civilité, dans la foule ou l'anonymat. La politesse ne relève que des mœurs ; la civilité touche déjà à la politique.

L'étymologie peut l'expliquer en partie. *Civis*, d'où vient « civilité », c'est en latin le citoyen, celui qui habite la Cité (*civitas*). Alors que « politesse », contrairement à ce qu'on croit parfois, ne vient pas de *polis* (la Cité, en grec) mais du latin *politus*, par l'intermédiaire de l'italien *polito* : lisse, propre, brillant, ce qu'on a pris le temps de polir… Cela suggère que la politesse est du côté du raffinement, de la distinction, des bonnes manières : c'est la qualité de celui qui s'est longtemps frotté aux autres et aux usages… La civilité est moins brillante, et plus nécessaire. C'est comme la loi du groupe, mais implicite, comme une politesse minimale et obligée. Manquer de politesse, c'est au fond se nuire à soi. Faire preuve d'incivilité, c'est nuire aux autres et à tous. L'impolitesse n'est guère plus qu'une faute de goût. L'incivilité est presque déjà un délit.

Prenons quelques exemples. Ne pas rappeler quelqu'un qui vous a laissé un message téléphonique, c'est manquer de politesse. Perturber tout un wagon en hurlant dans son portable, c'est faire preuve d'incivilité. Ne pas s'excuser quand on a involontairement bousculé quelqu'un, c'est faire preuve d'impolitesse. Jouer des coudes dans une file d'attente, resquiller, passer par force ou par ruse devant les autres, c'est de l'incivilité. Ne pas dire « s'il vous plaît » ou « merci », c'est de l'impolitesse. Se garer dans un couloir de bus ou sur une place réservée aux handicapés, c'est de l'incivilité.

On voit que la frontière entre les deux peut rester floue. C'est que l'impolitesse et l'incivilité ont en commun de ne pas manifester aux autres le respect qu'on leur doit. Mais l'impolitesse le fait plutôt par défaut (d'attention, d'éducation, de délicatesse) ; l'incivilité, par excès (d'égoïsme, de violence, de bêtise).

« Après vous, je vous en prie. » Dans cette formule de politesse, Levinas voyait le cœur aussi de la morale : surmonter l'égoïsme, mettre le moi à sa place, qui ne saurait être la première, manifester ce qu'il appelait « un humanisme de l'autre homme », qui est l'humanisme vrai. C'est dire que la politesse mène à la morale. La civilité, pareillement, mène à la politique ; c'est le savoir-vivre-ensemble, dans une même Cité, ce qui n'est possible que si chacun accepte de se soumettre aux règles minimales de la vie sociale : le respect de la loi, cela va de soi, mais également des usages et de la collectivité. Par quoi la civilité mène aussi à la civilisation, d'où elle vient. Combattre l'incivilité, c'est déjà résister à la barbarie.

Sagesse et politique

Débat public avec Jean-Claude Guillebaud, sur son dernier livre, *Le Goût de l'avenir* (Seuil, 2003). Le titre est emprunté à une formule de Max Weber : « La politique, c'est le goût de l'avenir. » La formule est juste. Le livre, pour l'essentiel, l'est aussi. D'où vient alors que Guillebaud présente nos positions, à lui et moi, comme opposées ? C'est qu'il n'a lu, semble-t-il, qu'un seul de mes livres, *Le Bonheur désespérément*, qu'il veut bien trouver « très beau », mais dont il constate, à juste titre, qu'il ne parle guère d'avenir ni de politique. Et pour cause ! Ce petit livre essaie de présenter une sagesse. C'est donc à peu près le contraire d'un programme politique : il s'adresse aux individus, non aux peuples ; il traite du présent ou de l'éternité, non de l'avenir. Cela ne m'a pas dissuadé de parler souvent de politique, dans d'autres livres. Mais sans espérer jamais qu'elle tienne lieu de sagesse, ni que la sagesse, d'ailleurs, puisse tenir lieu de politique.

Il n'y a pas de société sage, ni de sagesse collective. Il n'y a de sagesse, comme Montaigne l'a vu, qu'individuelle – alors qu'il n'y a de politique, par définition, que collective et conflictuelle. Comment les deux pourraient-elles se confondre ? Cela n'a pas empêché Montaigne d'être maire de Bordeaux. Ni l'empereur Marc Aurèle de s'efforcer d'être un sage. Toutefois, ni l'un ni l'autre n'ont pris leur philosophie pour un programme politique, ni leur politique pour un bonheur.

Sagesse et politique n'ont pas non plus le même rapport au temps. La politique se nourrit d'avenir, qu'elle anticipe, qu'elle prépare, sur lequel elle essaie d'agir. « Gouverner, c'est prévoir », dit-on. Être dans l'opposition aussi : c'est prévoir de gouverner, autrement dit élaborer un programme, qu'on se propose d'appliquer, du moins en principe, une fois parvenu au pouvoir. La sagesse, à l'inverse, n'est jamais programmatique. Sans renoncer à l'avenir, elle se reconnaît plutôt dans un certain rapport au présent : c'est l'art de vivre heureux, et nul ne peut l'être qu'ici et maintenant.

Guillebaud et moi ne sommes donc pas aussi éloignés qu'il le croit. C'est moins nous qui nous opposons que deux dimensions de l'existence humaine. La politique, c'est le goût de l'avenir. La sagesse, c'est le goût du présent.

Faut-il alors renoncer à l'une ou l'autre ? Surtout pas ! Comprendre, plutôt, qu'on a besoin des deux : de sagesse, puisque nul ne peut vivre ni aimer à notre place ; et de politique, puisqu'on ne peut transformer la société, et même la maintenir, qu'à la condition d'agir ensemble.

Je me revois, à vingt-trois ans, dans les couloirs de l'École normale supérieure, alors recouverts d'affiches politiques, dont plusieurs collées par moi ou mes amis.

Et soudain, cette évidence : « Je ne vais pas attendre la Révolution pour être heureux ! » Cela me fut une révélation. Le bonheur est toujours une idée neuve. La politique, toujours une histoire à continuer. Elle n'en est pas moins nécessaire. Il n'en est pas moins rare, fragile, secret. La politique n'est pas là pour nous rendre heureux (c'est la tâche des individus, non de l'État), mais pour combattre le malheur. C'est ce qui la rend indispensable et insuffisante. Nous avons besoin d'elle pour bâtir – à la fois ensemble et les uns contre les autres – un avenir socialement acceptable. Cela ne dispense pas de profiter du présent, qui est le seul lieu du bonheur.

« Si les individus ne se transforment pas eux-mêmes, m'objecta un jour un moine bouddhiste, comment transformeraient-ils la société ? » C'était confondre deux choses différentes, et faire la même erreur, mais inversée, que Guillebaud. Si notre société est moins injuste, aujourd'hui, qu'elle ne l'était au XIXe siècle, ce n'est pas que les individus aient progressé vers davantage de sagesse ou d'équité. C'est qu'ils ont fait de la politique, qu'ils se sont donné des lois, qu'ils ont imposé le suffrage universel, les libertés syndicales, l'impôt sur le revenu, la Sécurité sociale Comment la sagesse, qui est toujours l'exception, pourrait-elle tenir lieu de règles, ou y suffire ?

Sagesse et politique sont deux choses différentes, toutes deux nécessaires : il ne serait pas sage de les confondre, ni de prétendre se passer de l'une d'entre elles. N'attendons pas le règne de la justice pour être heureux. Ni d'être heureux, pour combattre l'injustice.

Soyez égoïste !

« On célèbre l'abbé Pierre et sœur Emmanuelle, me dit un ami, mais à tort. Lorsqu'ils font du bien aux autres, cela leur fait plaisir à eux-mêmes. Où est le mérite ? Ils sont aussi égoïstes que toi ou moi : ils se font plaisir ! »

L'objection est forte. Mais contre qui porte-t-elle ? Non, certes, contre l'abbé Pierre ou sœur Emmanuelle. Qu'ils prennent plaisir au bien qu'ils font, cela ne les rend pas moins admirables, bien au contraire ! Le plaisir parachève l'acte, disait Aristote, et s'ajoute à lui comme à la jeunesse sa beauté. C'est vrai spécialement des bonnes actions : le plaisir qu'on y prend, loin d'amoindrir leur valeur, la souligne, voire fait partie de leur définition. Celui qui donne sans plaisir n'est pas généreux ; ce n'est qu'un avare qui se force.

L'objection de mon ami porte davantage contre une certaine conception sacrificielle ou mortificatrice de la morale, qui voudrait qu'une action soit d'autant plus estimable qu'on y a sacrifié un plus grand nombre de plaisirs. Mais cette objection, qu'il énonce, l'atteint aussi lui-même. Dès lors qu'on cesse de mesurer la valeur morale d'une action au déplaisir qu'elle entraîne, la supériorité de la générosité n'en ressort que mieux. Qu'un saint homme ait plus de plaisir à être généreux que nous à être égoïstes, cela confirme sa supériorité et ne saurait l'abolir.

Il n'y a pas de désintéressement absolu. Chacun va « où le plaisir l'entraîne », comme disait Lucrèce avant Virgile, et c'est ce que Freud, beaucoup plus tard, confirmera. C'est ce qu'il appelle le principe de plaisir : jouir le plus possible, souffrir le moins possible. Nul n'y échappe. Est-ce à dire que tout se vaut ? Nullement. Que nous sommes tous égoïstes ? Peut-être, mais certainement pas au même sens. Être égoïste, au sens ordinaire du mot (au sens où l'égoïsme s'oppose à la générosité), c'est ne savoir jouir que de son propre plaisir, c'est n'aimer que prendre, recevoir, garder. Être généreux, à l'inverse, ce n'est pas renoncer au plaisir, ce que nul ne peut ni ne doit ; c'est prendre plaisir à ce qu'on fait plutôt qu'à ce qu'on a, au plaisir de l'autre plutôt qu'au sien seul, enfin à ce qu'on donne plutôt qu'à ce qu'on prend ou qu'on reçoit. Que cela relève d'un égoïsme plus fondamental, qui est le propre de l'espèce ou de la vie, j'en suis d'accord. Mais cet égoïsme-là ne s'oppose plus à la générosité : il permet de la comprendre et, parfois, de la vivre. Aussi est-ce moins de l'égoïsme, à la vérité, que de l'amour de soi, au bon sens du terme, ou de l'hédonisme. Jouir du bien qu'on fait à autrui ? C'est la générosité vraie, qui n'est pas un devoir (le plaisir ne se commande pas) mais une vertu.

C'est pourquoi on peut parler malgré tout de désintéressement, en un sens relatif : une action est désintéressée lorsque celui qui l'accomplit ne vise pour lui-même aucune augmentation de pouvoir ou d'avoir, lorsqu'il ne tend au plaisir que par la médiation du plaisir de l'autre, enfin lorsqu'il n'agit que par devoir (c'est le désintéressement selon Kant) ou par amour (c'est le désintéressement selon les Évangiles). Ce que nous admirons le plus, dans la vie de l'abbé Pierre ou de sœur Emmanuelle, c'est peut-être cela : qu'ils aient tout donné, comme si leur propre bonheur était quantité négligeable ; et qu'ils y aient trouvé davantage de bonheur que l'égoïste repu et inquiet.

Ce paradoxe est peut-être le secret du bonheur : qu'on n'y accède qu'en en donnant. C'est le secret des saints et des sages, tel que le formula un jour le dalaï-lama : « Soyez égoïstes : aimez-vous les uns les autres ! »

Les mains moites

« Souvenez-vous, me dit un paléoanthropologue, lorsque vous passiez un examen : le cœur qui s'affole, le ventre qui se noue, les mains qui deviennent moites, le cerveau qui semble vide, comme si vous aviez tout oublié…

– Oui, le corps est bête…

– Pas du tout ! Il envoie un maximum de sang aux membres inférieurs, pour que vous puissiez courir plus vite. C'est très intelligent au contraire ! Vous vous sentez en danger : il vous prépare à la fuite !

– Il ferait mieux de me préparer à l'oral !

– Il n'est pas programmé pour cela. Du temps des premiers anthropoïdes, dont nous descendons tous, il n'y avait ni écrit ni oral.

– C'est pour ça qu'on a le sentiment d'avoir la tête vide ?

– Oui : tout ce sang qui part vers les jambes, c'est autant de moins pour le cerveau.

– Et le cœur qui s'affole ?

– Il ne s'affole pas vraiment. Il travaille en accéléré. Face au danger, c'est plutôt sage.

– Et les mains moites ?

– C'est plus commode pour grimper aux arbres.

– Vous plaisantez ?

– Pas du tout. Nos lointains ancêtres étaient arboricoles. Il nous en reste quelque chose… Cela choque le philosophe ?

– Non. Cela le fait rêver…

– À quoi ?

– Au temps qui passe, à cette différence d'échelle ou de rythme, entre la nature et la civilisation… Je me souviens de mon meilleur ami, en classe préparatoire : il suait tellement des mains, pendant les concours, qu'il était incapable, tant elles glissaient, de changer la cartouche de son stylo-plume. Il le savait : il mettait une cartouche neuve avant chaque épreuve. C'est l'un des hommes les plus agréables et raffinés que j'aie connus.

– Mais il gardait du singe en lui.

– Cela ne me le rend que plus sympathique, que plus touchant, que plus admirable. Quel chemin parcouru, depuis la forêt primordiale !

– Il ne l'a pas parcouru tout seul !

– Bien sûr. C'est le chemin de la civilisation…

– Mais qui laisse les gènes inentamés.

– Le chemin doit donc être reparcouru à chaque génération. C'est pourquoi nous éduquons nos enfants. On ne naît pas humain ; on le devient.

– Le nouveau-né, ce n'est pas un être humain ?

– Si, vous avez raison, je m'exprime mal. C'est que le mot « humain » se prend en deux sens. On naît homme ou femme (au sens où l'humanité est une espèce animale), et puis l'on devient plus ou moins humain (au sens où l'humanité est une vertu).

– Mais on ne pourrait le devenir (au sens de la culture) si on ne l'était déjà (au sens de la nature).

– Oui : il n'y a qu'un *Homo sapiens sapiens* qui puisse devenir humain ou inhumain ! C'est par quoi nous sommes des animaux, pas des bêtes.

– La différence entre les deux ?

– L'esprit.

– L'intelligence ?

– Pas seulement, puisque les bêtes en ont une. Mais l'intelligence développée, raffinée, réfléchie et réflexive, capable de s'interroger sur soi, de se critiquer soi, de rire de soi, capable aussi d'aimer la vérité pour elle-même, et l'amour plus encore que la vérité ! Cela ne va pas sans langage, sans éducation, sans culture…

– Ni sans cerveau !

– La nature le fournit. Seule la civilisation donne de l'esprit.

– C'est pareil pour le sexe et le couple. Nous avons des pulsions d'arboricoles. Mais l'amour et l'érotisme sont des inventions de la civilisation.

– Pulsions nécessaires…

– Inventions heureuses ! »

Relativisme

L'idée la plus décisive, à mes yeux, de toute l'histoire de la philosophie ? C'est peut-être celle-ci, qu'on trouve chez Spinoza (*Éthique*, III, scolies des propositions 9 et 39) et que je résume : « Ce n'est pas parce que nous jugeons qu'une chose est bonne que nous la désirons ; c'est inversement parce que nous la désirons que nous la jugeons bonne. » C'est ce qu'on peut appeler le relativisme. Il n'y a pas de valeurs absolues, qui gouverneraient le désir par la médiation du jugement. C'est l'inverse qui est vrai : toute valeur est relative au désir qui l'engendre et qui commande le jugement. Ce n'est pas le Bien qui est désirable ; c'est le désiré qui est bon. La sexualité en est peut-être la meilleure illustration. Nul n'a besoin, pour connaître sa propre orientation sexuelle, d'énoncer un jugement de valeur sur les deux sexes. Comment les femmes et les homosexuels peuvent-ils désirer un homme ? C'est une question que je me suis souvent posée. La réponse est dans Spinoza : ce n'est pas parce que les femmes sont plus attirantes que je les désire davantage ; c'est parce que je les désire davantage qu'elles sont – pour moi – plus attirantes. Je juge telle femme plus désirable que telle autre ? Ce jugement de valeur n'explique nullement le désir ; il le suppose et en résulte. « Quand je pense à Fernande, chantait Brassens, quand je pense à Lulu… » Le corps commande, et c'est tant mieux. On ne désire pas ce qu'on veut ; on veut ce qu'on désire.

La même idée, appliquée à la morale, semble plus discutable. « Si quelqu'un désire la violence et la cruauté, demandera-t-on, sont-elles bonnes pour autant ? » Pour lui, oui. Mais point pour nous, qui désirons la douceur et la paix.

« À ce compte-là, m'a-t-on souvent objecté, le nazisme est bon ! » C'est m'opposer le réel même qui me donne raison. Qu'est-ce qu'un nazi, sinon celui qui juge, précisément, que le nazisme est un bien ? Cela ne condamne pas le relativisme ; cela le confirme – et réfute le nazisme en tant qu'il se prétend absolu *(« Gott mit uns »)*. Le nazisme n'est bon que pour les nazis ; c'est par quoi ils le sont, et qui les rend – pour nous – haïssables.

Le relativisme n'est pas un nihilisme. Que toute valeur soit relative, cela ne signifie pas que rien ne vaut. Cela signifie qu'il n'est de valeurs qu'humaines, et d'humanité que normative. « Le désir est l'essence même de l'homme », disait Spinoza. Il est donc de notre essence d'énoncer des jugements de valeur ! La normativité immanente du désir s'impose à nous, dans l'historicité de ses déterminations, que nous le voulions ou pas – puisque toute volonté la suppose. Nos valeurs évoluent ? C'est que nos désirs évoluent. Nos jugements nous opposent ? C'est que nos désirs nous opposent. Raison de plus pour continuer le combat ! Il n'est écrit nulle part que ceux qui veulent la paix, la justice et la liberté vont gagner. « Notre cause est invincible, parce qu'elle est juste ! » Parole de rêveur ou de fanatique. Donnons-nous plutôt les moyens de la victoire.

Mais si toute valeur est relative, qu'en est-il alors de l'absolu ? Il est par-delà le bien et le mal, ou en deçà, comme on voudra. Autant dire qu'on ne peut y trouver ni une morale ni une politique. Une mystique ? Si l'on veut, mais qui serait le contraire d'une religion. Si l'absolu n'est ni bon ni mauvais, comment serait-il Dieu ?

On demanda un jour à Svâmi Prajnânpad quel sens il fallait donner à l'expression fameuse de l'hindouisme : « Tout est Brahman. » On traduit ordinairement par « Tout est Dieu », ou « Tout est l'absolu ». Prajnânpad répondit : « Cela signifie que tout est neutre. »

Nihilisme ? Au contraire : leçon de lucidité et d'exigence ! Qu'il n'y ait de valeurs que pour et par le désir, cela ne signifie aucunement qu'il n'y a pas de valeurs du tout, ni qu'elles ne valent rien – puisqu'il est avéré que nous désirons. La justice est-elle bonne ? Oui, mais pour ceux-là seulement qui l'aiment ou la désirent. La paix, la liberté, l'amour ne valent, pareillement, qu'à proportion du désir en nous qui les vise. Est-ce beaucoup ? Est-ce peu ? La réponse dépend de nous, qui en dépendons. C'est ce qui interdit de s'endormir dans l'inaction ou la prière. Dieu n'est d'aucun camp, puisqu'il n'existe pas. Ni la vérité, puisqu'elle les contient tous. Ce n'est pas une raison pour céder sur la réalité de nos désirs, comme disait Lacan, ni pour transiger sur nos refus.

Le relativiste, c'est celui qui n'a pas besoin que Dieu bande avec lui pour désirer une femme, ou un homme, ni que Dieu soit amoureux pour l'être, ni qu'il soit antifasciste pour combattre le fascisme. On voit que le relativisme, en ce sens, n'est que l'athéisme poussé jusqu'au bout. Ce n'est pas parce que Dieu est juste qu'il faut aimer la justice. C'est parce que nous aimons la justice et ne croyons pas en Dieu que nous devons nous battre pour elle. Qui, sinon, le fera ? C'est par quoi le relativisme est un humanisme, comme tout humanisme non religieux est un relativisme. Ne comptons pas sur l'absolu (Dieu, la Vérité, la Nature, l'Humanité) pour aimer à notre place, ni pour agir à notre place.

Dandysme

Il est élégant et il ne croit en rien. Il est brillant et drôle, raffiné et séducteur, parfois discrètement excentrique ou provocateur : c'est un dandy. Un esthète ? Si l'on veut, mais qui se soucierait d'abord de son esthétique à lui. La tenue lui importe davantage que la beauté, les manières plus que les actes, le style plus que les idées. Avoir des convictions ? Il trouverait cela vulgaire ou naïf. Des opinions ? À condition seulement de ne pas y attacher d'importance. Il n'a pas de passions. Il n'a que du goût, et quelques dégoûts. Il ne croit en rien, même pas au dandysme. C'est ce qui le distingue du snob (qui croit, comme l'hystérique, à ce qu'il fait semblant d'être) et du jobard.

Qu'est-ce qu'un dandy ? C'est un nihiliste qui sait s'habiller et qui a le sens de l'humour. Cela vaut mieux qu'un nihiliste mal fagoté et qui se prend au sérieux, mais ne saurait suffire à sauver notre civilisation. Le dandy s'en fout : il pense qu'elle est déjà morte. Il a peut-être raison. Mais qu'on ne nous demande pas d'applaudir.

Ne croire en rien, ce serait plutôt sympathique. Mais ne rien aimer, ne rien vouloir, ne rien combattre, ne rien construire, ne rien défendre ? Voyez Montaigne ; voyez Hume. C'est parce qu'ils aiment la vérité qu'ils se méfient des certitudes. C'est parce qu'ils aiment la liberté qu'ils ont horreur des fanatiques. C'est parce qu'ils aiment la vie qu'ils ont écrit sur elle. Le scepticisme est le contraire d'un nihilisme. Montaigne, le contraire d'un dandy. Celui-là apprend à aimer la vie, quand nos dandys ne savent que choisir leur cravate ou leur mort. Pas étonnant qu'ils préfèrent Schopenhauer à Montaigne, et Cioran à Hume ! Ils se croient lucides. Ils ne sont que fatigués, déprimés, dégoûtés… On pense à Villiers de l'Isle-Adam : « Vivre ? Les serviteurs feront cela pour nous. » Mais nous n'avons pas de serviteurs. Nous avons des enfants à élever, à qui nous voudrions transmettre autre chose qu'un traité d'élégance. Quoi ? Des raisons positives d'aimer la vie, de lutter, de résister, de transmettre à leur tour… Le dandy s'en fout : il n'a pas d'enfants. Il y voit une force ou une chance. Nous n'y voyons qu'un aveu ou une faiblesse. Comme il faut aimer peu la vie pour se flatter de ne la donner pas !

Le dandy a un autre défaut : c'est un homme. Ce n'est pas sa faute, mais c'est significatif (le mot « dandy » n'a pas de féminin). On le soupçonne – peut-être parce qu'on pense à Oscar Wilde – de préférer les garçons. Moralement, on n'a rien contre. Mais quelle faute de goût ! C'est bien la peine d'être un esthète… Les femmes sont tellement plus belles ! Il part battu. C'est pourquoi peut-être il est si souvent misogyne.

Ce qui sauve le dandy ? Ce mélange, qui fait son charme, d'élégance et de cynisme, de détachement et d'affectation, de raffinement et de désespoir, de séduction et de dérision... Ce qui le condamne ? Un double culte, qui le définit : culte de lui-même (le dandysme, disait Baudelaire, est « une espèce de culte de soi-même »), culte de l'apparence. C'est accorder beaucoup d'importance à ce qui n'en a pas. Il voudrait, comme Nietzsche, être « superficiel par profondeur ». Mais il n'a pas le talent qu'il faut pour cela (s'il avait du talent, il ferait une œuvre, plutôt que faire semblant, bêtement, d'en être une). Il se contente d'avoir du style et de la classe. C'est mieux que rien. Le dandysme est le seul nihilisme acceptable. Mais qui ne tient pas lieu d'œuvre, ni de morale, ni de bonheur. Le dandy, là encore, s'en fout (Oscar Wilde : « Pas le bonheur, le plaisir ! »), ou fait semblant. C'est un hédoniste de l'apparence, ou l'apparence d'un hédoniste.

Notre dandy, aujourd'hui, lit *L'Imbécile*. Il y retrouve ses maîtres à penser, ou à faire semblant : Nietzsche, Cioran, Clément Rosset... J'ai de l'admiration pour le premier, de l'estime pour le deuxième, de l'affection pour le troisième. Mais qui ne voit que cette trinité, aujourd'hui, ne peut déplaire à personne ? *L'Imbécile* non plus. Ou plutôt, il ne peut déplaire qu'à ceux qu'il attaque. Il a souvent la dent dure et du talent, une liberté de ton, parfois même d'esprit, qui tranche avec les renvois d'ascenseur et le politiquement correct de nos journaux bien-pensants. Il se fera des ennemis. Il s'en est déjà fait. Mais seulement chez ceux, je le soupçonne, qu'il a nommément attaqués. Les autres jubilent et en redemandent. *L'Imbécile* : le journal qui n'est détesté que par ceux qu'il déteste… Cela ferait un bon slogan publicitaire. Mais cela fait-il un journal ?

Après tout peut-être. Il se peut que le style, l'humour et la haine suffisent à faire un magazine. Mais à sauver une civilisation, non. Le dandy s'en fout, je l'ai dit. C'est pourquoi je me fous des dandys.

Jean-Paul II

« L'avantage, chez nous, me disait un ami juif, c'est qu'il n'y a pas de pape. » C'est un avantage appréciable. L'idée de chef spirituel est déjà douteuse ; mais si l'on y ajoute l'unicité, le pouvoir à vie et l'infaillibilité, on obtient à peu près ce que la notion peut comporter de plus redoutable. On s'étonnerait presque que les papes – malgré tant d'horreurs au fil des siècles – n'aient pas fait davantage de dégâts.

Ce pape-ci, qui vient de mourir, ne déclencha ni croisade ni inquisition. Il faut dire que l'époque, du moins en terre chrétienne, ne s'y prêtait guère. Il n'en mena pas moins son combat, par le verbe et par l'image, disons par une certaine façon, très spectaculaire, d'habiter la planète. Ce fut le pape de la mondialisation et de la médiatisation. Celui, au moins de ce point de vue, qu'il fallait à notre époque.

Il régna trop longtemps, comme puni par où l'Église a péché : se donner un chef à vie, ou se donner à lui, c'est courir le risque de s'abandonner, tôt ou tard, à un vieillard diminué. Les images qu'on nous montrait, depuis plusieurs mois, étaient pitoyables. Et la bande-son, si j'ose dire, était pire. Que ne le laissa-t-on mourir en paix ? Que ne se décida-t-il à passer la main ? Le courage est une grande chose, mais qui ne tient pas lieu de lucidité.

Jean-Paul II fut peut-être, au début de son pontificat, le pape qu'il fallait au monde, spécialement à l'Europe de l'Est. Sans doute pas, depuis des années, celui qu'il aurait fallu à l'Occident. Les efforts de Jean XXIII pour réconcilier l'Église avec la modernité, les hésitations de Paul VI, l'éphémère bonhomie de Jean-Paul Ier, tout cela fut vite oublié. Leur successeur, sans vraiment revenir en arrière, a clairement marqué un coup d'arrêt. Vatican II, qui pouvait sembler un premier pas, devint comme une limite, qu'on ne saurait dépasser.

D'un point de vue théologique, certes, il n'y avait pas grand-chose à attendre. Tout pape est gardien du dogme. Comment pourrait-il le modifier ? On est pourtant surpris, à relire les encycliques de Karol Wojtyła, par l'étonnant dogmatisme de l'ensemble. Qu'un pape ait la foi, nul ne songerait à le lui reprocher. Mais qu'il érige à ce point sa foi en certitude ! « Il faut ancrer son existence, écrivait-il dans *Fides et ratio*, à une vérité reconnue comme définitive, qui donne une certitude qui ne soit plus soumise au doute » (§ 27). Ainsi avait-il fait en Pologne, non sans courage. Ainsi fit-il au Vatican, non sans grandeur. Le christianisme, à ses yeux, était une « doctrine certaine et immuable », qui énonce « une vérité stable et définitive » (*ibid.*, § 92 et 95). Hors de l'Église, point de salut. Hors des dogmes, point d'Église.

Il y avait davantage à attendre concernant les comportements et les règles. C'est où, sans doute, la déception fut la plus grande. Jean-Paul II, qui fut perçu d'abord comme un pape politique (parce qu'il était polonais, parce qu'il combattait le totalitarisme...), se révéla aussi, et de plus en plus, comme un pape moraliste, puis moralisateur. On dira que c'est la moindre des choses : à quoi bon la religion, si elle n'apporte aussi une morale ? Mais Jean-Paul II, qui vit plus clair, en politique, que beaucoup de nos gouvernants, fit preuve, en morale, d'une espèce d'aveuglement. S'agissant d'un homme intelligent, cultivé, courageux, et avec le charisme que l'on sait, cela mérite d'être examiné. Comment peut-on célébrer les droits de l'homme et rester si dur, si intransigeant, si borné, vis-à-vis du divorce ou de l'homosexualité ? Comment peut-on se réclamer de « l'évangile de la vie », et se tromper à ce point sur les dangers respectifs du sida et du préservatif ? Comment peut-on défendre la liberté de conscience, et prétendre que l'athéisme et l'apostasie sont des péchés mortels (*Veritatis splendor*, § 70) ?

Ce dernier point donne peut-être la clé du mystère. S'il faut défendre la liberté de croyance et d'opinion, c'est qu'aucun État ne saurait légitimement décider de ce qui est vrai ou bon. Si l'athéisme et l'apostasie sont des péchés mortels, c'est que l'individu ne le saurait pas davantage. Alors qui ? Dieu seul, tel qu'il s'est révélé par Jésus-Christ, et tel que l'Église, depuis vingt siècles, s'en est approprié le message.

Le texte majeur est ici l'encyclique *Veritatis splendor*, tout entière consacrée à la morale et centrée sur le problème – en effet décisif – des rapports entre la liberté et la vérité. Ce qu'on y voit, c'est que Jean-Paul II ne fut conservateur, en matière de morale, que parce qu'il était d'abord et essentiellement dogmatique (au sens philosophique, non polémique, du terme). La morale, pour lui, ne relevait pas d'un choix ou d'une interprétation. Elle relevait d'une connaissance : il y a une « vérité morale », ne cessait-il de répéter (voir par exemple *Veritatis splendor*, § 95), vérité révélée, objective, absolue, qui ne dépend ni de la conscience individuelle (§ 54 à 64), ni de la liberté (§ 32 à 35), ni de la raison (§ 36), mais de « Dieu seul », qui constitue « la base inaltérable et la condition irremplaçable de la moralité » (§ 99). Dieu étant immuable, la morale l'est tout autant. La « vérité sur le bien et le mal » ne saurait varier en fonction des époques, des cultures ou des situations (§ 52, 53, 112, 115...) ; elle est établie une fois pour toutes par « la Loi divine, norme universelle et objective de la moralité » (§ 60). Contre le relativisme ou le subjectivisme de l'époque, il était donc urgent d'en revenir « à la vérité et à l'absolu de l'ordre moral » (§ 91), c'est-à-dire, concrètement, à « la vérité des normes morales enseignées par l'Église » (§ 112). C'est où le dogmatisme, inévitablement, débouche sur le conservatisme : les « normes objectives de la moralité » sont « universelles et permanentes » ; elles sont donc « valables pour tous les hommes actuellement et à l'avenir, comme elles l'étaient déjà dans le passé » (§ 53). L'homosexualité, l'athéisme ou le divorce restaient donc, pour Jean-Paul II, ce qu'ils étaient il y a vingt siècles : des péchés graves, qu'aucune évolution des mœurs ou des mentalités ne saurait rendre acceptables. Les athées, par définition, s'en moquent. Mais les homosexuels ou les divorcés catholiques ?

D'un tel archaïsme, Jean-Paul II sut parfois tirer des leçons de lucidité : par exemple, dans l'encyclique *Evangelium vitae*, quand il soulignait les limites de la démocratie, laquelle ne saurait décider du bien et du mal sans s'ériger par là même en tyrannie (§ 20). C'était rappeler que la légalité ne tient pas lieu de moralité, et la leçon est toujours d'actualité. Mais fallait-il pour cela tomber dans l'erreur inverse, en prétendant que les lois qui autorisent l'avortement et l'euthanasie, même démocratiquement adoptées, « sont entièrement dépourvues d'une authentique validité juridique » (§ 72) ? C'était vouloir soumettre la démocratie à la morale, comme d'autres veulent soumettre la morale à la démocratie, et aussi faussement. L'esprit du temps, dans ce qu'il a de meilleur – la laïcité, l'État de droit –, suppose au contraire qu'on les distingue, rendant à l'individu ce qui lui revient (l'accomplissement de ses devoirs) comme à l'État ce qui lui incombe (l'application de la loi républicaine). On ne vote pas sur le bien et le mal : la démocratie ne tient pas lieu de conscience. Mais la réciproque est vraie aussi. Ce n'est pas le Bien qui est souverain (qui le connaît ?), mais le peuple. La conscience ne tient pas lieu de démocratie. La religion non plus.

Sur l'avortement, la position morale de Jean-Paul II, sans être la seule possible, était évidemment respectable. Mais de quel droit prétendait-il contester la « validité juridique », en France, de la loi Veil ?

C'était sortir de son rôle, et heurter nécessairement les laïcs, même croyants.

Sur le préservatif et la contraception, ses positions furent plus difficiles à accepter. D'abord par leurs conséquences : parce qu'elles mettaient en cause la vie des individus (dans le cas du préservatif, contre le sida) et l'équilibre démographique de la planète (dans le cas de la contraception). Mais aussi en elles-mêmes : l'embryon est incontestablement un être humain, ce que ne sont ni l'ovule ni le spermatozoïde. C'est pourquoi l'avortement est un problème moral, d'une singulière gravité, quand le préservatif ou la pilule ne sont, tout au plus, que des problèmes théologiques. C'est cette distinction que Jean-Paul II ne pouvait faire, par quoi il appartient, moralement, à un autre âge. Si la morale est vérité de Dieu, elle reste soumise, en droit et en fait, à la théologie. Le sida n'est qu'un malheur. L'usage du préservatif, un péché.

Cela vouait son discours, du temps où il parlait encore, à l'impuissance. Il dut en souffrir, sans que cela remît en cause ses convictions. Il avait sa botte secrète : « La prière et le jeûne, écrivait-il dans *Evangelium vitae* (§ 100), sont les armes principales et les plus efficaces contre les forces du mal. » On peut penser que l'époque exigeait autre chose.

Retour du religieux

« Y aura-t-il encore des athées dans deux cents ans ? » C'est la question que m'a posée récemment un journaliste. La réponse est oui, mais c'est surtout l'interrogation elle-même qui me frappe, comme un signe des temps. Quand j'étais jeune, on se demandait plutôt s'il y aurait encore des croyants au XXIe siècle... Dieu est mort, se plaisait-on à répéter après Nietzsche, en tout cas mourant (certains prétendaient que son cadavre bougeait encore), et cela passait plutôt pour une bonne nouvelle. Sous les pavés, la plage : l'hédonisme et l'utopisme allaient ensemble, qui semblaient renvoyer toute religion aux poubelles de l'histoire ou de l'inconscient. L'athéisme, dans les milieux intellectuels, allait presque de soi. La liberté aussi. Il était interdit d'interdire, et l'on était prié de ne pas prier.

Pauvre Nietzsche ! Pauvres soixante-huitards ! Que reste-t-il des rodomontades du premier, des niaiseries des seconds ? Zarathoustra a mal vieilli. Marx aussi. Les utopies ont sombré dans le ridicule ou le terrorisme ; Dieu revient en force, et voilà que c'est l'athéisme, aujourd'hui, qui semble mal en point. Sous les pavés, le désert.

Je force le trait, mais à peine. Si l'on nous avait dit, il y a trente ou quarante ans, que le plus grand rassemblement de jeunes, à la fin du XXe siècle, se ferait à Paris autour d'un pape (les Journées mondiales de la Jeunesse), personne n'y aurait cru. Si l'on nous avait annoncé que l'un des principaux problèmes, dans nos collèges et nos lycées, serait un symbole religieux (le voile islamique), nous aurions pensé à un cauchemar. Quant à imaginer que des dessinateurs humoristiques ou des professeurs de philosophie puissent être menacés de mort, en Europe et au début du XXIe siècle, parce qu'ils ont osé s'en prendre à un prophète ou à une religion (en l'occurrence l'islam), aucun de nous, dans les années 1960 ou 1970, n'en aurait été capable. Pourtant tout cela est advenu, hélas, tout cela fait tristement partie de notre histoire la plus récente, comme aussi, d'évidence, de notre avenir le plus immédiat et le plus menaçant. Averroès, reviens : ils sont devenus fous !

Que faire ? Combattre la religion ? Ce serait se tromper d'adversaire, et pousser les croyants, à force d'insultes ou de mépris, dans les bras des fanatiques. Combattre uniquement l'islam, défendre le christianisme, se rallier à l'Église catholique ? Ce serait se tromper d'époque ou de combat, entreprendre des croisades d'un autre âge, s'enferrer dans le prétendu et suicidaire « conflit des civilisations », enfin faire dépendre l'avenir du monde de questions en vérité indécidables. Dieu existe-t-il ? Quel est-il ? Si nous le savions, la question ne se poserait plus d'y croire ou pas. Il n'y a pas de terroristes en mathématiques, ni en physique, ni même en histoire, quand les faits sont incontestables. On ne s'entre-tue que pour ce qu'on ignore. Cela en dit long sur la religion, et sur les guerres de religion.

Il y a bien conflit, pourtant, mais point entre les civilisations, ni entre les religions, ni entre les croyants et les athées. Le vrai conflit, dont dépend le sort de notre planète, c'est celui qui oppose les esprits libres et tolérants, qu'ils croient ou pas en Dieu, aux esprits dogmatiques et fanatisés, que ce soit par une religion ou par une idéologie. La frontière n'est pas métaphysique mais politique. Non religieuse, mais morale.

Encore faut-il qu'il y ait une politique. Encore faut-il qu'il y ait une morale. Cela me rappelle un slogan, peint lui aussi sur les murs, en 1968 : « Tout est possible, même rien ! » On commence à comprendre que le *rien*, en Occident, devient le plus probable. C'est ce qu'on appelle le nihilisme (*nihil*, en latin, cela veut dire « rien »), et le principal danger qui menace, de l'intérieur, la civilisation qui est la nôtre. Ce que nous pouvons craindre de pire ? Que nous n'ayons rien d'autre à opposer, au fanatisme des croyants, que le nihilisme des athées. La catastrophe, alors, serait sûre : ce serait le triomphe de la barbarie, et peu importe qu'elle se réclame de Dieu ou du Néant. Toutes les violences se ressemblent. Ce serait la fin de notre civilisation, et de l'humanité peut-être.

Aussi importe-t-il de se battre sur deux fronts : contre l'obscurantisme, l'intégrisme, le fanatisme, certes, mais aussi – et peut-être surtout, dans nos pays – contre le nihilisme. L'urgence, en matière de politique extérieure, est de soutenir les démocrates musulmans. Mais à l'intérieur ? Mais pour nos vieux pays de culture chrétienne ? Devrais-je, parce que je ne crois pas en Dieu, cracher sur deux mille ans de civilisation européenne ? Devrais-je renoncer à transmettre à mes enfants, sous prétexte qu'elles sont souvent d'origine religieuse, les valeurs que j'ai reçues ? Devrais-je, parce que je suis athée, méconnaître la grandeur des Évangiles ? Devrais-je nier le génie de saint Augustin, de saint Thomas, de Pascal, de Descartes, de Leibniz, de Kant, de Kierkegaard, de Bergson, de Simone Weil ? Devrais-je cesser d'aimer Bach et Pergolèse, Champaigne et Péguy ? Bien sûr que non ! Se battre contre le fanatisme, ce n'est pas se battre contre la religion, ni pour le nihilisme ou l'amnésie. C'est se battre pour la paix, pour la liberté de croyance et d'incroyance, autrement dit pour les Lumières et la laïcité. Les croyants, dans ce combat, ont évidemment toute leur place, dès lors qu'ils renoncent au fanatisme. Les athées aussi, dès lors qu'ils renoncent à la haine antireligieuse.

La planète des hommes

J'ai revu récemment *La Planète des singes*, dans la version de 1968, celle de Franklin J. Schaffner. Le film vaut surtout comme divertissement. Un scénario habile, inspiré du roman de Pierre Boulle, une mise en scène efficace, des maquillages virtuoses, avec ce qu'il faut ici ou là d'émotion, de suspens, de rire… Rien d'extraordinaire ni de méprisable. C'est du cinéma « à l'américaine », comme on dit, et après tout pourquoi pas ? Cela n'interdit pas de réfléchir. L'idée de départ – une planète dominée par des singes très évolués, où les humains sont traités à peu près comme nous traitons les animaux – soulève en l'occurrence une question essentielle, qui est celle de l'humanité. Surtout, elle permet de la poser autrement.

Qu'est-ce qu'un être humain ? Un animal qui parle, qui raisonne, qui fabrique des outils, qui fait de la politique ? Ce sont les réponses traditionnelles, qui m'ont toujours paru insatisfaisantes Un débile profond ne parle pas, ne raisonne pas, ne travaille pas, ne fait pas de politique… Il n'en fait pas moins partie de l'humanité. Et un singe qui parle, qui raisonne, qui fait de la politique, comme on voit dans le film de Schaffner, n'est pas pour cela un être humain. C'est que la vie impose sa loi, qui est génétique. C'est que l'espèce impose sa loi, qui est de filiation. Qu'est-ce qu'un être humain ? Un être né de deux êtres humains. Qu'il parle ou pas. Qu'il raisonne ou pas. Homme, parce que fils de l'homme. Biologisme strict ici, mais par humanisme. L'humanité est une espèce, point une performance. Tous nés d'une femme. Tous engendrés, et non pas créés. C'est ce que quelques savants fous voudraient aujourd'hui remettre en cause, et qu'il importe de défendre. L'humanité n'est pas un concept, c'est une filiation. Pas un produit, un héritage. Et d'autant plus précieux, en chaque individu, qu'il est unique, à la fois imprévisible et irremplaçable, absolument neuf et absolument humain. Que l'homme soit d'abord « rien », comme le voulait Sartre, c'est ce que tout nouveau-né suffit à réfuter. Et qu'il soit différent de ses parents, c'est ce que ceux-ci savent déjà, que la vie ne cessera de leur rappeler. Ce n'est pas soi que l'on transmet, quand on fait un enfant, mais une partie de ce qu'on a reçu, qui se mêle aléatoirement à ce qu'un autre a reçu et transmet, si bien que l'individu qui en résulte est quelque chose, ou plutôt quelqu'un, qui n'avait jamais existé et n'existera jamais plus. La vie est créatrice (elle fait naître du nouveau, de l'imprévisible, de l'irremplaçable), et il importe qu'elle le reste. C'est l'une de mes raisons de refuser le clonage reproductif. Le droit d'être différent de ses parents fait partie des droits de l'homme.

Bref, l'humanité est d'abord une espèce animale. C'est pourquoi elle est une. C'est pourquoi elle est multiple. Nous sommes ce que nos gènes et notre culture ont fait de nous, puis ce que nous en faisons. C'est en quoi nous sommes libres, au moins relativement. Mais il n'y aurait ni culture ni liberté si les gènes n'étaient là d'abord. L'espèce précède l'existence. Il n'y aurait pas d'existence autrement.

S'agissant des gènes, donc de l'appartenance à telle ou telle espèce, cela vaut aussi pour les bêtes. C'est ce que *La Planète des singes* nous rappelle. Qu'est-ce qu'un chimpanzé ? Un être né de deux chimpanzés. Se met-il à parler, à raisonner, à fabriquer des outils, à faire de la politique ? Il n'a pas pour cela changé d'espèce. Aucun humain ne s'y tromperait, ni aucun singe. C'est l'espèce qui a changé. Elle est entrée dans la culture. Elle est entrée dans l'histoire. C'est ce qui s'est passé sur la planète en question. Voilà les humains et les singes face à face, non plus seulement comme deux espèces animales, ce qu'ils sont en effet, mais comme deux sociétés (celle des singes très développée, celle des hommes très primitive), comme deux peuples, comme deux civilisations. C'est ce qui permet les comparaisons et qui nous éclaire sur nous-mêmes.

Presque tous les singes, dans le film, sont racistes, ou plutôt *spécistes.* Ils sont convaincus de leur propre supériorité. Aussi tiennent-ils les humains pour une espèce inférieure, qu'on peut exploiter ou massacrer à loisir. C'est l'un des ressorts principaux du film, mais aussi l'essentiel de son message : inverser le rapport hommes-singes, c'est nous amener à réfléchir sur notre rapport aux animaux, sur leurs souffrances, sur leurs droits, sur nos devoirs vis-à-vis d'eux... Brigitte Bardot a dû adorer ça. Mais le plus intéressant, c'est que le film tombe lui-même dans le *spécisme* (le racisme entre espèces) qu'il prétend combattre : à vouloir brouiller la frontière entre les espèces, il finit par verser, presque inévitablement, dans le racisme anti-singes. Les humains sont du bon côté, celui des victimes, celui des héros. Les singes, malgré une civilisation plus développée, sont presque tous très méchants, très bêtes, très laids. Une femelle fait exception. C'est quelle est étrangement peu simiesque, étrangement humaine, y compris dans son visage ou son maquillage, et d'ailleurs tombe plus ou moins amoureuse du héros, évidemment humain et américain... Je n'y vois aucune perversité du réalisateur. Il s'adresse à des humains ; il ne peut les séduire qu'en adoptant leur point de vue, qui est d'ailleurs le sien... Qui ne préférerait ce jeune acteur hollywoodien au plus joli des singes ? Une guenon, mais les guenons ne vont pas au cinéma. Et comment transformer une guenon en héroïne, sinon en lui prêtant un certain nombre de traits humains (le sens de la justice, de l'universel, de l'humour...), auxquels les vrais singes, semble-t-il, n'ont guère accès ?

En voulant condamner l'anthropocentrisme, Schaffner en reste ainsi prisonnier. Je ne le lui reproche pas. C'est sa façon à lui d'être humaniste. Se soucier des bêtes, c'est être plus humain avec elles que nous n'avons coutume de l'être, et qu'elles ne le seraient avec nous. L'humanité n'est qu'une espèce animale parmi d'autres. Mais elle est la seule à s'interroger sur son rapport aux autres espèces, et sur ses devoirs vis-à-vis d'elles. Rien n'empêche, en théorie, que les singes deviennent « humains », au moins en ce sens : ils le seront quand ils s'interrogeront sur les droits de l'homme. C'est dire assez qu'il s'agit de science-fiction, mais aussi, telle est la principale leçon du film, que nous ne saurions être pleinement humains sans nous préoccuper du sort des animaux. L'écologie est un humanisme ; l'humanisme se doit d'être écologiste.

Pour protéger l'espèce humaine ? Oui, d'abord. Mais aussi pour lui permettre d'être de plus en plus humaine, au sens normatif du terme, y compris vis-à-vis des autres espèces vivantes. Montaigne, qui fut l'un de nos premiers écologistes, l'avait compris : « Il y a un certain respect qui nous attache, et un général devoir d'humanité, non aux bêtes seulement qui ont vie et sentiment, mais aux arbres mêmes et aux plantes. Nous devons la justice aux hommes, et la grâce et la bénignité aux autres créatures qui en peuvent être capables. Il y a quelque commerce entre elles et nous, et quelque obligation mutuelle. » Quelle belle langue, et quelle forte idée ! Que vaudrait une humanité qui détruirait la planète ? Comment pourrait-elle lui survivre ? C'est tout l'enjeu de ce qu'on appelle aujourd'hui le développement durable : sauver ensemble la planète et l'humanité, donc aussi la civilisation. C'est ce que suggère la fin du film, qui évoque la fin de notre monde. Les singes n'y sont pour rien. L'histoire de la planète est entre nos mains.

Protéger la biodiversité, ce n'est pas seulement notre intérêt. C'est notre devoir. Et cela vaut d'abord, justement, pour les grands singes. Ce sont nos cousins (les chimpanzés ont 98 % de gènes communs avec nous, les gorilles plus de 97 %, davantage qu'ils n'en ont avec les gibbons ou les orangs-outans). S'ils disparaissaient par notre faute, comme c'est de plus en plus à craindre, ce serait, pour l'humanité, une perte irremplaçable, et une honte.

Cela ne dispense pas de s'occuper d'abord des droits de l'homme. Mais vivre dans une biosphère préservée en fait partie.

Quant aux animaux, je ne sais s'ils ont des droits ; mais je suis certain que nous avons des devoirs vis-à-vis d'eux.

Médecine et civilisation

Pour les Anciens, la philosophie était une médecine : c'était la médecine de l'âme. Et plus pour nous. Pourquoi ? Essentiellement pour trois raisons. D'abord parce que la médecine, entre-temps, est devenue scientifique, ce que la philosophie ne saurait être. Ensuite parce que l'âme, en cours de route, a trouvé ses médecins, qui ne sont pas des philosophes mais des psychiatres. Enfin parce que nous savons, nous, les Modernes, et peut-être pour notre malheur, que la sagesse ne se réduit pas à la santé, fût-elle mentale – puisqu'on peut avoir celle-ci sans que celle-là, hélas, nous soit donnée. La sagesse ? Disons l'art de vivre heureux dans la vérité. La santé ? L'état, heureux ou non, qui nous permet de vivre efficacement dans le réel. Que les deux soient nécessaires, j'en suis d'accord. Ce n'est pas une raison pour les confondre. Combien d'hommes sains malheureux ? Combien d'illusions efficaces ?

Donc la philosophie, pour nos contemporains, n'est plus une médecine. Mais beaucoup voudraient que la médecine tienne lieu de philosophie : qu'elle nous apporte le repos, la sérénité, le bonheur… Une erreur chasse l'autre ; cela ne fait pas encore une vérité.

« Docteur, je suis triste, fatigué, angoissé… Vous ne pourriez pas me donner quelque chose ? »

Qu'il existe des tristesses pathologiques, des angoisses pathologiques, c'est ce que nul n'ignore. Qu'elles se soignent aujourd'hui de mieux en mieux, c'est ce dont on ne se félicitera jamais assez. Cela, toutefois, ne veut pas dire que toute tristesse ou toute angoisse relève de la médecine.

« Tu n'imagines pas, me dit un ami psychiatre, le nombre de gens qui viennent me voir en consultation parce qu'ils font, me disent-ils, une dépression ! Je les interroge… Certains sont en effet déprimés, et il va de soi que je les soigne. Mais beaucoup ne sont pas plus déprimés, au sens médical du terme, que toi ou moi. Simplement, ils sont malheureux, et souvent pour d'excellentes raisons : un chagrin d'amour, un couple qui se défait ou s'enlise, un deuil atroce, un métier fastidieux ou harassant, la solitude, la frustration, notamment sexuelle, la vieillesse, la peur de la mort… Je peux bien les mettre sous antidépresseur. Ils souffriront moins. Mais est-ce encore de la médecine ? »

C'est toute la question. Une idéologie nous menace, que j'appelle le pan-médicalisme : une civilisation tout entière centrée sur la médecine, qui ferait de la santé le souverain bien – et donc de la thérapie la seule sagesse ou religion qui vaille. « J'ai décidé d'être heureux, disait Voltaire, parce que c'est bon pour la santé. » La boutade va loin. Le jour où le bonheur n'est plus qu'un moyen pour cette fin ultime que serait la santé, on assiste à un renversement complet par rapport à vingt-cinq siècles de civilisation, qui considéraient, à l'inverse, que la santé n'était qu'un moyen, certes particulièrement précieux, pour cette fin qu'était le bonheur.

Autre illustration, bien plus récente, de ce panmédicalisme : un dessin de Sempé, paru il y a quelques années dans je ne sais plus quel magazine. Il représentait une immense église gothique, vue de l'intérieur, vide, ou presque vide. Devant l'autel, une petite bonne femme entre deux âges, seule, en train de prier. Elle parle au Bon Dieu. Et que lui dit-elle ? Ceci : « Mon Dieu, mon Dieu, j'ai tellement confiance en vous que, des fois, j'ai envie de vous appeler… Docteur ! » Dieu est mort ; vive la Sécu.

Dernière illustration, plus institutionnelle, du panmédicalisme qui menace : la fameuse définition que l'Organisation mondiale de la santé a donnée de son objet, en 1946, dans le préambule, jamais modifié depuis, de sa constitution. « La santé, nous dit l'O. M. S., ne consiste pas seulement en une absence de maladie ou d'infirmité : elle est un état de complet bien-être physique, mental et social. » La santé fait donc défaut, par définition, aux chômeurs (comment leur bien-être social serait-il complet ?), voire à tous les travailleurs pauvres ou opprimés. Faut-il pour autant les confier à la médecine ? Il me semble que la politique et l'action syndicale vaudraient mieux. Quand c'est la société qui est malade, est-ce aux médecins de la soigner ? Quant aux individus socialement bien intégrés, je ne suis pas certain que la définition de l'O.M.S. soit davantage pertinente. Pour ce qui me concerne, en tout cas, et si je devais prendre cette définition au sérieux, je doute fort d'avoir vécu, depuis ma naissance, trois semaines continues de santé. Car les états de « complet bien-être physique, mental et social », reconnaissons que c'est tout de même une formidable exception. Me voilà donc, comme la plupart d'entre nous, renvoyé chez le médecin, quand bien même je ne souffre, par hypothèse, d'aucune maladie ou infirmité. Le trou de la Sécu n'est pas près de se combler.

Comment le pourrait-il ? On demande à la médecine l'impossible : nous empêcher de souffrir, de vieillir, de mourir… Tous les moyens du monde n'y suffiront pas. Les dépenses de santé, même indéfiniment croissantes, seront toujours insuffisantes. Le déficit de la Sécurité sociale n'est pas seulement structurel : il touche à l'essence même de notre civilisation.

Cela n'est pas près de s'arranger. La tentation panmédicale se fait d'autant plus forte, ces dernières années, que les progrès de nos médicaments ne cessent de faire reculer la frontière, si tant est qu'elle subsiste, entre ce qui relève de la médecine et ce qui n'en relève pas. Une mère qui vient de perdre son enfant, quel médecin refusera de la mettre sous antidépresseur ? Parce que son deuil est pathologique ? Non pas ; mais parce qu'elle souffre atrocement, et pour éviter peut-être qu'il ne devienne pathogène. Et cette autre, simplement malheureuse d'être seule et de vieillir ? La médecine peut les aider. Pourquoi les médecins devraient-ils se l'interdire ? La dépression rend malheureux. Le malheur déprime. C'est dire assez que la frontière, entre les deux, reste floue ou poreuse.

Je demande à un de mes amis des nouvelles de sa mère, veuve et septuagénaire. « Elle va étonnamment bien, me répond-il ; tous mes amis me disent que j'ai de la chance d'avoir une mère si gaie, si dynamique, si pimpante, si joyeuse ! » Mon ami se tait un instant, puis il ajoute : « Cela dit, elle est sous Prozac depuis quinze ans. »

Cela pose le problème des limites de la médecine. Le même médicament qui soigne la dépression est aussi, presque inévitablement, un stimulant de la bonne humeur. Mais est-ce encore de la médecine ou déjà du dopage ?

Cela ne vaut pas pour les seuls psychotropes. Après une table ronde sur le Viagra, à laquelle on m'avait demandé de participer, j'interroge un médecin, à la fois urologue et sexologue, qui y participait également :

« Mais sur vous-même, le Viagra, vous avez essayé ?
– Oui.
– Et alors ?
– Alors… c'est intéressant ! »

Rien là de choquant, encore moins d'étonnant. Le même médicament qui traite l'impuissance, et l'on ne va pas s'en plaindre, est aussi un dopant possible de la puissance. Mais où va-t-on s'arrêter ? Dans un siècle ou deux, quand nos médecins pourront nous proposer la pilule du bonheur, celle qui nous mettrait chaque jour, sans effets secondaires, sans accoutumance, dans un état de complet bien-être, de gaieté, de sérénité, de dynamisme, avec des érections ou des orgasmes à faire pâlir d'envie, aujourd'hui, les mieux pourvus de nos contemporains, qui aura encore le courage de résister à cette tentation ? Combien continueront d'assumer la fragilité, physique et psychique, qui fait le charme, fût-il parfois douloureux, et la noblesse, fût-elle toujours inconfortable, de la condition humaine ?

La médecine est une grande chose. Ses progrès font partie des bonnes nouvelles de ce temps. Mais ne comptons pas sur elle pour tenir lieu de civilisation, ni de sagesse, ni de spiritualité. La vie n'est pas une maladie. Comment la médecine pourrait-elle nous sauver ?

Savoir qu'on croit

« Vous m'avez traité d'imbécile ! » Le nombre de lecteurs qui m'ont fait ce reproche, ces derniers mois, justifie une réponse. Ce sont des gens, sauf exception, que je ne connais pas, et que je n'ai, cela va de soi, jamais nommément insultés. Simplement ils ont lu mon livre *L'Esprit de l'athéisme*, dans lequel je constatais que personne, sur la question de Dieu, ne disposait d'un savoir véritable ; c'est pourquoi, rappelais-je, la question se pose d'y croire ou pas. Et j'ajoutais : « Si vous rencontrez quelqu'un qui vous dit "je sais que Dieu n'existe pas", ce n'est pas d'abord un athée, c'est un imbécile. Et même chose, de mon point de vue, si vous rencontrez quelqu'un qui vous dit : "Je sais que Dieu existe". C'est un imbécile qui prend sa foi pour un savoir. »

J'ai reçu depuis des dizaines de lettres, la plupart bienveillantes. mais dont plusieurs, évoquant les quelques lignes que je viens de citer (qui ne sont pas, on s'en doute, l'essentiel de l'ouvrage), font état de leur protestation indignée : eux *savent*, me disent-ils, et n'acceptent pas que je les traite d'imbéciles !

Pardon à ceux que j'ai pu blesser. Tel n'était pas mon propos. Qu'ils acceptent toutefois, en même temps que mes excuses, un constat et une suggestion. Le constat, c'est que leurs lettres permettent de les ranger en deux catégories à peu près égales : les uns prétendent savoir que Dieu existe ; les autres, presque aussi nombreux, affirment savoir qu'il n'existe pas. Ma suggestion découle de ce constat : puisque vous savez ce qu'il en est, enseignez-le-vous donc les uns aux autres ! Car le propre d'un savoir, au sens vrai et fort du mot, c'est de pouvoir être appris par qui l'ignore, s'il a les capacités requises, donc de pouvoir être transmis, par qui le connaît, à tout être normalement intelligent et cultivé. Force est de reconnaître, s'agissant de Dieu, qu'il n'en est rien ! C'est en quoi l'existence d'athées intelligents et honnêtes fait, contre tout croyant dogmatique, une objection suffisante (non contre sa foi, mais contre son dogmatisme) ; de même que l'existence de croyants intelligents et de bonne foi suffit à donner tort à tout athée dogmatique. Cela donne raison aux agnostiques ? Pas seulement. Cela donne raison à tous ceux, croyants ou incroyants, qui ne confondent pas le savoir et la croyance.

Les athées dogmatiques, dans les lettres qu'ils m'écrivent, s'appuient volontiers sur le progrès des sciences, lesquelles prouveraient que Dieu n'existe pas. C'est faire peu de cas de l'épistémologie contemporaine (voyez Karl Popper), mais aussi de milliers de scientifiques croyants, encore aujourd'hui, parmi lesquels plusieurs prix Nobel de toutes les disciplines.

Au reste, il suffit de s'intéresser d'un peu près aux sciences de la nature pour percevoir les limites de ce qu'on sait, et l'ampleur de ce qu'on ignore. Quoi de plus mystérieux que la physique quantique ? Quoi de plus inexplicable que le *big bang* ?

Les croyants dogmatiques s'appuient plus volontiers sur l'expérience personnelle qu'ils auraient de Dieu, laquelle serait une preuve suffisante. C'est faire peu de cas des puissances de l'imaginaire. Une de mes amies, pour qui j'ai beaucoup d'estime, me certifie qu'elle a vu, lors d'un séjour en Inde, Ama, la sainte hindouiste du moment, flotter sur le Gange, assise en position du Lotus et avançant, me jure cette amie, dans le sens opposé au courant... Je ne doute pas de sa sincérité. Il en faudrait plus, pourtant, pour que cette prétendue « expérience » puisse passer pour un savoir. Plusieurs, dans nos pays, ont vu distinctement la Vierge Marie. Je ne doute pas davantage de leur bonne foi. De là à y reconnaître une vérité... Ceux qui sentent la présence de Dieu m'inspirent la même réaction. Qu'ils la sentent, soit. Mais que prouve un sentiment ?

Les théologiens me donnent d'ailleurs raison. Si la foi est une grâce, comme ils l'affirment tous, elle ne peut être un savoir. Nul n'a foi en ce qu'il sait. Nulle grâce ne s'enseigne. Les professeurs le vérifient tous les jours ; leurs élèves aussi. D'ailleurs, confirme saint Augustin, quand nous connaîtrons Dieu, c'est-à-dire au paradis, il n'y aura plus de foi : il n'y aura plus que l'amour et la vision béatifique. Nous n'y sommes pas, ou pas encore. C'est pourquoi la question se pose de croire ou non en Dieu – parce qu'aucun savoir n'y répond.

Cela renvoie tous les dogmatismes dos à dos : chacun d'entre eux révèle la fragilité de tous les autres, par sa propre existence, et la sienne propre, par l'incapacité où il est de les réfuter comme de se prouver soi. « À la gloire du pyrrhonisme », disait Pascal – à la gloire des esprits libres, qu'ils croient ou non en Dieu.

« Lorsqu'on croit détenir la vérité, disait Lequier, il faut savoir qu'on le croit, non pas croire qu'on le sait. » C'est ce qui distingue à peu près l'intelligence de la sottise ou, pour n'insulter personne, du dogmatisme.

Sagesse de l'Ecclésiaste

J'ai toujours eu du mal avec l'Ancien Testament. J'en vois bien la grandeur, la force, la profondeur souvent. Mais j'y étouffe vite. Trop de massacres. Trop d'archaïsmes. Trop de particularismes. Un Dieu jaloux, qui voudrait y croire ? Qui pourrait l'aimer ? Et quel autre peuple élu, pour un Moderne, que l'humanité ? Un seul livre fait exception, pour moi, dans cette masse immense, le moins religieux de tous, et c'est l'un des plus beaux livres que je connaisse, que je viens de relire, à l'occasion d'un colloque, avec la même admiration bouleversée. Le Cantique des cantiques ? Non pas, mais son contraire peut-être : l'Ecclésiaste. Chacun en connaît le thème ou le refrain : « Vanité des vanités, tout est vanité. » On peut discuter sur la traduction (le mot *hevel*, en hébreu, signifie d'abord « buée »), mais guère sur le sens : tout est impermanent, inconsistant, vain, futile, décevant. En un mot : tout est dérisoire. Leçon de nihilisme ? Aucunement, et c'est ce qui donne à ce livre sombre sa lumière fragile et irremplaçable. Celui-là a cessé d'être dupe, mais point de vivre ni de lutter. Si tout s'efface tôt ou tard, comme buée sous le soleil, que reste-t-il ? Dieu peut-être. Et le présent assurément : la vie comme elle est, comme elle passe, fugace et difficile, avec ses plaisirs et ses souffrances, ses joies et ses peines, ses horreurs et ses accalmies… Tout est vanité ? Sans doute, et la joie elle-même. Elle vaut mieux pourtant que la tristesse, et cela, vanité pour vanité, nous ouvre malgré tout un chemin : « Je fais l'éloge de la joie, car il n'y a de bonheur pour l'homme que dans le manger, le boire et le plaisir qu'il prend… Goûte la vie avec la femme que tu aimes, durant tous les jours de ta vie de vanité… »

On a voulu voir dans l'Ecclésiaste « un livre épicurien » (Renan, Marcel Conche), peut-être influencé par la pensée hellénique. Le fait est qu'un certain hédonisme, sur fond de désespoir, rapproche la sagesse de Qôhéleth de celle d'Épicure ou, plus encore, de Lucrèce. À deux différences près, toutefois, décisives.

La première, c'est que, pour l'Ecclésiaste, la sagesse aussi est vanité. Cela l'éloigne d'Épicure et le rapproche de Montaigne.

La seconde, qui le rapproche des Modernes, c'est qu'il n'y a pas de souverain bien : pas d'harmonie du bonheur et de la vertu, comme dira Kant (combien de braves gens malheureux ? combien de méchants presque heureux ?), pas de bonheur absolu ou indestructible, pas de salut ici-bas – pas de sagesse définitive. « Vivre comme un dieu parmi les hommes » ? C'était la promesse d'Épicure. Mais nul, montre l'Ecclésiaste, ne peut la tenir.

Le temps ou le hasard sont plus forts que nous. L'Ecclésiaste le sait et y consent : « Il y a un temps pour pleurer, et un temps pour rire ; un temps pour gémir et un temps pour danser… » Relire cela, lorsque je pleure, me fait plus de bien que les leçons de sagesse des Grecs.

On dira : si tout est vanité, y compris la sagesse, à quoi bon philosopher ? La réponse est la même que pour la joie : vanité pour vanité, mieux vaut vivre intelligemment que sottement, mieux vaut un peu de sagesse que beaucoup de folie. On n'en mourra pas moins ? C'est ce que rappelle l'Ecclésiaste et qui lui donne raison. Mais on en vivra mieux, et tant pis si la souffrance parfois est au rendez-vous.

Tout ce qui n'est pas tragique est dérisoire. Voilà ce que la vie m'a appris, et qu'elle est pourtant le plus grand bien ou la condition de tous les autres. Raison de plus pour se réjouir, quand on peut, pour lutter, quand il le faut, et pour pleurer, lorsque l'horreur est la plus forte.

Sagesse de l'Ecclésiaste : sagesse tragique, sagesse pour ceux qui ne croient pas à la sagesse.

Beauté

La beauté est un plaisir : plaisir des yeux ou de l'ouïe, et l'une des seules façons, avec l'imagination, de jouir à distance. C'est pourquoi la beauté est bonne. C'est pourquoi elle est irremplaçable. Si l'on ne pouvait jouir que de ce que l'on touche, quelle pauvreté ! Nous serions prisonniers de notre corps, de notre peau, de notre lieu… Ainsi l'aveugle, s'il était sourd, ou le sourd, s'il était aveugle. Ce double handicap existe, quoique très rare, et je n'en puis concevoir de plus atroce. Sourds et aveugles de naissance, que saurions-nous de la beauté ? Rien sans doute. Mais c'est qu'en vérité nous ne saurions presque rien du monde, ni conséquemment de nous-mêmes… Connaître et jouir vont ensemble, du moins cela arrive, et c'est ce que signifie la beauté.

Si nous aimons la vue plus que tout le reste, expliquait Aristote, c'est parce qu'elle est, de tous nos sens, celui qui nous fait acquérir le plus de connaissances différentes. C'est notre façon d'aimer la vérité, ou d'en jouir. La vue nous ouvre au monde. Elle est comme le monde même, dans son ouverture. Nous appelons « beauté » le plaisir que nous y prenons, sans avoir besoin pour cela de posséder ce dont nous jouissons, de le consommer, ni même d'y toucher. C'est comme une vérité joyeuse ou agréable. Comme un sourire du réel. Comme « une promesse de bonheur », disait Stendhal, et bonheur déjà par cette promesse… Plaisir à distance, et présent pourtant. Amour à distance, mais sans manque ni convoitise. Promesse de bonheur, mais actuelle. Contemplation, mais sensuelle. Jouissance de la vue : beauté du monde.

On peut parler aussi d'une beauté sonore (un beau son, une belle musique…), voire d'une beauté intellectuelle (une belle théorie, une belle démonstration…) ou imaginaire (une belle histoire, un beau personnage…). En principe, rien n'empêcherait de parler d'un beau parfum ou d'une belle odeur. L'expression pourtant, appliquée aux sensations olfactives, n'est guère d'usage. Et moins encore s'agissant du goût ou du toucher. Parce que ces sens sont trop grossiers ? Ils ne le sont guère plus, ni moins, que l'ouïe ou la vue. Mais parce qu'ils sont sens de l'immédiat, du contact, de l'assimilation ou de la préhension, qui supposent presque toujours la possession. Rien de tel pour la vue ou l'ouïe. Ce paysage que je trouve beau, pas besoin de le posséder pour en jouir. Cette femme que je trouve belle et que je ne connais pas, que je ne saurais toucher sans offense, elle n'en est pas moins agréable à regarder. Et cette musique insaisissable, que nul ne saurait toucher ni posséder, quel plaisir pourtant, quelle émotion, quelle délectation !

On peut posséder le disque, toucher l'instrument ou la partition ? Sans doute. Mais c'est la musique qui est belle, point le médium qui la porte.

On peut posséder un tableau ? Certes. Mais point sa beauté, dont tous peuvent jouir. On ne le montre à personne ? Sa beauté reste pourtant intacte, et indéfiniment disponible dès qu'on le montrera... On le détruit ? C'est renoncer à en jouir, et ne plus rien posséder du tout... La beauté est ce qui échappe, ce qu'on ne peut posséder ni garder. Tant pis pour les égoïstes. L'homme le plus jaloux, comment pourrait-il empêcher les autres de jouir de la beauté de sa femme ? Ou bien il faudrait la voiler, ce que certains font, et ce n'est pas seulement une atteinte aux droits des femmes : c'est un péché contre le beau, contre le plaisir, contre le bonheur. Imaginez Paris, sans la beauté des femmes. Ce ne serait qu'un musée ennuyeux.

Parce qu'elle ne se possède pas, la beauté, en tant que telle, est désirée sans convoitise. C'est comme « un fruit qu'on regarde sans tendre la main », écrivait Simone Weil. Ou si l'on tend la main, on sait bien que c'est pour autre chose que la beauté... « On veut manger tous les autres objets du désir, écrit encore Simone Weil. Le beau est ce qu'on désire sans vouloir le manger. » Que désire-t-on ? « Que cela soit. » Ainsi cet arbre devant moi, cette lumière bleutée dans les lointains, ce tableau sur le mur, cette femme ou cet homme dans la rue... Et cela est ! C'est comme une rencontre inespérée – quoique fréquente – entre l'ordre de nos désirs et l'ordre du monde. Aucune providence pourtant. Nos désirs font partie du monde, ils en naissent. Comment s'étonner qu'ils lui ressemblent ?

Le beau ne nous manquait pas, mais il nous comble. On ne le possède pas, mais on en jouit. On ne veut pas le prendre, mais le contempler. Cela permet de faire le tri, entre la part esthétique de nos désirs, celle qui ne vise que la beauté, et leur part captatrice, par exemple économique, alimentaire ou érotique. Tout cela se mêle, presque toujours, dans la vie réelle. Une belle femme est ordinairement plus désirable qu'une autre (quoique...). Il reste que ce n'est pas seulement sa beauté que l'on désire, sans quoi le regard suffirait. Un beau tableau est ordinairement plus cher qu'un autre (quoique...). Mais c'est sa possession que l'on achète, point sa beauté. Le beau échappe à l'égoïsme, à la possession, au marché, ou ne s'y soumet, lorsqu'il semble le faire, qu'en les récusant. Est beau tout ce qui plaît par soi-même, indépendamment de quelque intérêt ou appropriation que ce soit. Indépendamment de tout désir ? Non pas, car alors tout serait indifférent ou neutre (ni beau ni laid). La beauté ne vaut que pour qui l'aime, c'est ce qu'on appelle le goût. Mais indépendamment de tout désir de possession. C'est où l'esthétique touche à l'éthique, voire à la spiritualité. Ce que Fénelon appelait *le pur amour* (un amour sans égoïsme, sans possessivité, sans espérance), dont nous sommes si rarement capables, le beau nous y fait accéder, parfois, et c'est le plus précieux cadeau qu'il puisse nous faire. « Le beau, disait Paul Valéry, c'est ce qui désespère. » C'est qu'il ne laisse rien à espérer : il faut s'en satisfaire ou renoncer à la satisfaction.

Toute beauté est relative. Question de goût. Question d'époque. Question de culture ou de nature.

« La beauté, disait Spinoza, n'est pas tant une qualité de l'objet regardé qu'un effet se produisant en celui qui le regarde. » Cela dépend de notre corps. Cela dépend de notre éducation. Cela dépend du point de vue et du désir. « La plus belle main, vue au microscope, paraîtra horrible », ajoutait Spinoza. Et je ne doute guère qu'un singe puisse trouver belle cette même guenon, où nous voyons comme le symbole de la laideur.

On n'en conclura pas trop vite que le beau n'existe pas. Le relatif, c'est du réel aussi – ou plutôt c'est le réel même, dès lors que nous entrons en relation avec lui. Si « les choses considérées en elles-mêmes ne sont ni belles ni laides », comme disait encore Spinoza, c'est qu'elles ont besoin, pour être telles, d'un sujet, d'un regard, d'une sensation agréable ou désagréable. Elles ne sont belles ou laides que pour nous, point en soi. Elles le sont donc, puisque nous vivons, puisque nous sentons, puisque nous désirons, puisque nous aimons… Les laids le savent bien, qui en souffrent. Cette injustice-là fait partie de leur vie. Leur laideur, même subjectivement perçue, est un handicap objectif. Qu'on puisse le surmonter, je veux le croire. Mais la beauté n'en est pas moins belle, ni moins désirable, ni moins aimée…

Être beau, s'agissant d'un être humain, qu'est-ce que cela veut dire ? Cela veut dire être facile à aimer, même par ceux qui ne vous connaissent pas. C'est pourquoi la beauté est bonne. C'est pourquoi la coquetterie est bonne, lorsqu'elle rend beau (admirable talent des femmes : savoir se faire belles). On n'oubliera pas, toutefois, que l'amour vaut mieux que la beauté. Et l'amour que l'on donne, davantage que celui que l'on reçoit. Être aimable, c'est une chance. Se rendre aimable, un talent. Aimer, une joie. Une femme aimante, toutes choses égales par ailleurs, sera toujours plus belle qu'une coquette.

Qu'est-ce que la vérité ?

« Qu'est-ce que la vérité ? » C'est la question de Ponce Pilate, qu'il est de bon ton, depuis Nietzsche, de juger d'autant plus profonde qu'elle serait sans réponse possible. Que la question fût posée par le chef d'une armée d'occupation – juste avant qu'il se lave les mains pendant qu'on crucifie un innocent – devrait pourtant nous inciter à davantage de vigilance. S'il n'y a pas de vérité, ou si l'on ne peut pas du tout la connaître, quelle différence entre un coupable et une victime, entre un procès et une mascarade, entre un juge et un complice, entre un juste et un escroc ? Non que la vérité, certes, suffise à rendre la justice ! Il y faut aussi une loi, des principes, des valeurs… Mais quelle justice sans vérité ? Ainsi la question revient toujours.

Qu'on ne connaisse jamais toute la vérité, cela va de soi – puisqu'elle est infinie, ce qu'aucune connaissance ne saurait être. C'est ce que Lacan, après bien d'autres, reconnaîtra plaisamment : « Je dis toujours la vérité : pas toute, parce que toute la dire, on n'y arrive pas. Les mots manquent… C'est même par cet impossible que la vérité tient au réel. » Encore faut-il que la vérité existe, et qu'on puisse au moins s'en approcher. Que resterait-il autrement de la psychanalyse ? Que resterait-il de nos sciences ? Que resterait-il, même, de nos mensonges ?

Que la vérité soit infinie, donc inépuisable, cela n'empêche pas de dire ce qu'elle est, ou plutôt cela suppose qu'on en soit capable. Comment saurait-on, sinon, qu'on ne la connaît pas toute ? Une définition au moins nominale de la vérité est nécessaire, sans laquelle toute définition serait impossible ou sans portée. Mais cette définition, à son tour, n'est concevable que par une certaine expérience que nous avons, en nous, de ce que Spinoza appelait « la norme de l'idée vraie donnée ». Si nous ne savions pas du tout ce qu'est le vrai, comment pourrions-nous le chercher, comment saurions-nous, même, ce qu'est une erreur ? Ce n'est pas seulement la justice qui serait impossible. Les sciences le seraient tout autant, et la philosophie. Ce serait le triomphe des ignorants, des sophistes et des négationnistes.

Qu'est-ce que la vérité ? Inutile, ici, de chercher l'originalité. Les Grecs connaissaient déjà la réponse, bien avant que Pilate ne fasse semblant de se poser la question. Par exemple Platon : « Le discours vrai dit les choses comme elles sont, le faux, comme elles ne sont pas. » Ou Épicure : « Est vrai ce qui est comme on le dit être ; est faux ce qui n'est pas comme on le dit être. » C'était comprendre que la vérité est dans l'être (*veritas essendi*, diront les scolastiques) avant d'apparaître ou non dans la connaissance (*veritas cognoscendi*), et ne se trouve dans celle-ci qu'à la condition de correspondre, au moins en partie, à celui-là. « La vérité consiste en l'être », dira Descartes, ou dans l'adéquation à ce qui est.

C'est ce que j'illustrerais volontiers par une définition encore plus simple : *la vérité, c'est ce que Dieu connaît, s'il existe.* On remarquera que ma définition ne dépend aucunement de l'existence ou non de Dieu. C'est ce qui fait sa force. Elle est fondée sur une hypothèse (celle d'un Dieu omniscient), mais n'est elle-même nullement hypothétique : ni l'extension ni la compréhension du concept de vérité ne varient en fonction de l'existence ou non de ce Dieu qui sert, mais comme simple hypothèse, à le définir. Que Dieu existe ou pas, qu'est-ce que cela change à la vérité de ce qui est ou fut ? Rien : Dreyfus n'en sera pas moins innocent, ni ses juges moins coupables. Les athées le savent bien, s'ils sont rationalistes. C'est ce qui les sépare de Nietzsche ou de Ponce Pilate.

Une conséquence importante de cette définition, c'est que connaissance et vérité ne sont identiques qu'en Dieu, s'il existe. Pour nous, simples mortels, elles sont à jamais deux, et irréductibles l'une à l'autre. C'est ce qui interdit de prétendre connaître toute la vérité (ce serait se prendre pour Dieu), comme de prétendre qu'elle n'existe pas – car il n'y aurait rien, alors, dont on puisse dire qu'on l'ignore, ni qu'on le cherche. Par quoi le doute reste fidèle à la vérité qu'il suppose, aussi sûrement que le mensonge la trahit.

Il faudrait autrement donner raison à Ponce Pilate, et renoncer à défendre les innocents.

Moraliser le capitalisme ?

Les crises ont cela de bon qu'elles bousculent les certitudes. Les marchés financiers qui s'effondrent, le chômage qui explose, la récession qui s'installe… Voilà que le capitalisme, qui passait il y a peu pour triomphant, se trouve à nouveau mis en cause. Certains veulent le supprimer. Attendons qu'ils nous proposent une alternative crédible pour en débattre. D'autres, plus nombreux, veulent le réguler, ils ont bien sûr raison, voire, ce sont des expressions qu'a utilisées Nicolas Sarkozy, le « refonder » et le « moraliser ». Essayons de comprendre ce que cela peut vouloir dire.

Refonder le capitalisme ? Ce serait l'installer sur de nouvelles bases, ou le remettre sur ses bases traditionnelles, dont il se serait malencontreusement écarté. Je crains qu'il n'y ait là davantage de communication que de pensée. Les fondements du capitalisme, chacun les connaît. Il y en a trois : la propriété privée des moyens de production et d'échange, la liberté du marché, le salariat (qui n'est jamais que l'application des deux premiers au marché du travail). Je ne vois pas qu'aucun des trois soit remis en cause par les évolutions récentes de l'économie (mondialisation, financiarisation, nouvelles technologies), ni par la spéculation, ni par la crise qui en résulte. Et je ne vois pas davantage quel nouveau « fondement » on pourrait proposer pour notre système économique – sauf à sortir du capitalisme, ce qui interdirait de prétendre le refonder.

« Soit, diront certains, il n'est pas question de renoncer aux bases économiques du capitalisme, ni même de les changer, mais il faut empêcher les dérives que nous avons connues ces dernières années, fixer un certain nombre de limites, de bornes, de règles, enfin moraliser le capitalisme. » Nous y voilà. « Refonder le capitalisme », ce ne serait pas changer ses fondements économiques ou juridiques, mais simplement revenir à ses fondamentaux éthiques, qui sont la responsabilité, la juste rémunération du risque et du travail, enfin, voyez Max Weber, l'épargne, la rigueur et l'honnêteté.

Qu'il faille imposer des limites au capitalisme, donc des règles non marchandes au marché, j'en suis depuis longtemps convaincu. C'était l'un des thèmes majeurs de mon livre *Le capitalisme est-il moral ?*, publié en 2004. Des économistes, aujourd'hui, me disent que cet ouvrage était « prémonitoire ». C'est exagéré. Disons plutôt que la crise actuelle a davantage confirmé qu'infirmé mes analyses. C'est vrai spécialement sur trois points, que je me contente de rappeler brièvement.

D'abord, le caractère amoral (plutôt qu'immoral) du capitalisme. Celui-ci, disais-je, ne fonctionne pas à la vertu, à la générosité ou au désintéressement, mais, tout au contraire, à l'intérêt personnel ou familial. Il fonctionne à l'égoïsme ; c'est pourquoi il fonctionne si fort, mais c'est pourquoi aussi il ne saurait fonctionner seul. L'égoïsme n'a jamais suffi à faire une civilisation, ni même une société qui soit humainement acceptable.

Ensuite, l'incapacité de l'économie à se réguler suffisamment elle-même. Non que cette régulation interne n'existe pas (le jeu de l'offre et de la demande en est une, comme la concurrence ou les crises), mais parce qu'elle ne saurait suffire. Le capitalisme ne peut, à lui seul, fournir les conditions de sa propre existence. La propriété privée des moyens de production et d'échange ? Cela suppose un droit de la propriété, qui n'appartienne à personne. La liberté du marché ? Cela suppose un droit du commerce, qui ne soit pas lui-même une marchandise (qui ne soit pas à vendre). Le salariat ? Cela suppose la libre disposition par chacun de sa personne (le salariat, c'est d'abord le contraire de l'esclavage et du servage), donc un droit des gens et du travail. La concurrence « libre et non faussée » ? Cela suppose des règles, des contrôles, des institutions indépendantes... Rien de tout cela ne peut exister sans État. C'est ce qui donne tort aux ultralibéraux, qui voudraient que le marché suffise à tout. Et aux belles âmes, qui voudraient que la morale suffise à le réguler.

C'était ma troisième thèse : l'incapacité de la morale à réguler efficacement l'économie en général et le capitalisme en particulier. Non, certes, que la morale n'ait pas sa place dans l'économie (elle a la place, exactement, que les individus lui assurent par leur comportement), mais en ceci qu'on ne peut compter sur la morale pour limiter vraiment, à l'échelle de la société, les effets pervers ou dangereux du capitalisme. C'est pourquoi je m'en prenais à la mode de « l'éthique d'entreprise », qui voudrait que moralité et rentabilité aillent toujours de pair. Autant compter sur les bons sentiments pour tenir lieu de management ! Ce n'est pas l'entreprise qui est morale ; ce sont les individus qui y travaillent – et spécialement qui la dirigent – qui ont à l'être. Encore faut-il être lucide. Si l'on avait compté sur la conscience morale des patrons pour protéger les droits des salariés, nous serions encore au XIXe siècle ou chez Zola. Si l'on comptait sur la conscience morale des consommateurs pour protéger le tiers-monde ou la planète, il faudrait renoncer au développement de celui-là, et même, je le crains, à la survie de celle-ci. Enfin, s'il fallait compter sur la conscience morale des banquiers pour réguler les marchés financiers, nous aurions… la crise que nous connaissons, ou plus grave. La morale est une grande chose, mais qui ne vaut que pour et par les individus ; socialement, économiquement, historiquement, elle n'a jamais suffi à empêcher le pire ni à assurer le meilleur.

Il faut donc autre chose. Quoi ? Le droit, les États, donc aussi et d'abord la politique, aussi bien nationale qu'internationale. C'était la conclusion de mon livre : « Plus on est lucide et sur l'économie et sur la morale (sur la puissance de l'économie, sur la faiblesse de la morale), plus on est exigeant sur le droit et la politique. » Le marché a besoin de limites externes (non marchandes), auxquelles la conscience individuelle ne saurait suffire. C'est pourquoi il a besoin des États. Ne comptons pas sur le marché pour être moral à notre place, ni sur la morale pour tenir lieu de politique.

C'est cette exigence que la crise, aujourd'hui, nous rappelle cruellement. La surprise de certains me surprend. Quoi ! Les banquiers aimaient l'argent ? Les traders, enivrés par des bonus extravagants, prenaient des risques qui l'étaient tout autant ? La belle découverte ! Seraient-ils banquiers ou traders autrement ? Même M. Greenspan, qu'on disait si lucide, avant la crise, vient d'avouer sa déception : il pensait que les banquiers seraient plus prudents, car plus attentifs à leur propre intérêt ! C'était faire la même erreur que le philosophe Alain, déjà, reprochait à Marx : croire que ce sont les intérêts qui motivent les humains, alors que ce sont plus souvent leurs passions. Une guerre, sauf exception, n'est l'intérêt de personne. On la fait pourtant, par haine ou par peur, par nationalisme ou par croisade, qui ne sont pas des intérêts mais des passions. Voyez la France et l'Allemagne, en 1914 : la passion nationaliste, avec l'aveuglement qu'elle entraîne, leur fit faire une guerre que tous les historiens, aujourd'hui, s'accordent à juger contraire aux intérêts nationaux de ces deux pays. Il en va de même, *mutatis mutandis*, dans l'économie, qui n'est pas seulement tendue vers le bien-être ou la richesse, qui sont des intérêts (objectifs, rationnels, quantifiables), mais vers la cupidité, qui est une passion (comme telle subjective, déraisonnable, démesurée). Une crise économique n'est l'intérêt de personne. Ceux-là même qui y courent en seront souvent les premières victimes.

Ils y courent pourtant : la cupidité, qui est la passion de l'argent, les emporte, y compris contre leur intérêt. C'est pourquoi il y aura toujours des bulles, tant que les marchés seront libres, donc des crises. Cela toutefois vaut mieux que l'absence de marché ou de liberté.

Le contraire de la cupidité, c'est le désintéressement, la générosité, la noblesse de cœur et d'esprit. Belles vertus, mais trop rares, à l'échelle de la planète, pour réguler quelque marché que ce soit.

Il est temps de conclure. Peut-on moraliser le capitalisme ? Tout dépend de ce qu'on entend par là. Si l'on prétend rendre le capitalisme intrinsèquement moral, de telle sorte qu'il soit mû non plus par l'intérêt mais par la vertu, c'est un vœu pieux, qui nous vouerait, si on le prenait au sérieux, à l'impuissance.

En revanche, si l'on entend par « moraliser le capitalisme » le fait de lui imposer, de l'extérieur, un certain nombre de limites qui le rendraient moralement moins choquant, c'est évidemment nécessaire ; mais on n'y parviendra qu'à la condition de comprendre que la morale, par elle-même, en est incapable – que seule la politique a une chance d'y parvenir. Utopie ? Nullement. Cette moralisation, mais par la loi, existe depuis longtemps. Elle est indissociable du modèle social-démocrate, et même de tout capitalisme développé. Interdire le travail des enfants, garantir les libertés syndicales, créer un impôt sur le revenu, sanctionner les abus de position dominante, condamner le harcèlement, etc., c'est moraliser le capitalisme – et l'on n'a pas attendu Nicolas Sarkozy pour s'y mettre. Il faut donc continuer ce qu'on a entrepris, l'améliorer si l'on peut, c'est ce qu'on appelle le réformisme, puis le refaire. Car les mesures que nos gouvernants sont en train de prendre seront peut-être efficaces contre la crise que nous affrontons… mais vraisemblablement beaucoup moins contre les crises à venir, qui appelleront de nouvelles mesures.

Bref, on n'en aura jamais fini avec l'économie, ni avec la morale, ni donc (puisqu'elles sont indépendantes l'une de l'autre et qu'il faut pourtant les articuler) avec la politique. Ce n'est une mauvaise nouvelle que pour les ultralibéraux, qui croyaient la politique dépassée, ou pour les rêveurs, qui préfèrent les bons sentiments à l'action.

Deux façons de dire « oui »

Dans son beau livre sur *La Sagesse des mythes*, qui obtient un succès mérité, Luc Ferry revient sur l'un de nos vieux conflits philosophiques. La sagesse, explique-t-il, du moins telle qu'elle est pensée par les stoïciens, les épicuriens, mais aussi, excusez du peu, Spinoza et Nietzsche, revient à « habiter autant que possible le présent », à l'accepter « avec amour, même quand il est terrible » (c'est le thème fameux de l'« *amor fati* », chez Nietzsche : l'amour de ce qui est), enfin à dire « oui » au réel. Et l'ami Luc d'ajouter : « Je n'ai jamais réussi à comprendre comment on pouvait, à la manière de Nietzsche, de Spinoza ou des stoïciens, dire "oui" à tout ce qui advient. Du reste, je ne suis même pas sûr que cela soit souhaitable. Que signifierait dire "oui" à Auschwitz ? » Argument « vulgaire » ou « trivial », reconnaît-il. Ce sont souvent les meilleurs, que l'on ne juge triviaux que par l'impossibilité où l'on est d'y répondre. Essayons pourtant.

Première remarque, en forme de question : Que signifierait dire « non » à Auschwitz ? Nier que cette horreur ait existé ? C'est ce qu'on appelle le négationnisme, et le contraire d'une sagesse.

Je sais bien que reconnaître une existence n'est pas l'approuver. Mais qui nous demande d'approuver Auschwitz ? Croit-on qu'Épictète, Spinoza ou Nietzsche approuvaient les imbéciles, les lâches, les salauds ? Ce serait confondre, dirait Nietzsche, le *oui* tragique (*Ja* en allemand) avec le *hi-han* (*I-A*) de l'âne, qui ne sait qu'approuver et obéir. Ce serait confondre l'*acceptation*, qui porte sur un fait, et l'*approbation*, qui porte sur sa valeur.

Je revois mon amie Christina Castermane, déjà rongée par le cancer qui allait l'emporter quelques mois plus tard, nous dire, de sa belle voix douce et fatiguée : « Il y a deux façons de dire *oui*. On peut dire *oui* parce que tout est bien. Ou on peut dire *oui* parce que tout est. Ce n'est pas du tout la même chose… »

Elle avait raison. Le premier « oui », celui de l'approbation, n'a de sens que religieux (si l'on croit en une Providence divine). C'est le contraire du tragique : si tout est bien, il n'y a plus de tragédie. C'est le contraire de la révolte : si tout est bien, il n'y a jamais à résister, à affronter, à combattre. C'est le *oui* de l'âne ou du béni-oui-oui. On le trouve parfois chez les stoïciens, jamais chez Épicure, Spinoza ou Nietzsche. Parfois chez les croyants, mais point chez tous : voyez Job ou l'abbé Pierre.

Le second « oui », celui de l'acceptation, ne relève pas d'un jugement de valeur (« le cancer est bon » !) mais d'un jugement de fait (« oui, j'ai un cancer »). Comment autrement le combattre efficacement ?

Comment, si on ne peut le guérir, l'affronter lucidement ?

Bref, il n'est pas question d'approuver Auschwitz ! Il s'agit simplement d'accepter cette horrible et tragique vérité, autrement dit de ne pas faire comme si la Shoah n'avait pas existé. Cela relève d'une triple exigence de fidélité, vis-à-vis des victimes, de lucidité, face au réel, et de vigilance, concernant le présent ou l'avenir. C'est le contraire du négationnisme, mais aussi, dirait Freud, du déni et de la dénégation.

« Soit, diront certains, je veux bien accepter le fait, mais pas "avec amour" ! » Qu'ils l'acceptent donc avec haine, ce n'est pas moi qui le leur reprocherai. Mais qui verrait, dans cette haine que je partage, une sagesse ? Ni Épicure ni Épictète, ni Spinoza ni Nietzsche, certes, mais pas davantage le Bouddha ou Jésus. Cela commence à faire beaucoup de monde… « Aimer ses ennemis », comme disent les Évangiles, cela suppose qu'on en ait. Ce n'est donc pas les approuver, ni renoncer à les combattre. C'est les affronter sans haine, ou avec le moins de haine que l'on peut, voire avec amour, parfois, lorsqu'on en est capable. Aucun sage, mon cher Luc, ne nous en demande davantage.

Le sens de la vie

La question du sens de la vie résume, pour beaucoup de nos contemporains, le peu de philosophie dont ils sont capables. C'est une espèce de nouveauté : ni les Anciens ni les Classiques ne se posaient la question, du moins en ces termes. J'y vois comme l'indice probable qu'elle est mal posée. Mais essayons d'abord de la comprendre.

La notion de *sens* est l'une des plus difficiles à saisir. D'abord parce qu'elle est polysémique : le mot « sens », en français, a lui-même plusieurs sens différents. Disons, quitte à simplifier quelque peu, qu'il en a trois principaux.

Le premier désigne un organe sensoriel : les *cinq sens* (la vue, l'ouïe, le goût, le toucher, l'odorat) sont comme une fenêtre ouverte sur le monde, qu'ils nous permettent de percevoir.

Le deuxième relève davantage de la pensée ou de la communication : le *sens* d'un mot ou d'un discours, c'est ce qu'il veut dire, autrement dit sa signification.

Enfin, le mot « sens » peut désigner la direction, l'orientation, le but. Ainsi parle-t-on du sens d'un fleuve, du sens d'un tissu, du sens d'une circulation (par exemple dans l'expression « sens unique »)… Il ne s'agit plus de sentir ni de comprendre, mais d'avancer ou de s'orienter.

Trois sens principaux, donc : la sensation, la signification, la direction.

Cela complique évidemment la notion. Lorsqu'on se demande si la vie a un sens, on pense peu à la *sensation* qu'on en a (on a peut-être tort : je ne sais ce qu'est le sens de la vie pour qui n'a pas le *goût* de vivre). Mais s'interroge-t-on sur sa *signification* (ce que la vie veut dire, si elle veut dire quelque chose), ou sur sa direction (non ce qu'elle veut dire, mais où elle va, non sa signification mais son but) ? Cela fait deux questions différentes, voire trois, dont il est douteux qu'elles puissent obtenir une seule et même réponse. On continue pourtant de la chercher, et d'autant plus peut-être qu'on ne sait trop ce qu'elle pourrait être (une sensation ? une signification ? un but ?). Il est vraisemblable que la question du « sens de la vie » tire une part de son prestige des confusions qu'elle véhicule.

Mais il y a plus. Non seulement le mot « sens » a plusieurs sens différents, mais, en chacune de ces acceptions, le sens est toujours extrinsèque ou, comme disent les phénoménologues, *extatique* : il renvoie toujours à autre chose qu'à lui-même.

C'est bien clair pour l'appareil sensoriel. Essayez de sentir votre odorat. Vous n'y parviendrez pas : l'odorat est inodore. Essayez d'écouter votre ouïe. Même insuccès : l'ouïe est inaudible. Votre vue ? Un miroir vous permettra de voir vos yeux, point le sens qui les voit : la vue est invisible. Aucun de nos cinq sens ne se perçoit lui-même. Il n'est sensation que de l'autre.

C'est vrai aussi pour la signification. Le sens d'un mot n'est pas ce mot, mais ce que ce mot désigne ou signifie. Par exemple si je dis « Il y a un verre sur la table » ; le sens du mot « table » n'est pas ce mot, mais la table réelle dont je parle (le référent, diraient les linguistes), éventuellement l'idée de table (le signifié), mais pas le mot dans sa réalité sonore ou graphique (le signifiant). D'ailleurs, si je disais « Il y a un verre sur le mot table », je passerais pour fou. La signification d'un acte, pareillement, n'est pas cet acte, mais ce qu'il exprime ou trahit. Voyez les actes manqués, chez Freud, ou réussis, chez n'importe qui. Il n'est signification que de l'autre.

Enfin, c'est évidemment vrai du sens comme direction. Par exemple si je prends le TGV dans le sens Paris-Genève : Genève fait sens, pour moi, pendant les trois heures que dure le voyage – et ferait sens, tout aussi bien, si je venais, en avion, de New York ou de Shanghai. Où qu'on soit dans le monde, on peut toujours se diriger vers la métropole helvétique : elle fait sens, ou peut faire sens (à la seule condition qu'on désire s'y rendre) dans le monde entier. Sauf, évidemment, en un lieu, et un seul : à Genève. Car lorsqu'on y est, on ne peut plus y aller. Pas de chance pour les Genevois ? Pas de chance, plutôt, pour les humains ! Le sens n'est jamais où l'on est, mais toujours où l'on va – et nul ne peut être où il va, ni aller où il est. Le sens est toujours ailleurs ; et nous, toujours ici. Toujours à Genève ? Toujours à Paris ? Cela dépend des individus, des moments, des circonstances. Mais où que nous soyons, c'est un *ici* ; et le sens, lui, par définition, est ailleurs. Comment pourrait-on l'atteindre ? Il n'est direction que de l'autre.

Bref, en chacune des trois acceptions du mot, le sens n'existe qu'en dehors de soi (c'est le sens étymologique du mot « extase »), ou plutôt qu'en tant qu'il renvoie à autre chose qu'à lui-même, autre chose qu'il sent, signifie ou vise, mais ne saurait être. C'est ce qu'avait vu Merleau-Ponty : « Sous toutes les acceptions du mot *sens*, nous retrouvons la même notion fondamentale d'un être orienté ou polarisé vers ce qu'il n'est pas. » Nul ne peut sentir en lui ce qui sent, ni aller où il se trouve, ni se signifier soi : il n'est sens, à jamais, que de l'autre.

Cela nous interdit le confort, l'autoréférence satisfaite, peut-être même le repos. On ne s'installe pas dans le sens comme dans un fauteuil. On le cherche, on le poursuit, on le perd, on le crée, on l'imagine, on l'anticipe… À peine l'a-t-on atteint, qu'il s'abolit. Ce qui faisait sens (un but à poursuivre, un discours à tenir) n'est plus qu'un fait comme un autre, aussi insignifiant que tous. Par exemple ce livre que j'ai publié : qu'il ait du sens pour qui le lit, soit. Qu'il puisse dire quelque chose sur ce que je suis ou que j'ai été, soit encore. Mais comment donnerait-il un sens à ma vie actuelle, puisqu'il est derrière moi, définitivement ? Autant demander à nos souvenirs de tenir lieu de message ou de projet ! C'est ce qu'on appelle le gâtisme, qui nous attend peut-être, mais qui ne fait pas sens. Ou bien la névrose, qui fait sens (comme symptôme), mais empêche plutôt la vie d'en avoir un. Quoi de plus triste qu'un écrivain qui passerait son temps à se relire ? Ce ne serait qu'un *ancien* écrivain, dont la vie présente serait absurde. Le sens est devant nous (pour l'action) ou derrière (pour l'interprétation), jamais au point où nous sommes. C'est ce que j'ai appelé la fuite du sens, comme on parle de la fuite du temps, et ce n'est pas un hasard. Le sens n'est jamais là, jamais présent, jamais donné. Il n'est pas où je suis, mais où je vais ou d'où je viens. Non ce que nous sommes, mais ce que nous faisons, ou qui nous fait.

Métaphysiquement, c'est lourd de conséquence. S'il n'est sens que de l'autre, le sens de la vie ne peut être qu'autre chose que la vie. Cela ne laisse guère le choix : autre chose que la vie, c'est la mort, qui ne fait pas sens, ou une autre vie. C'est en quoi les religions seules peuvent donner, en toute rigueur, un sens à la vie, en en promettant, après la mort, une autre. Les athées ne peuvent échapper au non-sens, c'est-à-dire à l'absurde (Camus), à l'insignifiance (Schopenhauer, Cioran) ou au tragique (Lucrèce, Nietzsche) – ou ne le peuvent qu'en s'inventant un ersatz de religion, qui donnerait du sens à la vie en tant qu'elle signifie ou vise autre chose qu'elle-même (un message, la vie des autres, celle des générations futures). Cette dernière attitude est moralement estimable, métaphysiquement vaine. Je peux bien vivre pour mes enfants, qui vivront pour les leurs. Dès lors que tous mourront, chacun de ces sens partiels, même légitime, débouche sur un non-sens global, qui l'enveloppe et l'abolit. C'est ce que signifie l'humour, peut-être : que le non-sens aura le dernier mot, qui n'en sera pas un.

Cela donne raison à la religion ? Pas forcément. Pourquoi le sens serait-il la vérité ? Pourquoi la vérité voudrait-elle dire quelque chose ? Et comment aurait-elle un but, si elle est tout ?

Chacun connaît ce dicton oriental : « Quand le sage montre la Lune, l'imbécile regarde le doigt. » Cet imbécile nous ressemble : il regarde ce qui a du sens (le doigt, qui veut dire « Regarde la Lune »), plutôt que ce que le sens désigne, qui n'en a pas (la Lune, qui ne veut rien dire et ne va nulle part). Il est obnubilé par le sens, au point d'oublier que le sens ne vaut qu'au service d'autre chose, qui n'a pas de sens mais lui en donne.

Est-ce parce que nos enfants ont du sens que nous les aimons ? Bien sûr que non ! Que signifie un enfant ? Rien. Où va-t-il ? Nul ne le sait, peut-être nulle part, et puis c'est sa vie à lui, non la nôtre, comme ce n'est pas pour l'adulte qu'il sera que nous l'aimons, mais bien pour l'enfant qu'il est. Il mourra aussi ? Et alors ? Nous ne l'en aimons pas moins, bien au contraire, et toute notre vie, dans cet amour, se trouve comme justifiée. Ce n'est pas parce que nos enfants ont du sens que nous les aimons ; c'est parce que nous les aimons que notre vie prend sens. Cela dit l'essentiel : ce n'est pas le sens qui est aimable ; c'est l'amour qui fait sens.

Vous préférez le sens ? Offrez donc à ceux que vous aimez, au lieu de fleurs insignifiantes (sauf à croire au « langage des fleurs », cette niaiserie), un beau bouquet de panneaux de signalisation ! Ce serait folie. Quoi de plus laid que ces panneaux ? Quoi de plus beau qu'une fleur insignifiante ? Pourtant le bouquet de fleurs, dans vos mains, veut bien dire quelque chose, qui est à la fois sa signification et son but : il veut dire, dans le meilleur des cas, que vous aimez la personne à qui vous l'offrez. Il a le sens, exactement, que votre amour lui donne. Mais c'est l'amour qui vaut, non le bouquet.

Rien de ce qui importe vraiment n'a de sens. Que signifie le monde ? Que signifie la vie ? Que signifie l'amour ? Que signifie Dieu, s'il existe ? Et en quoi avons-nous besoin, pour les aimer, qu'ils veuillent dire quelque chose ou qu'ils tendent vers je ne sais quel résultat ? C'est plutôt l'inverse qui est vrai : ce n'est pas parce qu'ils ont du sens que nous les aimons ; c'est dans la mesure où nous les aimons qu'ils veulent dire quelque chose, au moins pour nous, ou nous servent de but.

On voit que le sens n'est pas principe, mais résultat. Qu'il n'est pas absolu, mais relation. C'est ce que signifie la Trinité, peut-être. Et la psychanalyse, sans doute. C'est toujours la logique de l'altérité : tout ce que nous faisons, qui a du sens, ne vaut qu'au service d'autre chose, qui n'en a pas.

C'est où la question du sens de la vie prend un contenu éthique, qui modifie et la question et la réponse. Le problème n'est pas de savoir si la vie a un sens, mais ce qui, dans la vie, est susceptible d'en donner. Ou pour le dire autrement : ma vie n'a pas de sens en elle-même (ce sens, répétons-le, ne pourrait être que la mort, comme on voit chez Freud, ou une autre vie, comme on voit dans les religions), pas de sens global ou absolu, donc ; mais il y a du sens dans ma vie, à chaque fois qu'elle se met au service d'autre chose qu'elle-même : une cause que je crois juste, des individus que j'aime, un plaisir que je goûte, une vérité que je cherche, une œuvre que j'entreprends, un combat que je mène, un projet que je poursuis…

Il n'est sens que de l'autre : le sens de ma vie, si elle en a un, c'est une autre vie (religion) ou la vie des autres (morale, éthique, amour). Sens toujours relatif (y compris quand il se prétend absolu : quoi de plus relatif qu'une religion ou qu'une histoire d'amour ?), toujours fuyant, toujours en quelque chose inaccessible ou insatisfaisant. C'est dire que nos moments de sérénité sont ailleurs : non dans le sens mais dans la vérité, non dans l'interprétation mais dans la connaissance, non dans la poursuite mais dans la course (les joggeurs le savent bien), non dans le discours mais dans le silence, non dans l'avenir ou le passé mais dans le présent ou l'éternité. Il n'est sens que de l'autre ; et comment y aurait-il autre chose que tout ? Sens, c'est absence ; vérité, c'est présence.

La vie n'est pas une énigme, qu'il faudrait résoudre. Ni une compétition, qu'il faudrait gagner. Ni un livre, qu'il faudrait comprendre. Ni un symptôme, qu'il faudrait interpréter. Comment aurait-elle un sens, puisqu'il n'y a de sens qu'en elle, que par elle, que pour elle ? Absurde ? Seulement pour ceux qui préfèrent le sens à la vie ; et l'absurdité est en eux, Camus l'a bien vu, point en elle. Nos moments de sagesse sont ceux, au contraire, où la question du sens de la vie ne se pose plus. Parce qu'on aurait trouvé ce sens ? Non pas. Mais parce qu'on n'en a plus besoin : parce que la vie suffit, et l'amour, et le courage. C'est ce qu'on appelle la simplicité peut-être, et le vrai goût du bonheur.

Le risque de vivre

« Vivre dangereusement », conseillait Nietzsche. C'est un pléonasme ou une sottise. Un pléonasme, puisque toute vie est dangereuse ; ou une sottise si l'on prétend augmenter ce risque au lieu de le réduire. Laissons la sottise aux sots ou aux imprudents. Le pléonasme, lui, mérite d'être médité.

L'essentiel tient en une définition bien connue, d'apparence plaisamment médicale : « La vie est une maladie héréditaire, sexuellement transmissible, incurable et mortelle. » Humour ? Certes. Pourtant tout y est vrai, et c'est ce qui fait sourire. Il n'y a que la vérité qui soit drôle. Au reste le médecin Bichat, au tout début du XIXe siècle, proposait une autre définition, elle aussi fameuse, qui va plus sérieusement dans le même sens : « La vie est l'ensemble des fonctions qui résistent à la mort. » C'est dire que toute vie est risquée, non par accident mais par essence. Les vivants sont un groupe à risque, et le seul. Vivre dangereusement, c'est simplement vivre.

De là la prudence (*phronèsis*), où les Anciens voyaient l'une des quatre vertus cardinales. Attention de ne pas la confondre avec le simple évitement des dangers ! La prudence porte sur les moyens, remarquait Aristote, point sur les fins (lesquelles ne relèvent que du désir). Il ne s'agit donc pas de fuir tous les risques, ce qui est impossible, ni même de les réduire absolument, ce qui nous vouerait à l'inertie, mais simplement de les proportionner à la fin que nous visons. Par exemple celui qui fait de l'alpinisme : la prudence ne lui impose nullement de renoncer à ce sport, s'il y prend du plaisir, mais bien d'en réduire le plus possible les risques, qui demeureront plus élevés que dans le tennis de table.

Cela éclaire la notion de précaution, dont on nous rebat les oreilles. Imaginez que quelqu'un vous dise : « En matière d'alpinisme et de sexualité, j'ai pris mes précautions : j'ai choisi la plaine et la chasteté. » Vous n'y verriez plus précaution mais renoncement, plus prudence mais fuite. C'est pourtant ainsi qu'opère trop souvent le fameux « principe de précaution », que tous évoquent, que personne ou presque, étrangement, ne formule. À voir comment il fonctionne dans le grand public, il semble que beaucoup l'entendent ainsi : « Ne faisons rien qui présente un risque possible, que nous ne sommes pas capables de mesurer exactement ni certains de pouvoir surmonter. » Bref : « Dans le doute, abstiens-toi ! » Et cela semble en effet raisonnable. Sauf qu'à suivre un tel principe, comme il y a toujours un doute (le risque zéro n'existe pas), on s'abstiendra toujours ! Le principe de précaution, ainsi entendu, devient paralysant, démobilisateur, mortifère. Ce n'est plus un principe de précaution mais d'inhibition. Se lever le matin ? C'est prendre un risque. Mais rester au lit toute la journée et tous les jours, c'est en prendre un autre, plus grand.

Il faut donc, pour ce principe de précaution, trouver une autre formulation. Je proposerais volontiers celle-ci : N'attendons pas qu'un risque soit certain et mesuré exactement pour entreprendre de le réduire le plus possible (tant que cela ne compromet pas les fins que nous poursuivons). Non pas « Dans le doute, abstiens-toi », donc, mais, au contraire, « Dans le doute, agis ! » Principe non d'inhibition mais d'action. Non d'évitement, mais d'affrontement. Ce qu'on reproche au docteur Garetta, dans l'affaire du sang contaminé, ce n'est pas d'avoir fait des transfusions sanguines (car alors ce seraient les Témoins de Jéhovah qui auraient raison), mais de n'avoir entrepris aucune action (par exemple le chauffage du sang, qu'on savait efficace depuis 1983) lorsqu'il apparut que certains produits sanguins présentaient un risque sensiblement augmenté. Ce fut, pour nos politiques, le traumatisme initial, qui débouchera, plusieurs années plus tard, sur le principe de précaution. Qu'on ait fini par l'inscrire dans notre Constitution en dit long sur les peurs du moment, et sur notre pays. La prudence est une vertu. Comment un texte de loi pourrait-il y suffire ou en tenir lieu ?

Le seul risque zéro, c'est de n'être pas né, ou d'être déjà mort. Vivons donc prudemment, mais sans nous laisser paralyser par la peur. « Marcher avec assurance en cette vie », comme disait Descartes, ce n'est pas courir vers le précipice. Mais pas non plus rester couché en attendant la mort.

Le droit d'être contre

Lors de la conférence mondiale sur le racisme, le secrétaire général de l'ONU, M. Ban Ki-moon, a mis sur le même plan l'antisémitisme et l'islamophobie. C'est confondre deux choses différentes. Les sémites sont un groupe ethnique, ou plusieurs : être antisémite, c'est nier l'unité fondamentale de l'humanité en même temps que l'égale dignité de tous ses membres. C'est une forme de racisme, aussi haïssable qu'elles le sont toutes. Être islamophobe, c'est s'opposer à une religion – non à un groupe ethnique, donc, mais à un ensemble de croyances ou de pratiques. Pourquoi serait-ce interdit ? On a le droit, dans une démocratie, d'être anticommuniste, antisioniste ou antilibéral. Pourquoi n'aurait-on pas le droit d'être antimusulman ou antichrétien ? Parce que tous les êtres humains sont égaux en droits et en dignité ? Et alors ? Cela ne signifie pas que toutes les croyances se valent, autrement dit soient égales en fait et en valeur ! Michel Houellebecq avait été attaqué en justice, il y a quelques années, parce qu'il avait affirmé que l'islam était « la religion la plus con ». Je ne partage pas son avis (les croyances des Raéliens, pour ne citer qu'un exemple, me paraissent beaucoup plus sottes), mais ne saurais lui refuser le droit d'exprimer le sien. Pourquoi toutes les religions seraient-elles également intelligentes, intéressantes, profondes ? Ce n'est écrit nulle part. Ce n'est pas vraisemblable. Pour un croyant, ce n'est pas acceptable. On s'est étonné que le pape Benoît XVI, dans son discours de Ratisbonne, mette le christianisme plus haut que l'islam. La belle affaire ! Serait-il pape autrement ? Et quel musulman qui ne mette l'islam plus haut que le christianisme ?

On pourrait multiplier les exemples. Jean-Paul II, dans son encyclique *Veritatis splendor*, rappelait que l'athéisme, selon l'Église, est « un péché mortel », qui entraîne « la damnation éternelle ». Je trouve l'idée affligeante ; mais dois-je porter plainte pour athéophobie ?

Un député de l'UMP fut condamné pour homophobie (avant que le jugement, d'abord confirmé en appel, ne soit annulé par la Cour de cassation), parce qu'il avait prétendu que l'homosexualité était « moralement inférieure » à l'hétérosexualité. Là encore, c'est un avis que je ne partage aucunement, mais je m'étonne qu'on y ait vu un scandale ou un délit. N'a-t-on plus le droit, en France, d'être catholique ? Que l'homosexualité, dès qu'elle passe à l'acte, soit un péché, cela me paraît une idée bien niaise, mais qu'on trouve, sauf erreur de ma part, dans toutes les grandes religions. Faut-il les interdire toutes pour homophobie ? Ou bien serait-ce déjà de la religiophobie ?

Attention de ne pas devenir phobophobes ! Si tout se vaut, rien ne vaut. Ce refus de tout refus, cette haine de toute haine, ne serait en vérité qu'une forme très *soft* de nihilisme, qui vouerait nos démocraties à l'inertie puis à la mort. On a le droit d'être contre, et même de haïr, tant que ce combat ou cette haine portent sur des idées, non sur des êtres humains qu'on prétendrait pour cela globalement inférieurs aux autres.

Celui qui affirme que les homosexuels sont inférieurs en droits et en dignité aux hétérosexuels n'est pas seulement un imbécile. Il remet en cause l'unité fondamentale de l'espèce humaine (c'est en quoi l'homophobie, ainsi définie, est une forme de racisme), et doit à ce titre être condamné. Et même chose, bien sûr, pour celui qui prétendrait que les musulmans sont inférieurs en droits et en dignité aux chrétiens ou aux athées. Si c'est ce qu'on entend par islamophobie, soit. Mais alors trouvons un autre mot pour ceux qui sont contre l'islam. Ont-ils raison ? Ont-ils tort ? Ce n'est pas la question, ou plutôt c'est à chacun, non à l'État, d'y répondre.

Méfions-nous du politiquement correct, du consensus mou, de la tyrannie des bons sentiments ! Tous les hommes sont égaux en droits et en dignité, mais toutes les idées ne se valent pas. Le droit d'être contre fait partie des droits de l'homme.

Retour du politique

« Rien ne sera plus comme avant », a déclaré Nicolas Sarkozy devant le Congrès. Voilà au moins une vérité qu'on ne peut lui contester. C'est ce qu'on appelle une tautologie. Rien n'est jamais comme avant, quoi qu'il arrive et même lorsqu'il semble qu'il ne se passe rien. *Panta rhei*, disait Héraclite : tout change, tout coule. Crise ou pas, on ne se baigne jamais deux fois dans le même fleuve, ni dans la même époque. Sarkozy, qui connaît ses classiques, aurait pu nous le chanter : « Avec le temps, va, tout s'en va », y compris les crises, les plans de relance et les présidents de la République.

Il reste que certaines évolutions sont plus spectaculaires que d'autres. Une crise, par définition ou par étymologie, est un changement décisif. Cela ne signifie pas qu'elle fasse table rase du passé ! Tout change, certes, mais tout continue. Certains espèrent qu'avec cette crise, je l'ai entendu dire cent fois, « on va revenir à un peu plus de générosité, à un peu moins d'égoïsme ». C'est qu'ils n'ont rien compris à l'économie, ni à l'humanité. Revenir ? Mais à quoi, grands dieux, ou à quand ? Croyez-vous que la société du XIXe siècle était plus généreuse ou moins égoïste que la nôtre ? Relisez Balzac et Zola ! Et au XVIIe siècle ? Relisez Pascal, La Rochefoucauld, Molière ! Au Moyen Âge ? Relisez les historiens ! Dans l'Antiquité ? Relisez Tacite, Suétone, Lucrèce ! L'égoïsme n'est pas une idée neuve. Les humains sont mus par l'intérêt davantage que par la générosité, c'est sur quoi Marx et Friedman s'accordent, et par leurs passions, ajouteraient Spinoza, Alain ou Freud, plus encore que par l'intérêt. La crise le confirme (quelle cupidité chez ces financiers !) et n'y changera rien. Barack Obama, plus lucide que nos belles âmes, vient de le reconnaître : « On n'a pas l'impression que les gens de Wall Street aient le moindre remords d'avoir pris autant de risques », a-t-il déclaré fin juillet, ni qu'il y ait eu « un changement de culture ou de comportement après ce qui s'est produit ». Bonus et primes, chez les traders, reviennent au galop. Tout change, mais jamais totalement.

C'est vrai en particulier du capitalisme. Avant comme après la crise, il fonctionne à l'égoïsme. C'est son moteur et sa faiblesse. Cela explique son efficacité (l'égoïsme ne fait jamais défaut) et son insuffisance, y compris économique. Le capitalisme est incapable, à lui seul, d'assurer son propre fonctionnement. Il a besoin que tout ne soit pas à vendre. Quel marché sans confiance ? Quelle confiance sans communauté, sans liens, sans règles, sans valeurs ? Il faut donc autre chose que le marché. Quoi ? De l'amour ? De la morale ? De la vertu ? Certes, et c'est notre responsabilité individuelle d'y contribuer. Mais nous savons tous que cela ne suffira pas, que la morale, à l'échelle des grands nombres, est incapable de réguler l'économie. Que resterait-il de la fiscalité, si l'on supprimait les contrôles fiscaux ? Pourtant nous savons tous que c'est notre devoir de payer nos impôts. Oui. Et qu'on ne peut compter sur la conscience morale des individus pour faire entrer l'argent dans les caisses de l'État.

C'est le nœud du problème. Le capitalisme est amoral ; la morale, économiquement, est impuissante. C'est pourquoi on a inventé le droit, la politique et les syndicats. Au fond, c'est peut-être la principale leçon de cette crise, et ce qu'elle change de plus décisif : ce que les économistes, depuis plusieurs mois, appellent « le retour des États », que j'appellerais plutôt le retour du politique. Les ultralibéraux avaient tort – socialement, moralement et politiquement tort (quand bien même ils auraient, ce qui reste d'ailleurs à démontrer, économiquement raison). Jean-Paul Fitoussi, lors d'un débat que nous faisions ensemble, et bien avant la crise, l'avait exprimé plaisamment : « Il a été scientifiquement démontré, nous disait-il, que dans un pays ultralibéral, où l'État ne s'occupe absolument pas d'économie, le plein emploi est assuré… pour tous les survivants ! » La question est : qu'est-ce qu'on fait pour les autres, et si possible avant qu'ils ne soient morts ? L'économie ne répond pas. C'est donc à la politique de le faire.

Le marché ne suffit pas à tout. Il est incapable de se réguler lui-même d'une façon qui soit humainement acceptable. Il faut donc autre chose que le marché, non pour produire de la richesse à sa place (ne retombons pas dans les erreurs du passé), mais pour lui imposer un certain nombre de limites externes, c'est-à-dire non marchandes et non marchandables. Autre chose ? À l'échelle de la société, ce ne peut être que l'État. Ne comptons pas sur lui pour créer de la richesse. Le marché et les entreprises le font plus et mieux. Mais ne comptons pas non plus sur le marché ou sur les entreprises pour créer de la justice : seuls les États ont une chance d'y parvenir à peu près.

Bref, ne rêvons pas d'un homme nouveau, qui naîtrait, comme par enchantement, de cette crise ! Inventons plutôt les moyens d'être égoïstes ensemble et intelligemment, plutôt que bêtement et les uns contre les autres. C'est ce qu'on appelle la solidarité. Face aux dangers économiques ou écologiques (les deux deviennent de plus en plus indissociables), elle est la seule réponse qui soit intellectuellement lucide, moralement acceptable et politiquement efficace. L'égoïsme, dans la vie économique, est inévitable ; la bêtise et l'aveuglement, non.

L'éternité

« Quoi ! Un athée qui parle d'éternité ? » Et alors ? Que Dieu, s'il existe, soit éternel, cela n'implique pas que toute éternité soit divine. Mais expliquons d'abord de quoi il s'agit.

Qu'est-ce que l'éternité ? Un temps infini ? Quel ennui ! Cela donnerait raison à Woody Allen : « L'éternité c'est long, surtout vers la fin… » Même les croyants n'en voudraient pas. Le paradis ferait comme un très long dimanche qui n'en finirait pas, qui ne déboucherait, à jamais, que sur sa perpétuelle continuation. Quoi de plus fastidieux ? Quoi de plus insupportable ? Le paradis, s'il était temporel, ne serait qu'un purgatoire sans issue – une espèce d'enfer. Et Dieu même, s'il devait durer perpétuellement, se lasserait d'exister.

Les théologiens ne s'y sont pas trompés. L'éternité, expliquent-ils, ce n'est pas un temps infini (qu'on appellerait mieux la perpétuité), mais l'absence de temps ou, comme je préférerais dire, l'absence de passé et d'avenir. « Dans l'éternité, écrit par exemple saint Augustin, rien n'est successif, tout est présent. » C'est ce qu'il appelle le « perpétuel aujourd'hui » de Dieu : un présent qui reste présent, aussi impossible à mesurer qu'à diviser.

Soit, dira-t-on. Mais qu'en reste-t-il, pour les athées ? Il reste le présent même, mais considéré de deux points de vue différents.

Il y a d'abord le toujours-présent du vrai. C'est l'éternité selon Spinoza ou Frege. Une vérité ne dure pas. Combien de temps sera-t-il vrai qu'on a pris la Bastille le 14 juillet 1789 ? Mille ans ? Dix mille ans ? Cent mille ans ? Hypothèses absurdes. Une idée vraie ne saurait devenir fausse. Faut-il alors penser que la prise de la Bastille restera vraie aussi longtemps qu'il y aura des humains pour s'en souvenir ? La réponse est tout aussi irrecevable. Si la vérité dépendait de la conscience qu'on en a, il n'y aurait plus de vérité qu'on puisse découvrir, ni même qu'on puisse ignorer – il n'y aurait plus de vérité du tout. Une idée vraie durerait donc un temps infini ? Non plus, car elle resterait vrai quand bien même le temps, lui, aurait cessé d'exister. Cette vérité est sans passé, sans avenir, comme toute vérité. Elle ne dure pas. Elle ne passe pas. Elle n'est pas plus temporelle que spatiale (s'interroger sur sa durée est aussi vain que s'interroger sur sa localisation, sa superficie ou son volume). On dira qu'à ce compte elle n'existe pas. Soit. Mais la vérité, précisément, n'a pas besoin d'exister (dans le temps et l'espace) pour être vraie. C'est ce qu'il y a d'indépassable dans le platonisme peut-être ; et chez Spinoza sans doute (par quoi une lecture matérialiste de Spinoza est possible, comme une interprétation spinoziste du matérialisme). Mais laissons. Ce que je voulais montrer, c'est simplement que « l'être vrai d'une pensée, comme dit Frege, est indépendant du temps ». C'est ce qu'on peut appeler, pour paraphraser saint Augustin, « le perpétuel aujourd'hui » du vrai. Une vérité n'existe qu'au présent, non pas le présent de celui qui parle, mais celui, intemporel, de la pensée. *C'était vrai* ? C'est une mauvaise façon de s'exprimer. Si c'était vrai, cela l'est toujours. Si cela ne l'est plus, cela ne l'était pas. *Ce sera vrai* ? Même remarque. Ce qui sera vrai l'est déjà, ou bien n'est pas une vérité. Ainsi toute vérité est éternelle. Nous n'en sommes séparés que par nos mensonges, nos illusions, nos ignorances, qui passeront aussi vite que nous. La vérité, elle, ne passera pas.

Puis il y a le toujours-présent du réel. C'est l'éternité selon Parménide ou Héraclite, et la seule qui puisse les réconcilier. Le passé ? Il n'est pas, puisqu'il n'est plus. L'avenir ? Il n'est pas, puisqu'il n'est pas encore. Il n'y a donc que le présent, qui ne cesse de changer, certes, mais aussi de continuer : le présent reste présent (puisqu'il n'y a rien d'autre) et c'est par quoi il est éternel. C'est ce qu'on peut appeler le perpétuel aujourd'hui du devenir. Ce n'est pas un laps de temps, qui aurait une durée déterminée (essayez un peu de mesurer le présent !). C'est le temps même, en tant qu'il dure, comme tel indivisible (essayez un peu de diviser le présent !). Ce n'est pas un temps parmi d'autres ; c'est le seul temps de l'être, le seul temps de la nature, comme tel toujours actuel et neuf : il est le lieu permanent de l'impermanence. Essayez un peu de supprimer le présent ! Essayez de l'arrêter ! Essayez de le quitter ! Il faudrait cesser d'être, et c'est par quoi toute vie est éternelle. On ne se baigne jamais deux fois dans le même fleuve, mais encore moins dans un fleuve passé ou futur. Être, c'est être maintenant. C'est ce que Christian Bobin appelle joliment « le huitième jour de la semaine ». Notre poète ignorerait-il qu'une semaine n'a que sept jours ? Aurait-il découvert un jour de plus, par exemple entre le mardi et le mercredi ? Bien sûr que non. Le huitième jour de la semaine, c'est aujourd'hui : non pas un jour de plus, mais l'éternité de chaque.

Deux éternités, donc, ou deux points de vue sur elle : le perpétuel aujourd'hui du vrai, le perpétuel aujourd'hui du réel ou du devenir. Dualisme ? Nullement. Car ces deux éternités ne se distinguent que dans le temps, je veux dire que pour le passé ou l'avenir. Au présent, elles n'en font qu'une, qui est l'éternité même. Par exemple la prise de la Bastille : c'est toujours vrai ; ce n'est plus réel. Mais c'est que nous n'y sommes plus. L'événement était aussi doublement éternel (aussi réel, aussi vrai), lorsqu'il se déroulait, que l'est pour moi ce matin où j'écris cette chronique, ou pour toi, lecteur, ce moment où tu veux bien la lire. Car tout est vrai, toujours, même nos erreurs (qui sont vraiment fausses), même nos mensonges (puisqu'il est vrai que nous mentons), et seul le présent est réel. Ainsi tout est éternel, y compris ce qui change et meurt.

C'est ce que savent les mystiques, ou plutôt c'est ce qu'ils expérimentent, qu'ils croient ou non en Dieu.

Enfer et paradis

On lit chez Spinoza, au livre V de son *Éthique*, que la béatitude est un état éternel, qui ne peut être dit commencer que « fictivement ». C'est peut-être la phrase, dans toute son œuvre, qui m'a donné le plus de mal. Rien pourtant, intellectuellement, de plus simple. Comment l'éternité pourrait-elle commencer ? Le réel toutefois échappe. On voit bien l'idée. On ne sait quelle conséquence pratique en tirer. Cela m'embarrassa longtemps. « Si la béatitude ne commence pas, me disais-je, à quoi bon philosopher ? Pour moi, qui ne suis pas un bienheureux, et il s'en faut de beaucoup, c'est raté définitivement ! » Cela m'ennuyait. J'étais jeune. Je n'avais pas philosophé assez pour renoncer tout à fait au salut.

Je n'ai guère trouvé, chez les commentateurs de Spinoza, et il y en a d'excellents, de quoi lever absolument mes réticences ou ma perplexité. La lumière est venue d'ailleurs, en l'occurrence d'un tout autre univers intellectuel et spirituel : un texte de Nagarjuna, l'un des plus grands penseurs et mystiques bouddhistes, né en Inde, vers le deuxième siècle de notre ère. On sait que ce que Spinoza appelle « le salut » ou « la béatitude », les bouddhistes l'appellent le *nirvana.* Ce n'est pas une vie de plus, pour après la mort, ni un pur néant, mais plutôt la vie elle-même, libérée du manque, de l'angoisse, de la souffrance, du trépas (donc aussi de la naissance), enfin de l'illusion. Et que le contraire du salut, autrement dit la vie telle qu'elle est, décevante et douloureuse, reçoit le nom, dans cette même tradition, de *samsara.* C'est un peu, vu d'Occident, comme le paradis et l'enfer des chrétiens, sauf que nous sommes déjà en enfer et que le paradis est d'en sortir. Or, voilà qu'un jour, parcourant les *Stances* de Nagarjuna, je tombe sur ce distique fameux : « Il n'y a aucune différence entre le samsara et le nirvana ; il n'y a aucune différence entre le nirvana et le samsara. » Comment alors passer de l'un à l'autre ? En comprenant qu'ils ne font qu'un. C'est ce que suggère une autre phrase, dont je ne sais plus si elle est de Nagarjuna ou d'un de ses disciples, mais où je vois la formule la plus forte de toute l'histoire de la spiritualité : « Tant que tu fais une différence entre le nirvana et le samsara, tu es dans le samsara. »

Cela fit comme une trouée dans la nuit. Chercher le nirvana ? C'est s'interdire de le vivre, puisque nous y sommes déjà. Autant attendre l'éternité ! Vouloir obtenir son salut ? C'est un rêve de damné, et la damnation même peut-être. Poursuivre la sagesse ? C'est un rêve de fou, qui interdit de s'en éveiller.

C'est l'esprit du zen ou, déjà, du tchan : rien à attendre, rien à espérer, et surtout pas le *satori* (l'éveil) ! Cette pensée qui n'en est pas une (c'est une pratique, c'est une expérience) me donnera, les années qui suivront, beaucoup à méditer... Mais elle m'éclairait aussi, indirectement, sur Spinoza. Si la béatitude ne commence pas, ce n'est pas qu'elle soit hors d'atteinte. C'est que nous y sommes déjà. Elle n'est pas une autre vie, mais la vérité de celle-ci. Éternelle ? La vérité l'est toujours, et la vérité seule.

La conclusion que j'en tirai, dans les termes de ma culture d'origine, qui est judéo-chrétienne, c'est que nous sommes déjà dans le Royaume. C'est ma bonne nouvelle à moi, que beaucoup de chrétiens, aujourd'hui, sont prêts à m'accorder. Mais il faut pousser l'idée plus loin. Disons que j'avais deux nouvelles à présenter aux lecteurs du *Monde des Religions*, une bonne et une mauvaise. La bonne, c'est que nous sommes déjà sauvés. La mauvaise, c'est que nous sommes déjà perdus. Ces deux nouvelles n'en font qu'une, et c'est ce qu'on peut appeler le tragique. L'enfer et le paradis sont une seule et même chose : le monde. Comment pourrions-nous en sortir, puisqu'en sortir c'est n'être plus ? Comment pourrions-nous tomber hors du monde ou hors du vrai ? L'infini et l'éternité vont ensemble : tout est là ; tout est présent. C'est pourquoi la béatitude ne peut être dite commencer que « fictivement » : le salut est cette fiction, tant qu'on y croit, ou cette éternité, quand on la vit.

Disons-le, pour conclure, à la façon de Nagarjuna :

Tant que tu fais une différence entre la béatitude et ta vie telle qu'elle est (difficile, angoissante, fatigante), tu es dans ta vie telle qu'elle est.

Tant que tu fais une différence entre l'éternité et le temps, tu es dans le temps.

Tant que tu fais une différence entre l'absolu et le relatif, tu es dans le relatif.

Tant que tu fais une différence entre le salut et la perte, tu es perdu.

Tant que tu fais une différence entre l'enfer et le paradis, tu es en enfer.

Remerciements

La plupart de ces articles ont été accueillis, et bien souvent suscités, par différents journaux, magazines ou revues, dont je remercie les responsables. Ma gratitude va en particulier à Jean-François Kahn (pour *L'Événement du jeudi* et *Marianne*), Jean-Michel Ulmann (pour *Impact Médecin Hebdo*), Christine Ockrent (pour *L'Express*), Jean-Louis Servan-Schreiber (pour *Psychologies Magazine*), Frédéric Lenoir (pour *Le Monde des Religions*) et Vincent Beaufils (pour *Challenges*). Merci aussi à mes amis Michel Piquemal, Patrick Renou et Isabelle Vervey, qui ont bien voulu m'aider à choisir ces 101 propos. Et à Sylvie Thybert, pour tout.

Table

Du même auteur :

Aux Éditions Albin Michel

L'Amour la solitude, 2000 ; rééd. Le Livre de Poche, 2004.

Présentations de la philosophie, 2000 ; rééd. Le Livre de Poche, 2002.

Le capitalisme est-il moral ?, 2004 ; nouvelle édition (avec une postface inédite) 2009 ; rééd. Le Livre de Poche, 2006 et 2010.

L'Esprit de l'athéisme (Introduction à une spiritualité sans Dieu), 2006 ; rééd. Le Livre de Poche, 2008.

Le sexe ni la mort, 2012.

« Carnets de philosophie » (textes choisis et présentés par André Comte-Sponville), douze titres parus : *Pensées sur la morale*, *Pensées sur la politique*, *Pensées sur l'amour*, *Pensées sur la mort*, *Pensées sur la connaissance*, *Pensées sur la liberté*, *Pensées sur Dieu*, *Pensées sur l'athéisme*, *Pensées sur l'art*, *Pensées sur le temps*, *Pensées sur l'homme*, *Pensées sur la sagesse.*

Chez d'autres éditeurs

Traité du désespoir et de la béatitude (tome 1, *Le Mythe d'Icare*, tome 2, *Vivre*), PUF, 1984 et 1988 ; rééd. en un seul volume, coll. « Quadrige », 2002.

Une éducation philosophique, PUF, 1989.

Pourquoi nous ne sommes pas nietzschéens (en collaboration), Grasset, 1991 ; rééd. Le Livre de Poche, 2002.

« Je ne suis pas philosophe » (Montaigne et la philosophie), Éditions Honoré Champion, 1993.

Valeur et vérité (Études cyniques), PUF, 1994.

Albert Camus, De l'absurde à l'amour (en collaboration), Paroles d'Aube, 1995 ; rééd. La Renaissance du Livre, 2001.

Petit traité des grandes vertus, PUF, 1995 (Prix La Bruyère de l'Académie française) ; rééd. Points-Seuil, 2001.

Arsène Lupin, gentilhomme philosopheur (avec François George), L'Aiguille Preuve, 1995 ; rééd. Le Félin, 1996.

Impromptus, PUF, 1996.

De l'autre côté du désespoir (Introduction à la pensée de Svâmi Prajnânpad), Éditions Jean-Louis Accarias-L'Originel, 1997.

La Sagesse des Modernes (avec Luc Ferry), Robert Laffont, 1998 ; rééd. Pocket, 1999.

L'Être-temps, PUF, 1999.

Le Gai Désespoir, Alice Éditions (Liège), 1999.

Chardin, ou la matière heureuse, Éditions Adam Biro, 1999 ; rééd. Hermann *(La Matière heureuse, Réflexions sur la peinture de Chardin)*, 2006.

Le Bonheur, désespérément, Éditions Pleins Feux, 2000 ; rééd. Librio, 2002.

Dictionnaire philosophique, PUF, 2001.

La Plus Belle Histoire du bonheur (en collaboration), Points-Seuil, 2004.

La Philosophie, PUF, coll. « Que sais-je ? », 2005.

La Vie humaine (avec des dessins de Sylvie Thybert), Hermann, 2005 ; rééd. 2007.

Le Miel et l'Absinthe (Poésie et philosophie chez Lucrèce), Hermann, 2008.

Du corps, PUF, 2009.

Composition réalisée par Datagrafix

Achevé d'imprimer en février 2012 en France par
CPI BRODARD ET TAUPIN
La Flèche (Sarthe)
N° d'impression : 67790
Dépôt légal 1re publication : mars 2012
LIBRAIRIE GÉNÉRALE FRANÇAISE
31, rue de Fleurus – 75278 Paris Cedex 06

31/6659/2